中共上海市委党校（上海行政学院）"超大城市治理与高品质生活推进"
创新工程项目资助出版

JIANSHE RENXING DIANFAN CHENGSHI
SHANGHAI SHIJIAN YU CHUANGXIN TANSUO

建设韧性典范城市
上海实践与创新探索

贺小林 著

复旦大学出版社

前言

当前,世界百年未有之大变局使得国际政治、经济、科技、文化、安全等格局发生深刻调整。国际形势复杂变化所造成的外部安全风险和内部各种不利因素,给我国超大城市的安全带来了巨大挑战。上海的城市安全问题具有长期性、复杂性,各类风险的不确定性、不稳定性在不断加剧,城市基础设施运行和安全保障能力面临严峻考验。公共卫生事件带来的考验更让韧性城市建设成为当前城市精细化治理的重大焦点问题。统筹发展和安全、建设安全韧性城市是国家"十四五"规划提出的重大任务。党的十九届五中全会明确提出建设韧性城市的战略目标。《上海市城市总体规划(2017—2035年)》中也明确提出了建设韧性城市的发展导向。面对城市安全的时代大考,在"十四五"期间,重新审视、定义韧性城市的内涵、机制和路径,研究上海韧性城市建设面临的重大问题和对策成为当务之急。本书以近年来上海加快推进超大韧性城市建设的理念政策与创新实践为底本,对上海建设韧性典范城市的情况进行详细追踪,对韧性城市建设中的合作交流、公共卫生、营商服务、城市"一网统管"建设、城市基层精细化治理、城乡韧性社区建设、巨灾保险制度、化工园区管理等重点领域和内容进行了案例分析和比较研究。

本书重点关注以下3个方面的问题:① 研究上海加快韧性城市建设面临的形势与问题。依据《上海市城市总体规划(2017—2035年)》提出的建设韧性城市发展导向,从"强化全球资源配置、科技创新策源、高端产业引领、开放枢纽门户"四大功能背景下上海韧性城市建设面临的新挑战与新问题出发,研究上海韧性城市建设的目标与定位。② 研究上海加快韧性城市建设的重点问题和实施路径。聚焦城市公共卫生体系建设、城市营商服务优化、城市"一网统管"平台、城市基层社区治理、城市巨灾保险托底保障等重点领域的发展现状与韧性城市的关联,以及实践探索、政策取向与完善路径。③ 研究上海韧性城市建设的机制和对策建议。从体系建设、实践探索、困境分析、优化路径、政策取向与经验反思等维度对韧性城市建设重点领域提出完善机制与对策建议。

本研究认为,城市功能是衡量一个城市竞争力和影响力的重要标准。作为超大城市,上海城市发展"十四五"规划中明确提出,聚焦强化"四大功能",加快推动经济高质量发展；不断提升城市能级和核心竞争力，努力成为国内大循环的中心节点和国内国际双循环的战略链接，更好地融入和服务新发展格局。全面强化"四大功能"建设，为上海新时期韧性城市建设工作提供了新的方向指引。基于此，韧性城市建设工作需要秉持新的发展理念和发展思路，着眼"四大功能"的落地实施，深化区域合作交流，以大开放促进大合作、以大合作推动大发展，主动对标"四大功能"背景下韧性城市建设的新要求，努力克服"四大功能"背景下韧性城市建设的新挑战，充分发挥好上海的人力、物力、财力、技术等多重优势，积极借鉴国际先进经验，率先谋划、顶层设计、久久为功，力争为打造具有中国特点、上海特色的韧性城市典范和样板做出更大贡献。

本研究认为，韧性城市建设是落实国家战略、服务城市发展的本质要求，是强化城市功能、保障城市运行的基本要求，更是化解城市风险、提升城市韧性的根本要求。面对新形势、新变化和更高要求，上海韧性城市建设面临着超大城市风险要素集聚凸显、自然灾害造成城市巨灾风险、韧性城市建设总体意识不强等诸多方面的挑战。韧性城市建设过程中仍然存在部门职能和边界不清晰、行动和网络不健全、平台和渠道不够且不稳定等问题。为进一步推进"四大功能"形势下韧性城市的建设工作，需要立足上海，打造内循环中心节点和双循环战略链接的新格局，在双循环格局中寻求新的机会和作为空间。

上海韧性城市建设需要强化四大功能：一是发挥对口帮扶功能，拓展韧性城市的物资基地；二是发挥统筹协调功能，完善韧性城市的网络渠道；三是发挥组织联络功能，组建韧性城市的咨询系统；四是发挥协同服务功能，构建韧性救灾的联络制度。要不断提升韧性城市建设的洞见力、整合力、执行力和创新力。通过强化合作交流，优化城市物资保障体系的顶层设计，拓展供应链，加强物资储备的科学化、专业化与社会化，加强部门间合作，建立韧性城市应急联动信息化平台，强化政府间交流，推进韧性城市多方参与科普和宣教等主要路径，不断提升韧性城市建设的工作成效。同时通过完善韧性城市建设的统筹协调机制、供需匹配机制、信息联动机制、公众参与机制，进一步提升韧性城市建设的管理水平和工作显示度。

贺小林

2023年4月

目录

第一章　韧性城市：城市治理的追求目标与发展战略..................1

　　第一节　韧性城市的理论内涵..................1
　　第二节　韧性城市的研究现状..................2
　　第三节　韧性导向的城市治理..................5

第二章　"四大功能"背景下上海韧性城市建设的新要求与新挑战..................7

　　第一节　"四大功能"背景下上海韧性城市建设的背景与挑战..................7
　　第二节　"四大功能"背景下上海韧性城市建设的目标与定位..................18
　　第三节　"四大功能"背景下上海韧性城市建设的路径与机制..................22

第三章　上海超大城市公共卫生体系与韧性建设..................27

　　第一节　上海超大城市公共卫生体系韧性建设的背景与意义..................27
　　第二节　上海超大城市公共卫生应急服务体系建设..................32
　　第三节　上海超大城市公共卫生部门协同体系建设..................39
　　第四节　上海超大城市公共卫生妇幼服务体系韧性建设..................49
　　第五节　上海超大城市公共卫生社区卫生服务体系建设..................55

第四章　上海超大城市营商服务优化与韧性建设..................59

　　第一节　上海超大城市营商服务的现状与韧性城市建设..................59
　　第二节　上海超大城市营商服务的问题困境与原因分析..................66

第三节　上海超大城市营商服务的优化路径与韧性重塑...................73

第五章　上海超大城市"一网统管"平台与韧性建设...................81

第一节　浦东新区城市"一网统管"的实践与探索...................82
第二节　徐汇区城市"一网统管"的实践与探索...................89
第三节　闵行区城市"一网统管"的实践与探索...................97
第四节　上海超大城市"一网统管"平台建设的挑战与建议...................102

第六章　上海超大城市精细化治理与韧性建设...................111

第一节　上海超大城市精细化治理与韧性建设的背景与内涵...................111
第二节　上海超大城市精细化治理与韧性建设实践案例...................114
第三节　上海超大城市精细化治理与韧性建设的政策取向与经验反思...................146

第七章　上海韧性城市建设与托底制度设计...................149

第一节　上海韧性城市建设的顶层设计政策建议...................149
第二节　上海韧性城市建设的巨灾保险制度构建...................152
第三节　上海韧性城市建设的化工园区安全管理...................155

参考资料...................159

后记...................169

第一章

韧性城市：城市治理的追求目标与发展战略

第一节 韧性城市的理论内涵

韧性城市建设是城市管理者、建设者和研究者普遍关注的研究命题。韧性城市中的"韧性"来自英文resilience，一般用于描述物体经受外在冲击后表现出的适应能力、恢复能力和可持续发展能力。这种用法最早出现在加拿大生态学家霍林（Holling）《生态系统的韧性和稳定性》一文的研究成果中。[1]后来，"韧性"被广泛应用到社会学、公共管理学等学科，在概念含义上都表现为系统在面临外部环境变化时具有的适应性和恢复能力。在城市治理领域，城市韧性（urban resilience）和韧性城市（resilient city）引导了高度全球化的世界对于高不确定性和高风险性-高危险性外部扰动和内部冲击的系统反思和理性应对。2002年，地区可持续发展国际理事会首次提出"韧性城市"议题，将其引入城市与防灾研究中，认为韧性城市是对于危害能够及时抵御、吸收、快速适应并做出有效反应的城市。[2]2003年，在《城市减灾：创建韧性城市》中，戈德沙尔克（Godschalk）从城市防灾减灾的角度对韧性城市的概念做出界定："一个由物质系统和人类社区构成的可持续网络"，应当被建造得"牢固灵便，而非脆而不坚"。[3]威尔班克斯（Wilbanks）将城市韧性定义为系统能够对多重威胁进行准备、响应并较快恢复到原有状态，强调城市所具备的恢复力。[4]联合国减灾战略署于2010年启动了"让城市更具韧性运动"，得到国际上众多城市的响应。戈德沙尔克认为："韧性城市是可持续的物质系统和人类社区的结合体，物质系统的合理规划通过人类社区建设而发挥作用。"韧性城市不仅要兼具抗压能力和恢复能力，而且更加注重系统本身在长期的适应过程中能够不

---

[1] Holling C S. Resilience and stability of ecological systems[J]. *Annual Review of Ecology & Systematics*, 1973, 4(1): 1-23.
[2] Safa M, Jorge R, Eugenia K, et al. Modeling sustainability: Population, inequality, consumption, and bidirectional coupling of the earth and human systems[J]. *National Science Review*, 2016(4): 470-494.
[3] Godschalk D R. Urban hazard mitigation: Creating resilient cities[J]. *Nature Hazards Review*, 2003, 4(3): 136-143.
[4] Wilbanks T J, Sathaye J. Integrating mitigation and adaptation as responses to climate change: A synthesis[J]. *Mitigation and Adaptation Strategies for Global Change*, 2007, 12(5): 957-962.

断进行自我更新的能力。① 洛克菲勒基金会于2013年发起"100座韧性城市"项目,旨在以项目化的方式推进韧性城市,该项目不仅关注韧性城市如何应对物理的风险挑战,也关注韧性城市如何应对经济和社会发展中的风险挑战。埃亨(Ahern)认为:"韧性城市是实现可持续发展的创新手段,城市系统应如海绵一般缓冲外界的扰动,之后通过内部的优化、调整以处理扰动带来的混乱、无序,最终使系统重新实现稳定运行。"② 尽管韧性城市的概念在理论上受到关注,但在目前城市规划和设计中的实践还很少。城市的可持续和韧性需要包含一系列构建城市韧度的策略,如多功能、冗余度和模块化、(生物和社会)多样性、多尺度网络和连通性,以及适应性规划设计。

第二节 韧性城市的研究现状

从国内韧性城市相关理论的发展来看,学术界主要从城市规划治理、公共管理和社区参与、防灾减灾、国际合作等视角和领域来进行研究。

一是对韧性城市概念和内涵的研究。仇保兴等认为:"广义上的韧性城市是指城市在面临经济危机、公共卫生事件、地震、洪水、火灾、战争、恐怖袭击等突发'黑天鹅'事件时,能够快速响应,维持经济、社会、基础设施、物资保障等系统的基本运转,并具有在冲击结束后迅速恢复,达到更安全状态的能力。"③ 孙建平认为安全韧性城市作为一种城市建设发展理念,是人们在时空变化下的城市发展过程中提出的关于城市建设发展的思路和方向。与生态城市、低碳城市、绿色城市、海绵城市、智慧城市等理念一样,安全韧性城市是针对城市,特别是像上海这样的超大城市在发展过程中遇到的某些典型问题而提出来的。④ 安全韧性城市最显著的特点是免疫能力强、恢复能力强,强调一座城市在面临自然和社会的慢性压力和急性冲击,特别是在遭受突发事件时,能够凭借其动态平衡、冗余缓冲和自我修复等特性,保持抗压、存续、适应和可持续发展的能力。这是在一般韧性城市意义的基础上的进一步聚焦。陶希东认为,韧性城市建设是需要一整套政策与行动"组合拳"的系统工程,包括组织先行、规划引领、软硬结合、分布式布局、技术支撑、应急体系等。⑤ 城市韧性已成为城市可持续发展的核心论点之一,其核心就是要有效应对各种变化或冲击,减少发展过程的不确定性和脆弱性。

---

① Bruneau M, Chang S E, Eguchi R T, et al. A framework to quantitatively assess and enhance the seismic resilience of communities[J]. *Earthquake Spectra*, 2003, 19(4): 733-752.
② Ahern J. From fail-safe to safe-to-fail: Sustainability and resilience in the new urban world[J]. *Landscape and Urban Planning*, 2011, 100(4): 341-343.
③ 仇保兴,姚永玲,刘治彦,等.构建面向未来的韧性城市[J].区域经济评论,2020(6):1-11.
④ 孙建平.超大城市关键基础设施韧性评估与精细化提升研究[R].同济大学城市风险管理研究院,2022.
⑤ 陶希东.上海全面建设安全韧性城市:经验、问题与策略[J].科学发展,2023(1):66-74.

韧性城市必须与各种各样的分布式基础设施、分布式生命线、分布式服务系统结合在一起。

二是对韧性城市理论视角的研究。高恩新提出了理解城市安全管理体系的3种理论视角：防御性、脆弱性、韧性。"现代城市管理应该重构安全管理体系，抛弃传统的规避、抵御和控制策略，以利用和适应不确定性为城市安全管理的核心内容，通过韧性灾害管理、韧性规划和韧性社区建设，实现城市与外部环境的动态平衡。"[①]彭勃、刘旭将韧性治理视为对我国公共危机刚性治理限度的超越，是提升我国城市重大突发公共事件治理效能的可行路径，从制度、组织、技术3个层面构建公共危机韧性治理的实现路径和治理策略。[②]诸大建、孙辉认为，上海作为一个人口超过2 500万的超大城市，为防患于未然而加快建设有韧性的城市刻不容缓。在公共卫生事件防控中，社区是上海韧性城市建设中的重要一环。[③]

三是对韧性城市体系构成的研究。荆林波基于公共政策理论的视角，对韧性城市的理论内涵、系统构成、资源运行3个方面进行分析，认为韧性城市在系统构成上应包括预警系统、应急系统、恢复系统、学习系统这4类子系统，分别实现提前预测灾害、降低冲击的负面影响、恢复经济秩序和社会功能、积累抗灾经验这4类功能。[④]陶希东认为，韧性城市是能够吸收自然灾害、瘟疫、社会冲突等各种急性和慢性风险的冲击和压力，具有强大的风险抵抗力、事后恢复的复原力、动态演进的适应力、创新升级的学习力，在灾难应对过程中能够维持城市基本功能正常运转的城市，主要体现在技术韧性（基础设施韧性）、经济韧性、空间韧性、社会韧性和政府韧性等方面。[⑤]韧性城市建设是一项涉及多领域、多部门、多行动主体、多利益相关者的全方位集体合作和全周期管理的行动，更是对城市规划设计理念、城市管理体制、社会治理体系等领域的系统性改革创新。

四是对韧性城市建设的个案研究。孙亚南等基于2009—2018年江苏各地市的面板数据，测度了各城市的韧性水平，借助泰尔指数挖掘区域韧性发展的差异；同时，考察了城市韧性空间的相关性特征，并诊断各城市韧性的障碍因子及城市韧性的空间关联特征。他们认为城市是一个复杂的社会系统，健康、安全和基层民生保障是影响城市可持续发展的重要因素，锻铸城市韧性是实现城市高质量发展的题中之义。[⑥]朱正威等对公共卫生风险下两个代表性城市的韧性建设实践案例分析后发现，"我国韧性城市建设呈现出明显的问题导向特征，正在经历由简单借鉴到自主创新、由强调城市局部功能强化

[①] 高恩新.防御性、脆弱性与韧性：城市安全管理的三重变奏[J].中国行政管理，2016（11）：105-110.
[②] 彭勃，刘旭.迈向安全韧性城市：重大突发公共事件的治理挑战与应对[J].宁夏党校学报，2021，23（3）：16-26+2.
[③] 诸大建，孙辉.用人民城市理念引领上海社区更新微基建[J].党政论坛，2021（2）：24-27.
[④] 荆林波.韧性城市的理论内涵、运行逻辑及其在数字经济背景下的新机遇[J].贵州社会科学，2021（1）：108-115.
[⑤] 陶希东.韧性城市：内涵认知、国际经验与中国策略[J].人民论坛·学术前沿，2022（Z1）：79-89.
[⑥] 孙亚南，尤晓彤.城市韧性的水平测度及其时空演化规律——以江苏省为例[J].南京社会科学，2021（7）：31-40+48.

到追求城市系统韧性提升的积极转变，同时也存在着对风险的不确定性缺乏系统准备、常态与应急管理缺乏有效衔接、大城市韧性建设的制度化不足等短板"建议以'发展-安全'同构的韧性治理推动后疫情时代的韧性城市建设"。[①]黄宏伟、曾群认为，上海在单一灾害作用下韧性城市分析与评估的相关研究工作较为充分，但面临多灾害耦联、并发或继发作用时的城市网络化、规模化巨系统的级联、放大效应等相关多灾害韧性城市建设理论与方法尚未开展。[②]他们建议，要打造城市空、海、地全覆盖、一体化的安全智能系统平台，融合多部门的数据，充分利用全域感知、物联网、云计算、人工智能、机器学习等技术手段进行分析，建立韧性城市数字底座，对重大风险做到事前预控决策、事中精准应对、事后高效救援。

追溯城市韧性研究的过往历史，我们注意到，围绕韧性和城市韧性概念形成的知识体系，本身也在随时间变化而不断演进和成长：从强调脆弱性到强调韧性；从强调恢复原状，到强调可以发展到一个新的更加适应环境的转型状态；从强调韧性体系的技术性、工程性，到强调韧性体系的社会性和政治性；韧性城市研究的范式发展经历了从工程韧性，到生态韧性，再到演进韧性，直到社会韧性的多个阶段。[③]经过多年的探索，国内外关于韧性城市建设的研究和实践已经形成了较为丰富的理论成果，对韧性城市的内涵、标准、系统等进行了梳理。

从总体上看，目前国外对韧性城市的讨论具有显著的本土地域化特征，针对特定城市的研究也十分具体。而中国的城市无论是从自然条件、社会结构看，还是从经济体系和行政管治背景看，都与西方城市有相当程度的差别，城市韧性发挥的土壤也应当有本质区分，因此，韧性措施的本土化有待进一步研究。改革开放40多年来，中国城市风险治理研究的学术关注度稳中有升、波动发展，突发事件的发生或国家法律、法规、政策的颁布会推动城市风险治理研究热度的升高；研究的学科构成较为多元，不少中青年学者积极关注该研究领域，应用型研究成为主流的研究类型。[④]但纵观国内外韧性城市建设研究，如何在城市治理过程中构建符合"在地化"的韧性城市建设方案和实施路径，如何针对具体城市加快韧性城市建设的具体工作总结和梳理，提炼面临的具体问题和实践对策，结合典型城市如上海市情，因地制宜地推进本土化韧性城市建设，依然任重道远。未雨绸缪地推进韧性城市建设，推动从传统的灾害管理向以容灾、耐灾为核心的风险管理转变，将有助于提升城市的安全性，增强抗风险能力，从而更好地保障人民群众的生命健康和财产安全，对于提升全球城市竞争力也具有十分重要的意义。

[①] 朱正威,刘莹莹,杨洋.韧性治理：中国韧性城市建设的实践与探索[J].公共管理与政策评论,2021,10(3)：22-31.
[②] 黄宏伟, 曾群.补强公共卫生体系　建设安全韧性城市[EB/OL].http://news.xinmin.cn/2023/01/11/32295369.html.
[③] 刘能.城市韧性和整体论视野下的应急体系建设[J].人民论坛·学术前沿,2022(Z1)：46-55.
[④] 钟开斌, 林炜炜, 要鹏韬.中国城市风险治理国际研究述评（1979—2018年）——基于Web of Science的文献可视化分析[J].治理研究,2019,35(5)：33-41+2.

第三节 韧性导向的城市治理

近年来，随着极端气候影响加剧，加之城市运行系统日益复杂，致灾因素和安全风险不断增加，给城市造成破坏和经济损失。建设韧性城市，就是要在灾害事故发生时，使城市能够承受冲击、快速应对、恢复，保持城市功能的正常运行，更好地应对未来的灾害事故风险。党的二十大报告提出："坚持人民城市人民建、人民城市为人民，提高城市规划、建设、治理水平，加快转变超大特大城市发展方式，实施城市更新行动，加强城市基础设施建设，打造宜居、韧性、智慧城市。"① 从组织管理的角度看，韧性城市建设是一项长期的任务，也是一项庞大、复杂的系统工程，涉及城市建设管理的众多领域、方方面面，这就需要把韧性城市建设任务纳入城市发展规划综合考量。2020年8月，中共中央、国务院在对《首都功能核心区控制性详细规划（街区层面）（2018年—2035年）》的批复中提到"建设韧性城市"。

北京是中国第一个将韧性城市建设任务纳入城市总体规划的城市，其出台的《关于加快推进韧性城市建设的指导意见》从空间韧性、工程韧性、管理韧性、社会韧性对城市韧性发展与建设提出了明确要求，指出到2025年，要试点建设50个韧性社区和50个韧性项目，科学构建韧性城市评价指标体系和标准体系。为了锻造安全、宜居、智慧、共享的韧性城市，北京市发布了《北京城市副中心"十四五"时期安全生产和应急管理事业发展规划》，明确四项重点工程，探索建设城市生命线安全工程，着力打造具有副中心特色的城市安全保障体系。2023年的北京市《政府工作报告》显示，北京将深入开展韧性城市建设：制定韧性城市空间专项规划，系统提升城市本质安全水平；健全防灾救灾体系，严密做好各类应急物资储备和供应体系建设；加快海绵城市建设和积水点治理，加紧建设温潮减河工程，推进病险水库除险加固；开展燃气、供热、供排水管道老化更新三年行动，保障"城市生命线"安全运行。

深圳地处南方沿海、珠江口东岸，是粤港澳大湾区的核心城市，人口高密集聚，经济高速发展，空间高度开发，在全球气候变化异常、极端灾害频发的背景下，台风、暴雨、洪涝、风暴潮等灾害及灾害链式反应的冲击影响日趋严峻，城市面临更多的风险。2021年4月召开的深圳市第七次党代会明确提出"提升城市安全韧性水平"，未来5年要让城市更宜居、更韧性，成为超大城市现代化治理的典范。2022年的深圳市《政府工作报告》提出，坚持人民城市人民建、人民城市为人民，以绣花功夫规划、建设、管理好城市，要建设一流的宜居城市、一流的枢纽城市、一流的韧性城市、一流的智慧城

---

① 习近平.高举中国特色社会主义伟大旗帜　为全面建设社会主义现代化国家而团结奋斗——在中国共产党第二十次全国代表大会上的报告［R］.2022.

市。深圳市应急管理局紧紧围绕全主体协同治理、全要素系统防控、全过程闭环管理的安全韧性体系建设目标，从"防""管""控""应"4个维度探索"一库四平台"智慧应急应用，努力构建全生命周期的防灾减灾知识体系以及权威高效的应急指挥体系，健全科学完备的安全监管体系，打造一体化智慧应急体系，全周期赋能城市安全治理，不断提升城市的安全韧性水平。目前，深圳市应急管理局（市三防办）对标国际国内一流城市，提升城市韧性建设的经验，正在紧锣密鼓地开展推进安全韧性城市建设的顶层文件设计研究工作。深圳市对韧性城市建设也提出了具体目标：到2025年，计划完成韧性城市相关规划编制和管理体系的构建，初步建立安全韧性城市法规和标准体系，形成一批可推广、可复制的安全韧性样板示范项目；到2030年，基本建成海绵城市，重点区域建成安全韧性示范城区，安全韧性产业健康发展，基本形成与中国特色社会主义先行示范区相适应的安全韧性城市发展体系；到2035年，显著提升城市安全韧性水平，成为全球安全韧性城市的标杆和发展范例。

上海作为超大城市，韧性城市建设仍处于起步阶段。从2020年至今，上海市正在持续开展第一次自然灾害综合风险普查，顺利地完成了各项国家规定任务和本市的自选项目。目前完成了244万多栋房屋的建筑调查，交通、水务、绿化市容、气象和地震等行业领域的普查也在有序开展，形成了灾害风险普查的上海经验。上海市将持续开展灾害综合风险普查，加快综合监测预警系统建设，推进安全发展和综合减灾示范社区创建，加强会商研判，全面提升城市自然灾害风险防范水平。从制定韧性城市发展规划、形成现代治理格局而言，上海市还有许多短板要补。上海市"十四五"规划纲要明确提出"共建安全韧性城市"。《上海市综合防灾减灾规划（2022—2035年）》是国内首部以韧性理念为引领、以综合为重点的防灾减灾空间规划，该规划明确了城市综合防灾安全韧性体系的构成，围绕韧性城市建设要求，从源头上防范化解重大灾害事故风险。在《上海市应急管理"十四五"规划》的基础上，上海以市安委会、市灾防委的名义出台了配套支撑的安全生产、应急救援体系建设、消防事业发展、综合防灾减灾4个方面的分项规划。同时，按照市委的要求，依托"一网统管"，充分发挥城运应急委办公室的统筹协调作用，强化系统性、整体性、协同性，构建应急管理体系，应对可能发生的突发事件。2023年6月1日，上海市政府办公厅印发《上海市突发事件预警信息发布管理办法》，今后将按规定发布突发事件预警，一般按照突发事件发生的紧急程度、发展趋势和可能造成的危害程度，分成一级、二级、三级和四级（一级为最高级别），分别用红色、橙色、黄色和蓝色标示。在本市行政区域内向社会公众发布预警信息，是指发生或可能发生，造成或可能造成严重社会危害，可以预警的自然灾害、事故灾难、公共卫生事件信息，以及关系人民群众生产、生活、出行等城市安全运行的相关通告和提示类信息，实现预警信息发布的畅通和广覆盖。

第二章

"四大功能"背景下上海韧性城市建设的新要求与新挑战

第一节 "四大功能"背景下上海韧性城市建设的背景与挑战

统筹发展和安全、建设安全韧性城市是国家"十四五"规划提出的重大任务。"十四五"规划首次将韧性城市纳入国家战略规划体系,提出"建设海绵城市、韧性城市,提高城市治理水平,加强特大城市治理中的风险防控"。[①] 党的十九届五中全会明确提出建设韧性城市的战略目标。《上海市城市总体规划(2017—2035年)》中也明确提出了建设韧性城市的发展导向。[②] 公共卫生事件带来的考验更让韧性城市建设成为当前城市精细化治理的重大焦点问题。面对城市安全的时代大考,在"十四五"期间,重新审视、定义韧性城市的内涵、机制和路径,研究上海韧性城市建设面临的重大问题和对策成为当务之急。

一、"四大功能"背景下全面强化上海韧性城市建设的政策背景

城市功能是衡量其竞争力和影响力的重要标准。2019年,习近平总书记在上海考察时提出:上海要强化全球资源配置、科技创新策源、高端产业引领、开放枢纽门户四大功能。作为超大型的中心城市,上海在2021年的《政府工作报告》中明确提出,2021年的主要任务之一,即聚焦强化"四大功能",加快推动经济高质量发展。2021年1月25日,时任上海市委书记李强在参加上海市政协十三届四次会议"强化'四大功能',服务新发展格局"专题会议时指出,进入新发展阶段,做强功能是上海推动高质量发展的必由之路。要全面强化"四大功能",不断提升城市能级和核心竞争力,努力

---

① 国家发展和改革委员会.中华人民共和国国民经济和社会发展第十四个五年规划和2035年远景目标纲要[R].2021.
② 上海市人民政府.上海市城市总体规划(2017—2035年)[EB/OL].https://www.shanghai.gov.cn/newshanghai/xxgkfj/2035001.pdf.

成为国内大循环的中心节点和国内国际双循环的战略链接，更好融入和服务新发展格局。

（一）强化全球资源配置功能

要素的国际流动决定了全球经济运行机制，全球资源配置功能是国家竞争力的核心。加快打造社会主义现代化建设引领区是中央对上海的新定位，要素市场是上海代表中国进一步深入参与全球产业链、创新链、价值链的关键载体，总体表现为全球产业链、供应链、价值链的链条整合能力，各类要素的交易配置功能和规则主导能力，包括对全球要素资源的整合力、控制力、定价权和话语权，一般通过跨国公司总部数量、金融市场交易额、离岸贸易额、航运服务功能、权威定价指数、全球权威资讯媒体等来反映。上海要素市场在全球资源配置中的独特性和普遍性范式，对提升中国的全球资源配置功能具有重要意义。"在全球经济新变局下，既要看到逆全球化割裂的严峻挑战，也要看到时代潮流重塑的战略机遇。新时期强化上海的全球资源配置功能，需要从提升要素市场国际化水平入手，着力集聚、链接、辐射、支配全球高端要素，以提升高端要素的价值链位势，推动经济高质量发展，以此实现上海代表中国参与'百年未有之大变局'下全球竞争的使命担当。"[1]

（二）强化科技创新策源功能

科技创新策源地是一个新概念，其概念来源是世界科学中心、科技创新中心相关理论和策源地的语义及语境。"科技创新策源地的立身之本是以原始创新能力和原始创新成果辐射能力为核心的创新策源能力，其根本任务是突破核心技术、抢占科技高地。科技创新策源地的内涵包括策源目的、策源依托点和策源方法三个方面。"[2]强化科技创新策源功能，关键是要加快科技创新，打通从科技到产业的转化。需要加快打造国家战略科技力量、建设国家实验室，争取更多重大科技基础设施落户。加强国际协同创新，办好世界顶尖科学家论坛，支持高校、科研院所等发起国际大科学计划和大科学工程。总体表现为：一是在原始创新领域形成大量积淀和突破，引领前沿技术创新；二是基础性、应用性研发活动和创新能够具有首展、首发效应；三是能够吸引全球顶尖的科学家、创新者和发明家集聚起来，并发挥科学创新、研究开发的辐射和带动效应；四是能够在国家创新驱动发展中率先突破卡脖子技术，最终引领全球科创发展新趋势。

（三）强化高端产业引领功能

调整产业结构、优化经济发展空间，加快供给侧结构性改革，是上海坚持驱动创新发展、经济转型升级战略的重要手段。"上海产业结构调整面临着愈加复杂多变的国际环境、资源要素禀赋的瓶颈约束、经济发展战略的转变以及全球城市功能定位的转变等诸多发展机遇和挑战。遵循国际产业结构发展理论，上海应依托国家'一带一路'倡议、借助自由贸易试验区建设、借力'四个中心'和'科创中心'建设、依托《长江三

---

[1] 潘闻闻.上海范式：要素市场全球资源配置的引领性［J］.探索与争鸣，2021（10）：130-139+179.
[2] 王少.科技创新策源地：概念、内涵与建设路径［J］.科学管理研究，2021，39（2）：17-21.

角洲城市群发展规划》以及依托上海全球城市功能定位来调整优化上海产业结构，促进上海经济的长期健康快速发展。"[1]强化高端产业引领功能在于着力增强产业链、供应链的自主可控能力，大力构建一批战略性新兴产业增长引擎，开展民用飞机制造、高端医用材料等补链强链行动，推动集成电路、新能源汽车、高端装备等先进制造业集聚发展，开工建设一批引领性强、带动性大、成长性好的重大产业项目。大力实施产业基础再造工程。总体表现为：一是高技术、高附加值产业占较高比重；二是形成若干国内外领先的高端产业集群；三是拥有一批掌握核心技术和品牌的行业领军企业；四是具有较强的产业创新策源基础与引领能力。

（四）强化开放枢纽门户功能

着力推动规则、规制、管理、标准等制度型开放，落实外商投资条例，开展服务业扩大开放综合试点。上海应充分依托我国超大规模市场优势，大力参与东亚区域价值链体系，强化开放枢纽门户功能，努力打造国内大循环的中心节点和国内国际双循环的战略链接，突出大国腹地型开放枢纽门户特色，积极拓展高水平开放的外部战略空间。要更加注重提升全球投资贸易网络中的枢纽节点功能，更加注重数字化时代开放门户建设，更加注重强化开放窗口先行先试效应。[2]充分用好我国签署《区域全面经济伙伴关系协定》的重大契机，搭建全球招商引资新网络。一是城市具有较强的开放链接度，能够吸引和集聚全球的优质资源；二是港口、机场、铁路等各种交通枢纽地位达到世界级的水准，成为全球流量要素大进大出的枢纽；三是拥有高能级的开放平台，成为连接全球、融通全球、影响全球的重要载体，能够代表国家参与国际竞争，包括增强参与全球经济治理的话语权。

全面强化"四大功能"建设为上海新时期韧性城市建设工作提供了新的方向指引。上海要建设卓越全球城市，强化全球资源配置能力，首先应成为国内资源要素配置中心；强化科技创新策源，首先要强化国内创新龙头地位；强化高端产业引领，首先要体现在国内的引领；强化开放枢纽门户，首先要以充分的对内开放为前提，促进国内国际开放的联动。因此，这"四大功能"本质上都离不开国内市场的畅通和国内的开放合作交流。在此基础上进行韧性城市建设，应关注以下3个方面的韧性："第一是功能韧性，在规划和建设阶段采用工程性和技术性适应措施极为重要；第二是社区韧性，社区是城市生活的基础空间，当灾害发生时社区能够及时响应以维持基本正常的生活秩序；第三是社会韧性，即在城市日常建设及灾后恢复过程中注重解决城市的经济与社会问题，其结果将归结为城市应灾能力的综合提升。"[3]"建设韧性城市需要10个步骤完成：一是转变思想观念；二是创新设计研究机构；三是制定治理方案，列入5年计划；四是编制生命线工程分组团化改造方案；五是在每个社区、每个组团补充原来没有的微循环；六是利

---

[1] 曹永琴，李泽祥.上海产业结构调整的路径选择研究［J］.上海经济，2018（6）：5-15.
[2] 李锋，陆丽萍.聚焦薄弱环节，精准强化上海开放枢纽门户功能［J］.科学发展，2021（1）：33-41.
[3] 李国庆.韧性城市的建设理念与实践路径［J］.人民论坛，2021（25）：86-89.

用信息技术来协调各个组团和组团内的微循环设施;七是改造老旧小区,补足社区的单元短板;八是新建和改造公共建筑均考虑'平疫结合''平灾结合';九是在超大规模城市的周边布局建设'反磁力'的'微中心';十是深化网格式管理智慧城市建设。"①

基于此,韧性城市建设需要秉持新的发展理念和发展思路,着眼"四大功能"的落地实施,深化区域合作交流,以大开放促进大合作、以大合作推动大发展,主动对标"四大功能"背景下上海韧性城市建设的新要求,努力克服"四大功能"背景下上海韧性城市建设的新挑战,全面推进韧性城市建设的新机制,为上海成为国内大循环的中心节点、国内国际双循环的战略链接提供核心支撑,在服务全国区域协调发展大局中体现上海担当、彰显上海作为、提供上海样本。

二、"四大功能"背景下上海韧性城市建设的新要求

随着经济全球化、城市网络化、社会信息化的发展,人类已经进入一个高风险社会,各类传统安全风险和非传统安全风险相互交织,疫情的全球大流行,更警示了防范"黑天鹅"事件的极端重要性。"现代城市既承载着人民对美好生活的期许和向往,也潜藏了发展和扩张过程中的诸多积弊,特别是在遭受自然灾害、安全事故、生物安全、恐怖袭击、公共卫生事件威胁的情况下,城市的安全治理往往表现出明显的脆弱性和碎片性。城市风险治理'历史积弊'和'现实压力'间的鸿沟如何填补?强调从实践视角对城市的发展规划、设施建设和应灾管理提出可行的治理方案,构建起能够防范和化解多元风险的城市安全系统。"②超大城市作为重要的人类住所,其高度的社会异质性、流动性、复杂性、开放性、集聚性等特征,决定了其比一般区域面临着更严峻的风险挑战和安全压力。树立韧性理念,提高城市应对各种安全风险的抵御力、适应力、恢复力,努力建设"与风险同在"的韧性城市,既成为世界各国政府的共同战略选择,更是超大城市亟待破解的一道现实难题。在国际学术界,韧性城市早已是一个研究了多年的热点议题,但截至目前尚没有形成一致的看法和标准。

党的十九届五中全会首次正式提出了"韧性城市"命题,并纳入《国民经济和社会发展第十四个五年规划和2035年远景目标纲要》之中,提出要"建设宜居、创新、智慧、绿色、人文、韧性城市",这也是包括上海在内的一些省市"十四五"规划纲要提出的战略目标之一,至此,中国的韧性城市建设正式进入起步阶段。达成共识、理清思路、凝聚力量、创新机制,全面打造有中国特色、地方特点的安全韧性城市,是"十四五"时期摆在各大城市政府面前的一项重大政治任务。

上海作为已经基本建成多个中心、人口高度密集的现代化国际大都市,常住人口已经超过2 400万,市场主体有270多万家,地铁运营总里程已达700千米,地铁日均客流1 200

---

① 仇保兴.迈向韧性城市的十个步骤[J].中国名城,2021,35(1):1-8.
② 王鹭,肖文涛.刚性管制—弹性管理—韧性治理:城市风险防控的逻辑转向及启示[J].福建论坛(人文社会科学版),2021(5):167-175.

万人次，拥有30层以上的高层建筑1 500多幢，建筑总量13亿多平方米，路灯、消防栓等1 495万个城市部件，1.4万多个住宅小区，电梯24万余台，水、电、气、油等地下管网设施长度12万多千米，越来越面临着极端气候（热浪、严寒、洪水、海平面上升）、新技术应用（人工智能、无人驾驶）、重大传染病、恐怖袭击等诸多"不确定性"（"黑天鹅"）风险的巨大挑战，即面临地质、气象、公共安全、新技术、社会安全等多元化风险。[①]

着力统筹好城市的发展和安全，下功夫克服城市的脆弱性，增强城市的整体韧性，确保整个城市能够沉着应对各种内外部突发风险，保持城市功能的正常运行，具有极端重要性和紧迫性。"结合上海面临的主要扰动类型及特征，上海韧性城市规划的四大关键议题主要是全球气候变化下的自然灾害韧性、重大公共卫生事件的防疫韧性、危化品产用过程中的事故灾害韧性和基础设施日常运行的系统韧性。"[②]在社会运行和社会变化加速化的趋势下，城市发展过程中面临更多的不确定性因素和脆弱性环节，推进韧性城市建设以防范化解重大风险成为城市治理现代化的重要课题。[③]在学习贯彻党的十九届五中全会精神和习近平总书记在浦东开发开放30周年庆祝大会上重要讲话精神专题研讨班上，时任上海市委书记李强主持会议并强调："要加快建设韧性城市，推进城市安全体系建设深刻变革，更好统筹发展和安全，促进城市持续发展、永续发展。要结合城市数字化转型和推进城市治理现代化，加快锻长板、补短板、强弱项，不断提升城市的功能韧性、过程韧性、系统韧性，更好应对各类风险挑战和不确定因素。"

（一）落实国家战略、服务本市发展的本质要求

党的十九大报告提出，要创新引领率先实现东部地区优化发展，建立更加有效的区域协调发展机制。长三角一体化要有新路径与新机制。上海市发展改革委与苏浙皖三省有关部门联合成立了长三角区域合作办公室，并抓紧制订了《长三角地区一体化发展三年行动计划（2018—2020年）》。成立长三角区域合作办公室，是长三角新一轮合作机制建立进程的一小步，却是长三角一体化进程的一大步。长三角一体化需要上升为国家战略，以共建一体化战略项目推进区域一体化进入新阶段，探索财政与税收共享机制，打破行政壁垒，形成以经济功能和经济社会联系为主的一体化新格局。[④]进入新发展阶段，中央对上海提出了加快建设"五个中心"、全面强化"四大功能"、全力实施"三项任务、一大平台"的目标要求。上海国内韧性城市建设工作必须坚持以"把上海未来发展放在中央对上海发展的战略定位上、放在经济全球化的大趋势下、放在全国发展的大格局中、放在国家对长江三角洲区域发展的总体部署中来思考和谋

---

① 伍爱群，郭文炯，韩佳.加强上海韧性城市建设提升防抗风险能力的建议［J］.华东科技，2022（9）：98-103.
② 颜文涛，任健，张尚武，等.上海韧性城市规划：关键议题、总体框架和规划策略［J］.城市规划学刊，2022（3）：19-28.
③ 于水，杨杨.重大风险应对中的城市复合韧性建设——基于上海疫情防控行动的考察［J］.南京社会科学，2022（8）：67-74.
④ 洪银兴.长三角一体化新趋势——在同城化基础上推进长三角区域一体化［J］.上海经济，2018（3）：122-148.

划"作为一切工作的基点,在落实中央对上海的目标定位中展现新作为。习近平总书记强调:"走出一条符合超大城市特点和规律的社会治理新路子,是关系上海发展的大问题。"从韧性城市建设的角度看,统筹发展和安全,促进城市持续发展、永续发展,上海在推进城市安全体系建设方面面临着深刻变革。"上海这种超大城市,管理应该像绣花一样精细。"①城市的精细化治理,必须适应超大城市,必须在韧性城市建设方面有所突破。全国韧性城市建设已全面进入起步阶段,对上海而言,韧性城市建设具有特殊重要的意义,也有充足的建设优势和条件。韧性城市建设工作可以充分利用上海的资源、市场、制度和人才等优势,更好地发挥上海的集聚和辐射作用,不断把对内开放向纵深推进;深化与各地的紧密合作,增强城市生产生活物资的保障供应能力,更好地应对各类风险挑战,在服务全国、发展上海中进一步开创新局面。同时,面对百年未有之大变局,中央提出了"加快构建以国内大循环为主体、国内国际双循环相互促进的新发展格局"的重大战略部署。上海国内韧性城市建设工作必须紧紧围绕打造国内大循环中心节点和国内国际双循环战略链接这一目标,在推动国家区域协调发展中取得新进展。

(二)强化城市功能、保障城市运行的基本要求

当前,上海面临着国家战略牵引机遇、功能引领发展机遇、都市导流创新机遇、区域协调发展机遇,但也面临着发展开放型经济、推动新旧动能转换、巩固增强区位优势以及人口与人才等方面的挑战。上海作为超大城市具有复杂的巨系统特征,人口、各类建筑、经济要素和重要基础设施高度密集,致灾因素叠加,一旦发生自然灾害和事故灾难,可能引发连锁反应并形成灾害链。转型期我国城市发展呈现出风险共生的态势,以突发事件为应急管理对象、以应急处置为核心仍是当前应急管理的主导模式。现有研究表明,突发事件实则并非"突发",而是有其潜在的状态和前期征兆,城市运行中的诸多风险也具有"常态化"特征。因而掌握城市风险的演化规律,通过采取有效应对措施,阻断风险事件转向危机事件并避免和减少实际损害就显得尤为重要。②作为超大城市,上海把打造城市功能作为着力点,努力推动高质量发展、创造高品质生活、实现高效能治理。进入新发展阶段,应进一步加强交流合作,在服务和融入新发展格局中共同打造区域合作典范。在强化城市功能方面,韧性城市建设工作需要学习各兄弟省市的先进理念、先进经验,取长补短、优势互补,在发展中协同发力、实现共赢;在发展数字经济、建设国际消费中心城市、促进旅游文化消费方面加强交流。"城市运行管理以问题信息和数据汇集为抓手,促使行政系统提升跨层级、跨部门、跨系统治理能力,动员多方行动主体及其资源,提升城市风险防范与精细化

---

① 习近平.践行新发展理念 深化改革开放 加快建设现代化国际大都市[EB/OL].http://cpc.people.com.cn/n1/2017/0306/c64094-29124943.html.
② 张良.风险治理视角下城市风险事件预警响应框架构建研究[J].华东理工大学学报(社会科学版),2020,35(3):112-125.

治理能力。"①在保障城市运行方面，韧性城市建设工作需要在常态化公共卫生事件防控、推进区域一体化发展、城市精细化治理等方面取长补短。通过建构制度、空间、数字、治理和社会五重维度的城市复合韧性解释框架，对韧性城市承受和抵御风险冲击与扰动的基础逻辑进行话语阐释。选取上海疫情防控行动为分析对象，研究结果发现：制度韧性层面的全面统筹，强化了央地联动和风险共判；空间韧性层面的动态调整，优化了风险应对的空间防线，满足了功能区域拓展需求；数字韧性层面的智能高效，改善了信息沟通、传递和反馈效率；治理韧性层面的循证决策，提升了风险处置的专业化、规范化和科学化水平；社会韧性层面的协同合作，增进了基层组织的动员能力，稳定了集体行动的秩序。然而，重大风险冲击的不可预期性也决定了城市复合韧性建设的持续性和渐进性。只有不断增强对公共卫生事件防控过程中脆弱性因子的识别和消解，才能够保持城市系统始终处于相对稳定的均衡状态，进而更好地保障居民生命安全和促进城市可持续发展。②

（三）优化治理效能，提升城市品质的最新要求

上海市第十二次党代会明确要求：推进城市治理体系和治理能力现代化，实现高效能治理。"高效能治理在理念、结构、体制机制、治理方式层面的品质规定，体现了'中国之治'的内在要求。在国家治理转型背景下，迈向高效能治理存在一些现实制约与风险挑战。进入'十四五'时期的新发展阶段，要以制度化治理为关键抓手推动国内'善治'与国际'和治'，构建与内循环为主、外循环赋能和更高水平双循环的新发展格局相适配的新治理格局，系统推进国家治理效能的转化提升。"③上海市十六届人大一次会议提出，今后5年，上海要在推动高质量发展、创造高品质生活、实现高效能治理上迈出坚实步伐，取得重大突破。具体体现在：城市运行"一网统管"形成框架，超大城市运行数字体征体系初步构建；绘好超大城市治理"工笔画"，更加注重在细微处下功夫、见成效。推进全过程人民民主，发挥人民主体作用，要坚持问计于民，充分汲取群众智慧。高效能治理、高质量发展以及高品质生活为推动公共服务高质量发展指明了方向。新时代，需要以高效能治理为新基准，研究谋划公共服务高质量发展的中长期发展战略；以高效能治理为新管理体系，推动公共服务高质量发展战略规划的落地实施；以高效能治理为技术平台，推动"新基建"与"软基建"的战略对接。④此外，基层治理作为中国社会整体转型的切入点和改革发展的突破口具有特殊地位。在我国经济发展和社会转型过程中积累的种

---

① 杨宏山，邱鹏.城市运行管理的行动逻辑与组织模式［J］.北京航空航天大学学报（社会科学版），2022，35（6）：81-89.
② 于水，杨杨.重大风险应对中的城市复合韧性建设——基于上海疫情防控行动的考察［J］.南京社会科学，2022（8）：67-74.
③ 丁志刚，李天云.迈向高效能治理：理论认知、困境预判与因应之道［J］.学术交流，2022（1）：5-16+191.
④ 陈振明，李德国.以高效能治理引领公共服务高质量发展［J］.人民论坛，2020（29）：61-63.

种问题集中地反映在基层，逐渐形成了治理结构困境、运行机制困境和治理手段困境。对此，只有通过治理结构转型恢复基层社会的内生秩序，扩大民众自我服务和自我管理的自主空间，基于民意民情和民间规范实行弹性治理，基于法治处理治理矛盾和纠纷，才是实现基层高效治理的根本路径。[①]疫情暴露了上海基层治理方面的一些短板，"特别是在今年3月以来的这一波疫情应对中，反映出我们对重大风险预警预判不够，社会迅速高效组织动员能力有待提升，极端情况下城市运行保障和应急管理体系亟需加强，城市数字化转型特别是治理数字化还要在实战检验中提高水平。"[②]后疫情时代，上海更加认识到在极端情况下加强协同抗风险的能力，不是简单的应急体系建设问题，而是整个政府职能的提升。要建设好数字政府的"底座"。政府的各个部门要打通数据壁垒，逐步实现业务协同，在一个平台上实现资源的流动。只有夯实了数字政府"底座"，才能真正发挥城市治理的最大效能。2019年，习近平总书记在上海考察时强调，要抓住人民最关心、最直接、最现实的利益问题，扭住突出民生难题，一件事情接着一件事情办，一年接着一年干，争取早见成效，让人民群众有更多获得感、幸福感、安全感。在品质生活方面，通过疫情，上海进一步认识到加快中心城区老旧小区改造的重要性和迫切性，必须坚持不懈地提高城市治理能力。在社会救助、纾解急难愁盼问题方面，体现社会保障、社会救助、民心工程的初心本色。进一步推动上海生活性服务业补短板、增供给、提效能、上水平，提高人民生活品质。[③]

（四）化解城市风险、强化城市韧性的根本要求

当今世界是一个充满不确定性的风险社会，大城市（超大城市）风险化趋势日渐显现。地缘政治和社会风险、全球气候变化及自然灾害风险、数字技术革新及应用风险、金融经济和贸易风险是当前大城市面临的主要风险类型。加快推动韧性体系建设，是全球大城市谋求安全发展的共同战略选择。[④]在今后一个时期内，上海要继续当好全国改革开放排头兵、创新发展先行者，推动"五大新城"建设、推进"五型经济"发展，全面提升在全球城市体系中的影响力和竞争力，不断增强城市发展和城市治理韧性，扩大对内对外开放、用好两种资源两个市场是必由之路。相关研究表明，特大城市在政策执行中存在"一策多制"的特征，即"一项政策、多种工具（机制）"。特大城市的风险防控综合运用了政策复刻、细化、创新、加码和变通5种工具。由于风险防控具有刚性和强制性特征，因此，特大城市在政策工具选择时以"遵从为

[①] 申建林.高效能治理的逻辑、困境与出路［J］.人民论坛，2020（20）：14-16.
[②] 李强.弘扬伟大建党精神　践行人民城市理念　加快建设具有世界影响力的社会主义现代化国际大都市——在中国共产党上海市第十二次代表大会上的报告［EB/OL］.https：//www.shanghai.gov.cn/nw12344/20220630/ef438de7a0e1434aa13f6822bd49e3af.html.
[③] 上海市人民政府办公厅.上海市推动生活性服务业补短板上水平提高人民生活品质行动方案.沪府办发〔2022〕23号.
[④] 陶希东.韧性体系建设：全球大城市风险化趋势下的应对策略［J］.南京社会科学，2022（10）：46-53+62.

主、应变为辅"。清晰的政策路径规定了特大城市的行动路线，追责问责与专项督查共同约束政策遵从；政策路径的模糊性、正反两类激励与督查中的容错机制，则为政策应变提供"弹性空间"。① 为此，上海要打造的韧性城市，不仅仅着眼表层的安全，而是包括功能韧性、过程韧性、系统韧性等多个层面，涉及城市生命线等基础设施、城市体征监测体系、城市应急管理体系乃至社会习惯等系统问题，是整座城市安全体系的深刻变革。需要不断提升城市的功能韧性、过程韧性、系统韧性，更好地应对各类风险挑战和不确定因素。

三、"四大功能"背景下上海韧性城市建设的新挑战

韧性城市是指对各种自然灾害或社会经济波动具有较好忍耐力或弹性的城市。韧性强弱既取决于城市自然生态系统本身的结构和功能，也取决于城市社会经济系统结构和功能强弱。韧性城市的提出主要是出于主动干预和应对城市的重大灾害风险。随着气候变化加剧，极端天气出现的概率增加，城市可能面临以前没有机会或很少遇到的自然灾害种类。必须继续旗帜鲜明地大力推进韧性城市建设，尤其是在城市规划和设计阶段就应将相关目标加以贯彻；韧性城市建设既要注重有形的城市生态基础设施、应急设施等硬件建设，又要注重无形的社会组织能力、应急管理能力等软件建设。其中，基础设施特别是关键基础设施为城市的有效治理提供了重要前提。但是，城市基础设施本身也是风险的重要来源，并可能产生难以挽回的损失。② 从现有的制度安排来看，城市基础设施的风险属性被弱化，在以效率、服务为主导的制度逻辑下，城市基础设施的风险控制逻辑被削弱。政策关注缺乏、央地政策衔接延迟、基础设施管理分散化而形成的制度缝隙使得基础设施风险回应面临失效的可能。因此，基础设施韧性的建构要坚持整体性治理思路，打破基础设施风险防控的部门分割格局，在专业管理碎片化与部门协同、伤害破坏性与设施安全性之间达到均衡。

从韧性城市建设的角度看，韧性城市分为广义的韧性城市和狭义的韧性城市。"城市风险转化不仅来自城市的内在张力，也来自治理体制的压力。一方面，城市风险的关联性、叠加性和复杂性加深了风险的不确定性和治理成本。另一方面，城市风险治理的特殊性和复杂性源于治理结构的嵌套。"③ 从城市安全视角研究韧性城市建设，不仅仅局限于传统应急管理视角的韧性城市建设，而是聚焦于城市生存权和发展权的广义韧性城市建设。具体到上海韧性城市建设工作而言，面临的挑战主要体现在：① 如何聚焦上海打造国内大循环的中心节点和国内国际双循环的战略链接，主动服务和融入新发展格局？② 新发展阶段如何聚焦强化"四大功能"，加快推动本市经济高质量发展？

---

① 吴晓林，覃雯.特大城市风险防控"一策多制"的选择机制[J].上海行政学院学报，2022，23（4）：47-58.
② 何艳玲，周寒.基础设施风险：城市风险的空间化[J].学海，2021（5）：64-71.
③ 周寒，何艳玲.嵌套结构中的治理偏差：中国城市风险的危机转化[J].南京社会科学，2021（2）：83-92.

③ 如何发挥韧性城市建设工作的引领作用，推进更深层次交往、实现更高水平开放？④ 如何发挥韧性城市建设工作的人才集聚和技术支撑作用，推进韧性城市的数字化转型？⑤ 如何发挥城市基础保障与物资收集作用，聚焦常态化公共卫生事件防控，守牢韧性城市安全底线？

我国城市风险治理研究总体上受灾害问题的驱动比较明显，学术关注度不断提升，但研究力量相对分散，尚未形成比较成熟稳定的合作网络和学术共同体；研究主题主要集中在城市规划（减灾规划）、生态环境和城市公共安全的应急管理等传统风险领域，对非传统的新兴风险、复合性风险和系统性风险等关注还不够，这也制约了研究内容的进一步深入。① 在亟待强化"四大功能"的背景下，上海韧性城市建设面临新的挑战。

（一）超大城市风险要素集聚凸显的挑战

城市现代化和城市功能的提升，并不一定同时会带来人们社会安全感的增强。由于城市规模的巨型化和城市人口的多元复杂化，特大型城市在资源、环境、公共安全等一系列领域首先会遭遇超出一般逻辑的社会风险，因此，有必要从特大型城市当下经济社会转型的现实维度，整体、系统与深刻地认识社会风险生成的新机制，进而重新审视特大型城市防范和治理这种社会风险的实践能力。② "由于城市安全风险具有叠加性、复杂性、动态性等特点，政府传统的单一中心管理模式难以适应日益复杂的风险治理需要。"③

（二）自然灾害造成城市巨灾风险的挑战

城市巨灾是城市发展过程中不可忽视的极端破坏力量，其发生的概率低，但造成的损失大。形成和优化有针对性、整合各方力量、覆盖全过程的城市巨灾风险协同治理机制，有助于应对城市巨灾风险，减少灾害损失。④ 近年来，海平面抬高、平均气温升高，致使台风频发、潮位趋高、强对流天气多发、暴雨强度加大，黄浦江沿线及东海沿线风险源密集，易造成大险大灾以及次生、衍生灾害。据气象部门预测，未来20年，强降水发生日数和强度都将呈现增加趋势，海平面持续上升和上游泄洪压力对上海城市抵御洪涝灾害的能力构成更大挑战。

（三）韧性城市建设总体意识不强的挑战

"灾害"作为灾害社会科学研究的核心概念，其社会与自然双重属性特质形塑了灾害多学科交叉研究现状。学界对灾害的定义和认知多从自然科学视角出发，而基

---

① 原珂，陈醉，王雨.中国城市风险治理研究述评（1998—2018）——基于CSSCI期刊文献的可视化分析［J］.兰州学刊，2020（12）：101-115.
② 李友梅.城市发展周期与特大型城市风险的系统治理［J］.探索与争鸣，2015（3）：19-20.
③ 董幼鸿.社会组织参与城市公共安全风险治理的困境与优化路径——以上海联合减灾与应急管理促进中心为例［J］.上海师范大学学报（哲学社会科学版），2018，47（4）：50-57.
④ 刘伟俊，杨丹.城市巨灾风险协同治理机制及其优化路径研究——基于SFIC模型的视角［J］.城市发展研究，2022，29（3）：12-16.

于社会科学视角的灾害概念研究尚少。对灾害概念进行社会科学解读，可以将关于灾害概念的认识划分为事件-功能主义导向、脆弱性导向、社会建构主义导向、不确定性导向、权利资源分配导向，并以"危险源—关系链—结果"为逻辑架构结构化灾害概念，从而廓清社会科学领域关于灾害概念的认识与研究谱系。[①]在思想认识上，各部门往往对巨灾风险的准备不够充分，应急管理统筹协调机制发挥不足。各类突发事件的关联性、耦合性强，但在有效处理防与救、统与分、上与下等关系上，依然存在条块分割、重复投入多、资源整合难、信息沟通不畅、协调力度不够等问题，需要在应急管理"全灾种、大应急"和强化多部门高效统筹协同机制上继续下功夫。

（四）韧性城市建设合作不足的挑战

当前，我国经济社会发展面临复杂严峻的国内外形势，"逆全球化"和贸易保护主义加剧，中美战略博弈的长期性、复杂性凸显，全球经贸格局深刻调整。针对复杂严峻的国际形势，中央提出要"形成以国内大循环为主体、国内国际双循环相互促进的新发展格局，培育新形势下我国参与国际合作和竞争新优势"。基于此，上海国内韧性城市建设工作需要秉持新的发展理念和发展思路，深化区域合作交流，以大开放促进大合作、以大合作推动大发展，为上海成为国内大循环的中心节点、国内国际双循环的战略链接提供核心支撑，在上海韧性城市建设过程中体现独特功能。从服务韧性城市建设来看，上海市还有以下的不足和短板：

一是缺乏顶层设计，在韧性城市建设过程中的部门职能和边界不清晰。相对于对外开放比较清晰的牵头部门和完善的运作体系而言，上海区域韧性城市建设工作比较分散，整体缺乏顶层设计和系统的制度安排。由于机构改革和职能调整，合作交流办作为全市促进区域韧性城市建设工作的核心部门，参与全国重点区域合作的职能有所剥离和弱化。由此可能造成服务韧性城市建设过程中的职能不清晰，功能不明确，超大城市安全运行的物资保障基地系统化建设缺乏依据。

二是缺乏统筹协调，在韧性城市建设中的行动和网络不健全。区域韧性城市建设工作在日常推进和运转过程中，对体制内资源的调动还不够充分，市区两级之间、兄弟部门之间的统筹协调还不够，合作交流部门对指导成员单位的指导力度不够，成员单位的参与度还不高，本市各区、园区、企业的工作网络平台缺失。由此可能造成服务韧性城市建设过程中资源整合、城市安全运行的保障协调功能发挥受到限制。

三是缺乏硬核抓手，在韧性城市建设中的平台和渠道不稳定。上海参与国内合作交流总体缺少大的平台、通道和项目抓手，同时也缺乏突破性的政策支持，由此可能造成服务韧性城市建设过程中区域合作和网络渠道不够稳定，韧性救灾的联络机制不够顺畅。

[①] 陶鹏，童星．灾害概念的再认识——兼论灾害社会科学研究流派及整合趋势［J］．浙江大学学报（人文社会科学版），2012，42（2）：108-120．

第二节 "四大功能"背景下上海韧性城市建设的目标与定位

城市风险化作为中国城市发展进程中的问题,是对快速城市化进程可能给整个人类社会发展带来现实或潜在风险的结构特征与内在发展机理的反映和反思。城市风险治理业已构成当代中国国家治理现代化研究的共识性议题。基于空间理论检视,中国城市风险化的实质是普惠型的城市空间权益体系尚未构建成熟所引发的社会结构性问题;城市空间发展、调整和修复过程中的不公平、不均衡导致空间结构失衡、功能紊乱及其生态失序。空间治理作为一种由役物至化人的现代化城市公共治理的创新形态,旨在通过政府、企业、社会、市民等不同主体在空间生产及其权益分配层面上诉求结构合理、功能高效和生态优化的空间利益共同体,创新城市公共治理的空间结构、动力、机制及其文化生态,以求实现城市空间治理的制度化、复合化及其有序化,战略性地防范和化解城市化进程中的风险问题,达致风险时代城市空间配置、增长及其修复的科学性、公平性和可持续性的空间治理愿景。①

一、"四大功能"背景下上海韧性城市建设的总体目标

对上海而言,在韧性城市建设方面,既有前车之鉴,更有独特经验。韧性城市建设需要坚持"服务全国、发展上海"的目标导向,准确把握新发展阶段,深入贯彻新发展理念,加快构建新发展格局。在加快推进城市治理体系和治理能力现代化的进程中,基本形成与本市深化"五个中心"、强化"四大功能"、打造国内大循环中心节点和国内国际双循环战略链接定位相匹配的对内开放与国内韧性城市建设工作新格局。充分发挥好上海的人力、物力、财力、技术等多重优势,积极借鉴国际先进经验,率先谋划、顶层设计、久久为功,力争打造具有中国特点、上海特色的韧性城市典范和样板。上海加快韧性城市建设的机遇和优势体现在以下5个方面:① 具有在新起点上推动浦东高水平改革开放,着力强化"四大功能"的政策优势;② 具有大市场、大流通、大平台的城市规模优势;③ 具有技术、人才、资本集聚的发展基础优势;④ 具有长三角高质量一体化产业优势互补、区域协调发展的地域优势;⑤ 具有超大城市精细化治理、数字化转型的平台优势。韧性城市建设将保障上海城市发展运行的能级进一步提升,在主动服务全国、构建新发展格局中展现更大作为,为全面提升城市软实力做出贡献。

二、"四大功能"背景下上海韧性城市建设的功能定位

上海作为超大城市,既是消费型城市,也是国内大循环和国内国际双循环的结合

---

① 陈进华.中国城市风险化:空间与治理[J].中国社会科学,2017(8):43-60+204-205.

点,这决定了上海的生活必需品以输入型作为城市保障的基本形态。韧性城市建设中加强区域联动与物资保障体系建设显得至关重要。一方面,韧性城市建设中的区域联动需要引起重视。上海城市运转中的生活必需品和物资保障是刚性需求,在重大突发公共安全事件尤其是危及城市系统安全的巨灾发生时,一定程度的产业链和供应链的断链客观存在,如何加强和其他区域之间的联动,提高自身的保障能力,成为韧性城市建设必须思考的首要问题。另一方面,上海城市运行的物资保障体系,尤其是农产品市场作为整个生活必需品流通体系的节点,过去主要依靠市场机制,基本上是自发形成,在公共卫生事件中面临着巨大考验。因此,在韧性城市建设过程中,需要对城市物资保障基地布局进行优化,避免在出现突发情况时影响整个城市系统性的运行。经过公共卫生事件,韧性城市建设对于流通体系的再塑造、再提升提出了新的要求,构建韧性城市需要提升民生应急保障能力。首先要保持一定的市场联动,加大跨区域的大空间尺度的协同,从而提升城市的保障能力。政府应强化应急物资储备,夯实应急保障能力,能够解决短期内的异常状况。不过,从长期的角度讲,更多的还是要依靠市场的规律和机制。公共卫生事件充分体现了生活必需品应急保障能力的极端重要性。比如,在公共卫生事件防控期间,上海专门设立了由多部门组成的生活物资保障组,建立快速联动工作机制,千方百计地增加生活必需品的供应,协调落实食品、蔬菜、医疗物资等必需品的绿色通道,全力以赴地做好本市生活物资供应保障工作。时任上海市委书记李强就指出:"需要进一步加强同相关部门、相关企业的沟通协调,多渠道组织进口、组织货源。加强科学研判,立足超大城市实际,完善储备布局,提升储备能力。"韧性城市建设需要立足上海打造内循环中心节点和双循环战略链接的新格局,在双循环格局中寻求新的机会和作为空间。为此,上海韧性城市建设需要强化以下4个功能。

(一)发挥对口帮扶功能,拓展韧性城市的物资基地

从服务对口支援地区、合作交流地区和上海自身的韧性城市建设出发,深入梳理本市城市运行所需要的基本清单和供给机制,进一步发挥合作交流的对口帮扶功能,在强化市场化手段和市场化机制运用的基础上,促成一批有利于增强上海城市韧性的相关重大产业合作、重点企业投资项目。着力更新合作理念、创新合作方式、拓展合作领域,全面深入地加强与兄弟省市的合作,坚持学各地之长、补上海之短,注重优势互补、互惠互利,实现上海与各地携手共进。在韧性城市建设中坚持"上海所需、外地所能"相结合,加大对内开放的力度,进一步拓展并健全完善韧性城市的物资基地建设,强化上海城市韧性的物质基础。进一步挖掘各地的特色资源、能源和产品优势与潜力,激活其他地区的供给。在保障上海城市运行所需的资源支撑、能源支撑、农产品支撑、应急物资支撑等方面发挥重要的桥梁枢纽作用,推动在全国建立长期稳定的供应基地体系,为上海整合各地各类资源、保障城市安全运行提供支撑。

（二）发挥统筹协调功能，完善韧性城市的网络渠道

发挥韧性城市建设中的统筹协调功能，优化资源配置。在区域合作与区域互助中体现韧性城市建设，以落实政府间合作框架协议为重点，作为韧性城市建设工作的重要内容。注重协同性、关联性，整体部署，协调推进，实现区域协调与区域互助相辅相成，共同构成韧性城市建设工作的完整格局。不断拓展领域、创新思维，以更好地发挥市场配置资源要素的作用。充分依托上海与全国其他地区的合作网络，利用自身链接国内国际市场的枢纽优势和要素市场功能强大的优势，率先探索区域间更加依托市场化合作的制度创新和机制创新，为推动韧性城市建设做出积极贡献。强调市场化思维的指引和市场机制的运用，增强对口支援、重点区域合作与交流的内生动力，按照市场规律来推动，更加依赖基于市场契约的内生驱动、具有盈利模式的互利共赢，走向可持续的区域合作，增强合作实效，实现政府作用与市场作用的有效互补、协同融合。进一步健全韧性城市建设的网络渠道，不断完善对内开放与合作交流的网络，促进交流互动平台逐步实现多层级、宽领域、广覆盖。持续深化本市与各地的友好往来，促进合作交流的方式更趋多元，渠道更加通畅，在韧性城市建设中的作用更为突出。

（三）发挥组织联络功能，组建韧性城市的咨询系统

发挥组织联络在韧性城市建设中的引导作用，加强集聚国内各类人才、资本、技术、数据等要素资源，为强化上海"四大功能"提供支撑，为上海韧性城市建设提供联络平台。如积极参与长三角重点合作项目建设。聚焦三省一市"十四五"发展规划中的有关重点目标，加快在虹桥国际开放枢纽等重点地区集聚长三角企业总部和功能性机构，助力长三角商会企业总部园和长三角区域城市展示中心建设。参与促进沪苏大丰产业联动集聚区、"一地六县"产业合作区等载体建设。鼓励社会力量多形式参与国内合作交流，针对上海韧性城市建设中可能面临的重大突发公共卫生事件、台风暴雨等天气巨灾以及交通、管道管理的各类风险，梳理风险等级、成功案例、权威专家，在此基础上组建上海韧性城市建设的专家委员会和咨询专家库，促进韧性城市建设工作有效有序运行。加强与重点城市的合作交流。按照国家绿色发展战略要求，推动本市与流域内重点城市、都市圈之间的合作交流。联动流域内节点城市，探索城市合作新机制，辐射重点都市圈，探索优化城市与城市之间、城市群与城市群之间的合作模式。支持流域内高校、科研机构、社会组织等智库的交流互动，积极开展前瞻性工作研究。协助应急管理局，加强应急管理交流合作。围绕应急管理中心工作，拓展国内外合作交流网络。建设"一带一路"自然灾害风险防治、应急救援、安全生产等国际合作交流平台，推动将应急管理纳入友好城市合作体系等国际合作体系，建立、完善与相关国家、地区应急管理政策的信息交流、人才培养、国际救援合作等工作机制。充分吸收借鉴国内应急管理创新实践成果，持续深化长三角一体化应急管理区域合作，推动落实应急管理对口合作措施，推进应急管理交流展示示范点建设，支持企业深度参与应急管理创新合作，加强在

沪外资企业安全生产和应急管理指导服务。

（四）发挥协同服务功能，构建韧性救灾的联络制度

发挥韧性城市建设中的协同服务功能，在利益分享的基础上构建韧性救灾的联络机制，激发区域韧性城市建设工作的内生动力，推动区域韧性城市建设工作取得实效，增强韧性城市建设工作的持续性。例如，自新冠疫情公共卫生事件发生以来，上海市充分发挥驻外驻沪办事机构的作用，积极参与构建和落实省际联防联控机制，全力协助畅通信息共享渠道、处理涉疫突发事件、协调物资保障，聚焦长三角联防联控，组织转送苏浙皖入境人员9万余人。这是韧性城市建设卓有成效的最新实践和典型案例，必将为进一步深化上海与长三角各兄弟省市之间的韧性救灾合作奠定良好的制度基础。今后需要在深化"双服务"示范单位创建活动的基础上，引导各地驻沪办事机构立足上海、服务两地。发挥本市韧性城市建设工作网络作用，建立健全应对涉及重大突发公共事件应急联动工作机制，加强与相关重点区域和友好城市的信息沟通、数据共享、联动联勤，协调推进突发事件处置和重要民生物资的供应。统筹全市公务接待服务保障资源，健全工作网络，提升服务质量，强化队伍建设，确保大型活动接待服务保障工作顺利开展。

三、"四大功能"背景下上海韧性城市建设的工作重点

作为资源匮乏城市和开放枢纽城市，上海自身城市发展的腹地空间极为有限，能源、农产品等城市运行基本物资极度依赖全国供应，可以说上海城市发展和韧性城市建设自始至终离不开与国内其他地方的合作交流。尤其是公共卫生事件暴发后，民生物资保障对城市运行的重要性进一步凸显，城市治理能力、应急管理体系和保障能力都暴露出前所未遇的短板和漏洞，这些问题单靠一个城市往往无法解决，需要区域联手应对。同时，伴随着城市化进程的深化、城市规模的扩张以及人口的增长与跨区域流动，需要区域协同应对的城市发展问题越来越多，这其中也会形成对国内韧性城市建设工作新的需求。新形势下，国内韧性城市建设工作的重要性进一步凸显。当前，韧性城市建设的重点要在提升"四力"上出实招、求实效。

（一）提升韧性城市建设的洞见力

在韧性城市建设工作上积极作为，主动跨前，围绕全面强化"四大功能"和内循环中心节点、双循环战略链接的定位要求，主动分析和研判上海韧性城市建设可能面临的重大风险类型，抓纲带目地找到韧性城市建设的关键突破口和重要抓手，善于从倾向性、苗头性问题中感知城市风险，做到见微知著、一叶知秋。紧跟市委、市政府对"四大功能"和韧性城市建设的要求，不断提高政治敏锐性，坚持观念、知识、行动的统一，提高对韧性城市建设工作的认识能力、对韧性城市建设工作方式方法掌握的能力，进而提升区域合作服务韧性城市建设的效率。

（二）提升韧性城市建设的整合力

明确韧性城市建设的职能定位、工作重心、业务板块和整体架构的顶层设计，谋划

区域韧性城市建设的重大机制、重大政策、重大平台，加强区域合作交流的信息统筹、力量统筹、资源统筹，加强体系重塑、功能优化。坚持统筹兼顾、把握重点、整体谋划，推进内外部资源、力量全面整合，建立上下贯通、执行有力的严密组织体系，加强与兄弟省市的联系，迭代升级战略合作的长效机制，努力实现韧性城市整体智治、高效协同、闭环管理。

（三）提升韧性城市建设的执行力

不断提升韧性城市建设的执行力，通过合作交流强化城市统筹获取资源的能力。在合作交流与跨区域合作中持续深入，做到唯实唯先、善作善成。通过广泛的区域合作交流，与全国重要能源基地、特色资源集聚地、特色农产品产地建立广泛联系，形成稳定的供应基地体系，实现城市发展所需的能源、资源、特色农产品、应急物资得到有效供应，确保城市有序运行，增强城市韧性和应急保障能力。健全韧性城市建设工作的闭环管理机制，围绕工作链构建责任链，着力形成韧性城市建设的"滚雪球"效应。

（四）提升韧性城市建设的创新力

不断提升韧性城市建设的创新能力，树立系统思维、数字化思维、现代化思维。从更大场景、更深层次谋划、推动、服务韧性城市建设。在理念、方式、手段上全方位、全要素创新，以数字化改革打破各种瓶颈，提升韧性城市的自我修复力。探索融入和强化城市"一网统管"，完善城市运行尤其是物资保障的信息流和数据流，不断强化韧性城市的托底保障工作，提升韧性城市建设的外部支撑和基础性保障水平。

第三节 "四大功能"背景下上海韧性城市建设的路径与机制

回顾公共卫生事件，上海超大城市应急物资保障体系建设的经验和教训值得认真总结。上海作为我国的经济中心城市，灾害事件一旦发生，如何响应将是巨大挑战。在公共卫生事件中，上海出现了猪肉、蔬菜、大豆和实验用动物等应急物资短缺、供应链中断等问题，暴露出巨灾情景下超大城市应急物资保障体系存在短板。这主要涉及四大关键问题：一是应急物资保障体系缺乏顶层设计，不能满足巨灾情景下的应急响应需求；二是应急物资储备不足、布局不科学；三是应急物流不通畅、运输保障能力不足；四是缺少统一的应急物资储备信息平台，社会储备力度薄弱。从韧性城市建设的路径看，强化优化营商服务、加强巨灾情景下超大城市应急物资保障体系建设，是实现应急管理体系和能力建设现代化的重要支撑。韧性城市建设工作，需要牢牢把握上海的城市特点，在强化城市产业链供应链安全、城市应急物资和民生保障物资供应、重大突发事件的区域协同发展等方面，构建起长效机制，紧紧依靠全国的广阔腹地，通过协同合作弥补城市运行短板,保障城市安全,增强城市韧性。

一、"四大功能"背景下上海韧性城市建设的实践路径

(一)强化优化城市物资保障体系顶层设计

韧性城市建设的顶层设计要在巨灾风险识别、研判和预警基础上,考虑应急物资需求种类和规模以及配套应急物资供给机制等保障体系,如在核爆炸、瘟疫、超大洪水、海啸、地震等巨灾情景下,如何与外部协同援助;在缺乏外部援助的情况下,如何实现自给自足等。一是在韧性城市建设过程中聚焦物流保障,从顶层设计上重点考虑上海作为超大城市,维持日常平稳运行需要的必备条件和相关物资需求。二是厘清、盘点与上海城市运行相关的物资供应与保障基地的分布情况,以及有合作关系的兄弟省市在供应上海物资方面的数量、分布和发展态势。三是重点考虑物资保障的平战结合机制建设:在重大突发公共危机事件发生时,通过韧性城市建设工作如何获取必要的应急和物资资源,如何搭建应对危机的应急联络网络。四是通过对超大城市可能发生的巨灾情景进行场景预测与模拟仿真,做好分析巨灾致灾因子的危险性与承灾体的脆弱性等风险评估工作,制定相应的物资储备规划、调度和配送方案。同时,通过互联网、大数据等技术对本市韧性城市物资储备库(点)进行动态监测,构建韧性城市物资保障监测预警体系及其安全保障体系。

(二)拓展供应链,加强物资储备的科学化、专业化与社会化

围绕韧性城市建设拓展城市物资保障供应链,加强域外基地的建设与对接,组织好与韧性城市相关的物资保障供应与货源对接,协调韧性城市建设尤其是重大突发公共事件对城市造成冲击时的资源供应,解决保供问题。科学化是指应急物资实物储备与产能储备分配比例、空间布局的科学性以及应急物资储备的数量、品类、结构的科学性。当灾害发生时,应急物资能迅速供应,企业能够迅速扩大生产,满足救援对应急物资的需要。专业化是指实现应急物资保障的协调统一,做到多部门联合协同,建立健全、科学、高效的专业应对协调机制。社会化是指应急物资储备要充分发挥政府、企业、社区以及家庭等多方力量。当巨灾来临时,可以通过政府服务、社会捐赠、志愿服务等多种形式调配物资、参与救灾。实施韧性城市补短板工程,提高物资供应基地建设的韧性程度。拥有高韧性的城市生命补给线系统和物资保障基地体系,是打造韧性城市的基础和前提。对此,要对本市所有物资保障基地进行全方位大排查,摸清楚本市城市运行供应链和产业链的分布情况。形成统一的风险隐患清单,找准脆弱点,针对存在不足的物资供应方面,开展"补短板、强弱项"专项行动计划,特别是要结合"四大功能"建设和对口帮扶工作,统筹布局域外物资供应基地,及时消除各类风险隐患,全面提升城市物资保障生命线系统对城市发展的承载力和对不确定性风险的抵御力。

(三)加强政府间合作,建立韧性城市应急联动信息化平台

加强与各地政府的合作,积极推动本市与兄弟省市政府间的合作框架协议落实。建

立实施协议内容推进落实清单制度、重大合作事项对接制度、沟通协调机制以及成效评估机制，将上海与各地的框架协议尤其是事关韧性城市建设的框架协议通过项目化抓手加以落实。强化政策供给，加快推进"飞地经济"和园区合作发展步伐。支持本市各区与国内城市缔结友好关系，促进友城间人员互动、产业互补、文化互融、旅游互促以及在城市治理等方面互学互鉴。信息工作是韧性城市建设与应急物资保障的重要基础，合作交流办应借此机会大力扶持合作交流信息库的基础研究，加快关键应急物资保障平台建设和韧性城市示范工程建设，以此丰富和完善韧性城市应急产业体系，进而加强韧性城市物资保障体系的合作交流支撑。可将超大城市各个应急物资储备库所涉及的储备单位的位置、物资数量、种类以及协议产能储备企业生产力等重要信息录入，形成应急物资储备信息平台，实现不同空间、状态、种类的应急物资的精准管理，以及巨灾情景下应急物资的精准响应。

（四）强化政府间交流，推进韧性城市多方参与的科普和宣教

强化政府间交流，促进本市与兄弟省市的交流与合作。依托国内韧性城市建设工作网络和平台，增进城市间的友好往来和互动交流，加强涉及合作交流领域韧性城市建设与重大突发事件应急处置的协调与联动，不断提升对重要活动服务保障的统筹协调与保障能力。加强市政府驻外办事机构线上平台、线下基地建设，充分发挥桥梁纽带作用，不断拓展延伸服务功能，加强与相关重点区域和友好城市的信息沟通、数据共享、联动联勤，协调推进突发事件处置和重要民生物资的供应。推进韧性城市多方参与的科普和宣教。社区和家庭等基层是巨灾发生后的"第一响应主体"。建议合作交流部门牵头建立、健全韧性城市间的合作交流机制，联合企业及社会力量组成韧性城市科普团队，通过多种形式进行巨灾应对常识、应急物资储备常识、社区和家庭等基层物资储备知识的科普宣教工作，将提升民众和社会的防灾意识及应对能力纳入韧性城市建设的规划之中，培养锻炼一支有关韧性城市建设与物资保障的专业队伍，最终构建形成以"自助、共助、公助"为一体的防灾社会体系。

二、"四大功能"背景下上海韧性城市建设的主要机制

习近平总书记在主持召开的中央全面深化改革委员会第二十一次会议上强调："党的十八大以来，我们加强国家储备顶层设计，深化储备管理体制机制改革，对中央政府储备实行集中统一管理，加快建设覆盖全国的物资储存和调运基础设施网络，国家储备基础和实力不断增强，在防范化解重大风险、有效应对新冠肺炎疫情中发挥了重要作用。""我国是大国，必须具备同大国地位相符的国家储备实力和应急能力。"这为韧性城市建设的落地提供了要遵循的根本原则。上海作为超大城市，在服务韧性城市建设过程中要统筹解决好"储什么""谁来储""怎么储"的问题，系统规划、科学优化储备的品类、规模、结构，加快补齐补足关键品类物资的短板；加快健全统一的战略和应急物资储备体系，坚持政府主导、社会共建、多元互补，将中央和地方、实物和产能、政府

和企业储备相结合的储备机制作为韧性城市建设的目标,聚焦完善韧性城市建设的统筹协调机制、供需匹配机制、信息联动机制、社会参与机制建设。

(一)完善韧性城市建设的统筹协调机制

在中央的统一领导下,建立完善长三角地区应对重大突发公共事件的联动机制,建立重要信息及时沟通、重要数据互联共享等机制,以及应对重大突发公共事件的联动联勤工作机制,尽可能确保各类要素在长三角区域内畅通流动。吸取新冠肺炎疫情公共卫生事件的经验教训,加强长三角产业链协作,加快长三角统一市场建设,协调保障防疫物资、食品蔬果等重要物资的供应,建立跨区域应对处置机制,提升上海乃至长三角经济社会应对重大危机的韧性。在韧性城市物资保障体系和基地建设的统筹协调机制方面,树立并采取提升韧性的新设计理念、新技术方法,克服传统的大规模、集中化、单一化规划布局模式,要突出分布式、组团式布局的规划思路,通过分片区、分组团的相对独立运行,阻断一些因外部重大不确定风险"牵一发而动全身"的连带效应,增强城市的韧性程度。同时,城市韧性建设是一项复杂工程,城市政府各部门之间的相应协调机制尚待完善,需要在政府内部设立一个正式机构,来推进跨部门的统筹管理并协调各方利益,以此加强城市的适应能力。建议由市政府合作交流办和市城运中心等部门牵头,确立上海韧性城市建设发展战略以及相应的行动计划,并通过与各领域机构合作、参与相关国际组织、借鉴其他国际大城市经验等方式获得相关支持。

(二)培育韧性城市建设的供需匹配机制

在供需匹配机制方面,逐步探索并克服当前本市韧性城市建设工作中供需不平衡的现状。一是出台政策,鼓励各区和兄弟省市建立交流合作的工作联系和物资供应关系。根据上海韧性城市运行以及各区实际情况主动提出需求,变被动为主动,通过政府间框架协议和市场项目化机制,巩固本市韧性城市建设的物资供应。二是建立韧性城市建设的需求征集制度,鼓励本市韧性城市建设相关部门主动提出需求并梳理汇总,由合作交流办牵头,同兄弟省市进行系统比对和供需匹配。三是完善政府间框架协议履行的跟踪和成效评估制度。变政府间形式签约、君子协议为合作协议,设定约束条款,保障协议执行。强化城市产业链供应链安全的长效机制,力争"十四五"时期在全国范围内建立起稳定的"上海民生基地"、能源供应基地、蔬菜基地、生猪基地以及海鲜供应基地。构建城市应急物资和民生保障物资供应长效机制。利用合作交流平台,加强与本市主副食品主要供应省区之间的密切联系,强化蔬菜、猪肉的域外基地建设合作,增加基地数量,建立稳定的供应网络,确保本市主副食品市场供应量足价稳、优质安全、便利惠民。完善应急物资储备的日常机制,建立重要应急物资储备基地和战时调度基地,增强突发事件中各类应急物资的及时整合与调配能力,确保城市安全运行。

(三)探索韧性城市建设的信息联动机制

探索完善上海与各兄弟省市尤其是友好城市的发展联动指数。一是依据上海城市运行需求,建立韧性城市的基础台账。梳理煤、电、能源等物资往来的数据库,明确上海韧性城市建设的资源来源，建立韧性城市运行数据库，进行资源"画像"。二是依托城市"一网统管"平台的建设，探索韧性城市建设的物资供应应用场景开发，运用"一网统管"与市大数据中心的优势，构建韧性城市的物资保障及其供应路径的可视化系统。强化城市运行基础物资供应安全状态数据的分析、研判、预测、预警功能，更大力度地整合涉及韧性城市建设的跨部门资源和力量，健全城市物资供应风险应对的"无缝高效联动、数据瞬时共享"机制，逐步实现对城市物资供应状态的全领域、全周期、全时段的追踪研判，为城市安全运行托底，推动物联、数联、智联的城市数字化转型，为韧性城市建设提供强有力的信息化支撑。三是充分发挥工作成员单位与联席会议的工作机制，以韧性城市建设的部门职能为中心进行数据整合，构建韧性城市建设的物资保障的需求汇总与预警机制。四是探索建立韧性城市工作网络，将公共卫生事件期间自发形成的协调长三角城市间的工作网络机制用制度化的形式固化下来，拓展到韧性城市建设的其他工作内容当中。

（四）鼓励韧性城市建设的公众参与机制

一流的城市要有一流的治理，城市是一个复杂的巨系统，是物理系统和社会系统的叠加，增强城市的韧性，是一个动态的、长期的过程。动态提升城市社会系统对于危机的响应能力，政府、市场、社会形成协同合力，才能保证城市在重大突发公共安全事件面前能够形成快速反应能力，维持正常的运转。在城市风险防控中，大量自下而上的民间组织和邻里互助的工作同样重要，包括线上志愿者平台、微信小程序、互助小组、资源地图、捐赠倡议等。基于移动互联网的发展，越来越多的市民能更加便捷地表达意愿，参与城市和社区防控工作。要更加优化公众参与机制，将各层面自发的邻里互助与城市自上而下的管控政策要求相结合，刚柔相济、动态多元地提升城市应对重大突发风险的能力。鼓励韧性城市建设的公众参与机制。超大城市要将公共卫生、公共安全事务作为广泛而长期的公众议题，营造公众参与城市公共事务的氛围，推动专家学者、专业技术人员与普通市民的沟通交流，进行跨专业、科普性的对话，共同培育韧性城市共建共享机制，以强有力的社会韧性助推韧性城市高质量发展。

第三章

上海超大城市公共卫生体系与韧性建设

在社会运行和社会变化加速化的趋势下，城市发展过程中面临更多的不确定性因素和脆弱性环节，推进韧性城市建设以防范化解重大风险成为城市治理现代化的重要课题。于水等认为："重大风险冲击的不可预期性也决定了城市复合韧性建设的持续性和渐进性。只有不断增强对疫情防控过程中脆弱性因子的识别和消解，才能够保持城市系统始终处于相对稳定的均衡状态，进而更好地保障居民生命安全和促进城市可持续发展。"[1]在百年未有之大变局和世纪疫情背景下，风险社会的复杂特征日益凸显，传统与非传统安全问题相互交织，城市面临的风险挑战已由突发事件应对转变为系统性风险治理。[2]

第一节 上海超大城市公共卫生体系韧性建设的背景与意义

党的十九大报告提出"实施健康中国战略"，强调"坚持预防为主，深入开展爱国卫生运动，倡导健康文明生活方式，预防控制重大疾病"。这既是对公共卫生既往工作的肯定，也为未来的工作开展指明了方向。新时期我国社会主要矛盾的变化是关系全局的历史性变化，对公共卫生工作提出了许多新要求。2020年4月8日，上海市发布《关于完善重大疫情防控体制机制 健全公共卫生应急管理体系的若干意见》（也称上海"公共卫生建设20条"），提出了"使上海成为全球公共卫生最安全城市之一"的建设目标。超大城市拥有现代化管理水平、更集中的人才、更完善的管理能力，但是也面临着不同于中小城市、地广人稀的农村地区的管理压力，公共卫生事件对超大城市的威胁和冲击力更大。当前，我国超大城市公共卫生体系建设普遍面临职能边缘化、管理行政化、手段单一化、人才流失化等困境。武汉公共卫生事件前期处置中暴露出地方公共卫生体系在风险感知、识别、研判、沟通、预警、管控和反馈等环节中一系列的短板问

---

[1] 于水,杨杨.重大风险应对中的城市复合韧性建设——基于上海疫情防控行动的考察[J].南京社会科学,2022（8）：67-74.
[2] 李智超.从突发事件到系统风险：城市级联灾害的形成与治理[J].行政论坛,2022,29（6）：94-101.

题，为完善上海超大城市公共卫生体系建设敲响了警钟。习近平总书记指出：这次疫情是对我国治理体系和能力的一次大考，我们一定要总结经验、吸取教训，进行彻底排查整治，补齐公共卫生短板。

2020年4月7日，时任上海市委书记李强在公共卫生建设大会中指出："超大城市公共卫生建设事关民生福祉、经济发展、社会稳定、国家安全，是一项极其重要而紧迫的战略任务。"公共卫生体系是一张网，其内部是医疗体系防治结合的协同运作，外部是社会面的联防联控，其中，法制建设是保障，物资储备是基础，人力资源绩效分配是动力，实验室一锤定音的检验检测是依据，基于大数据互联互通的监测是"吹哨"。而上述所有的集成都是应对和处置具有突发性、公共性、多样性、复杂性、社会危害严重性、全球流动性的重大公共卫生事件的能力储备。从相关研究来看，在全球范围内和全国其他地区，结合当地的经济发展水平、社会运行模式，各地的应急处置准备、响应、组织模式均有所差异。国内对于突发公共卫生事件的相关研究都提示存在以下方面的问题：① 政策更新缓慢，操作性、指导性不强；② 人力资源不足、绩效偏低，知识迭代滞缓；③ 实验室能力急需提升；④ 信息化、智能化程度不高，"吹哨"作用难以显现；⑤ 应急处置资源配置不足；⑥ 部门间联防联控的协同作用难以发挥。因此，需要聚焦应急决策视角下上海超大城市公共卫生体系的优化策略。在应急决策和协同治理理论框架下，通过梳理上海超大城市公共卫生体系建设中的突出问题与成因，在个案分析和比较分析的基础上，探索提高公共卫生事件精准防控和决策推动的专业能力，完善公共卫生部门在重大突发公共卫生事件中依法科学有序防控的机制和策略，推进上海超大城市公共卫生应急管理体系与管理能力现代化，提升上海城市韧性。

学界对于公共卫生体系的研究起步于20世纪90年代，2003年SARS流行结束后，我国公共卫生体系建设进入快车道，对公共卫生体系尤其是疾病预防控制体系的研究日益关注。研究者的专业涵盖公共卫生、公共政策、应急管理等学科。

一是疾控体系建设和问题研究。第一，提出了疾控体系建设的目标。冯占春等结合应对SARS疫情的经验教训和国外的经验，提出了尽快制定突发公共卫生事件应急体系建设的整体规划，突发公共卫生事件应急体系建设应和现有的医疗服务体系、疾病预防与控制体系等有机融合。[①] 王鲜平等认为综合医院应建立常态与应急相结合的预防控制体系，对维护患者医疗安全和医务人员职业健康，更好地发挥公共卫生防疫功能具有重要作用。[②] 李恩文认为，现代城市突发公共卫生事件应对的关键是要"快"。[③] 疾控体系的建立必须坚持预防为主、预防与应急相结合的原则，做好思想、预案、组织和各项

[①] 冯占春，张剑，肖伟丽.论卫生中介组织在突发公共卫生事件管理中的作用［J］.中国初级卫生保健，2004（8）：23-24.
[②] 王鲜平，杨慧宁，高敏，等.构建综合医院传染病预防控制体系的研究［J］.中华医院感染学杂志，2010，20（21）：3389-3391.
[③] 李恩文.2013上海防控H7N9禽流感事件应急预警机制研究［J］.东南大学学报（哲学社会科学版），2013，15（S2）：38-40.

物资准备。第二，评估了疾控体系建设的成效。邓峰等认为，新医改以来，中国疾病预防控制体系的管理体制和运行机制改革并未取得实质性进展。从人员配置和财政经费保障方面看，中国疾病预防控制体系并未得到加强。[1]第三，分析了疾控体系建设问题产生的原因。郝模等对重塑中国疾病预防控制体系进行了系统政策研究，认为中国疾病预防控制体系的首要问题是公共职能偏废，主要原因在于政府筹资职能缺位和管理职能缺位。[2]于保荣等认为，疾控专项经费支付水平基本上没有实现按照工作成本支付，一般都是按照政府财力支付，分级财政是主要原因。[3]徐建国等认为："决策者和公众对新时期疾病和健康问题的严重性认识不足，且缺乏足够的应对策略，医疗和预防之间的裂痕加大，现有的卫生信息系统无法全面反映我国居民的健康状况，缺乏监督和长期追踪评估机制，政绩和健康效果脱钩。需要将重大疾病控制纳入国家发展议事日程，并实施有力的保障措施。"[4]第四，指明了疾控体系建设的方向。钟南山认为："此次新冠肺炎疫情防控中，国家疾控中心的特殊位置没有得到足够重视。疾控中心不应该仅仅是一个单纯的信息收集技术机构，应赋予其一定的行政权。目前一级一级上报，不能决定立即启动应急机制或立即向全社会发出预警和动员的行政命令。"[5]罗力等认为，新时代疾控体系建设需要提高建设站位，巩固四级网络，分级赋予职能，加强基础建设，优化补偿机制，改革激励机制，强化临床医师和政府领导疾病预防控制教育。[6]

二是公共卫生体系建设问题研究。孙梅等通过政策梳理指出，纵观2003—2013年的应急相关政策，大多为事发后的被动治理，而鲜见事前的风险评估并采取相应的预防策略。[7]2012年，原卫生部办公厅印发《突发事件公共卫生风险评估管理办法》，虽然是主动防范，但在操作层面仍须进一步完善。刘鹏程等通过科学计量分析法、层次分析法对我国突发公共卫生事件应急处置关键问题进行确认，研究结果显示：应急人员总体素质较低、政府应急工作投入机制不健全、突发公共卫生事件应急管理体系部门间协作不畅等问题，是我国突发公共卫生事件应急处置领域的关键问题。除此之外，"应急人员配置比例低""应急物品储备不足""实验室设备缺乏、落后""法律法规体系尚不健全""相关部门重视不足"等也被列入应急处置的关键问题。[8]沈兵等指出，突发公共

---

[1] 邓峰，吕菊红，高建民.中国疾病预防控制体系发展与改革情况综述［J］.中国公共卫生管理，2019，35（4）：436-440.
[2] 郝模，于竞进，于明珠，等.《重塑中国疾病预防控制体系政策研究》课题概述［J］.卫生研究，2005（1）：1-4+9.
[3] 于保荣，袁蓓蓓，宫习飞，等.我国疾病预防控制机构和公共卫生服务的支付方式研究［J］.卫生经济研究，2009（5）：28-31.
[4] 徐建国，马军，孙长颢，等.建立新型国家预防医学体系战略研究［J］.中国工程科学，2017，19（2）：55-61.
[5] 钟南山.把人民的利益放在第一位［J］.中国卫生，2020（7）：19.
[6] 罗力，王颖，张天天.新时代疾病预防控制体系建设的思考［J］.中国卫生资源，2020，23（1）：7-13.
[7] 孙梅，吴丹，施建华，等.我国突发公共卫生事件应急处置政策变迁：2003—2013年［J］.中国卫生政策研究，2014，7（7）：24-29.
[8] 刘鹏程，裴凤水，励晓红，等.我国疾病预防控制专业防治站所定位与定性分析［J］.中国卫生资源，2014，17（4）：252-254.

卫生事件下大型城市应急医疗物资保障体系建设问题包括：应急医疗物资管理体系亟待完善；应急医疗物资储备不足，难以满足需求；应急物资生产能力储备不足，突发公共卫生事件时无法应急；接收捐赠流程和风险管理待优化；缺乏突发公共卫生事件时医疗物资保障的应急演练经验等。[1]米玉倩等通过疾控基本信息年报汇总分析后发现，各级疾控中心平均检验项目数都不到国家标准的八成，可能有些项目没有开展的必要，抑或该检验项目的开展需要很高的维持成本而未开展。提示决策制定者应考虑当地的实际需要和能力以及经济水平，制定更为合适的检验项目和开展标准。[2]

三是应急决策与协同治理视角下的公共卫生决策研究。应急决策和协同治理理论为完善公共卫生体系建设提供了重要理论支撑。第一，应急决策要充分考虑人的因素。田硕等认为，应急决策是一种基于情境依赖和事态研判的非程序化实时决策，对于有效控制事态发展、传播及危害范围至关重要，因此也是应急管理的核心。已有的研究对应急决策的主体、人的核心作用考虑得尚不充分。[3]第二，应急决策要充分考虑技术的因素。曾子明等认为，疾控应对突发公共卫生事件情报体系构建是一个复杂的过程，如何在不侵犯隐私的情况下快速采集情报、如何借助大数据技术整合碎片化的多源异构信息具有非常重要的研究意义。[4]第三，应急决策要充分考虑机制的因素。韩雪认为应急响应机制作为保证效率实现的程序规范，在政治责任阈值的限定下，应急决策与执行人员因"拘于成法"而牺牲效率。如何协调程序的效率价值和规范价值，在不违背政治原则下，通过高效率的应急响应降低事故损失，是实践中应急响应机制设计必须考虑的关键问题。[5]叶光辉等认为，应急决策咨询团队的构建是实现专家意见融合的组织保障，应进一步探究和细化应急专家意见深入融合的途径，以为相关决策主体应急决策提供政策。[6]第四，应急决策要充分考虑体制的因素。程惠霞发现，依托于科层结构、以应急响应为内容的科层式应对突发事件应急管理体系具有稳定权威和命令服从机制，能快速响应自然灾害、安全事故等简单突发事件，但不能自主识别和判断环境变化及其危险，也不注重"看不见风险"所造成的焦虑与恐慌，导致对一些重大突发事件应急响应行动迟缓而僵化。在更复杂致灾因子构成的风险社会环境中，以应急能力现代化为导向，将科层式应急管理体系向有机体方向优化是一个合理思路。[7]杨巧云认为，突发公共事件

---

[1] 沈兵，尤健，李晶慧，等.大型城市应急医疗物资保障体系建设的问题与对策[J].中国医院管理，2020，40（4）：1-4.
[2] 米玉倩，吴静，梁晓峰.我国疾病预防控制机构实验室检验能力分析[J].中国卫生政策研究，2017，10（3）：75-80.
[3] 田硕，李春好，丁丽霞.应急决策模式：基于SROP的分析框架[J].中国行政管理，2017（11）：135-140.
[4] 曾子明，黄城莺.面向疫情管控的公共卫生突发事件情报体系研究[J].情报杂志，2017，36（10）：79-84.
[5] 韩雪.突发公共事件应急响应：程序的效率价值与政治责任[J].行政论坛，2016，23（2）：95-98.
[6] 叶光辉，李纲.面向应急决策的专家意见融合研究[J].情报学报，2016，35（3）：254-264.
[7] 程惠霞."科层式"应急管理体系及其优化：基于"治理能力现代化"的视角[J].中国行政管理，2016（3）：86-91.

应急决策情报体系复杂性和高维性的特征需要引入和调动多部门、多环节、多主体的资源和力量，进行突发公共事件应急的协同治理。①刘鹏认为，公共卫生事件背景下的风险决策的核心问题是要处理好科学与价值的关系，必须建立科学与价值的制度化协商合作机制。②陈涛等以2020年3月—2021年6月间针对W市J社区疫情防控的田野调查为契机，对J社区应急管理的纵向动态过程进行了深入的观察，认为采取自上而下与自下而上相结合、全面关注脆弱性群体、积极吸纳社会力量、拓展数字技术应用场景等行动策略，有效保证了基层应急管理的整体效度。③

以上研究揭示了部分公共卫生的体系建设和发展的问题和不足。过去10年中，上海经历了甲型H1N1流感及人感染H7N9禽流感疫情的挑战，在两次公共卫生事件间，建立了一套较完善的预警和应对体系。上海在新冠防控工作中，得益于公共卫生体系建设的良好基础，在严格实施"外防输入、内防扩散"的防控策略后，整体疫情得到有效的防控。但不同国家和地区、国内的不同省市在疫情防控过程中，也因地施策，开展了不同方式的防控工作，并取得了阶段性成效。从取长补短的角度出发，新加坡应急防疫体系中的紧急启用的社区全科诊所（公共卫生防范诊所）、韩国采取的车内采样检测法、日本的公众健康行为养成率、德国的充足的医疗物资储备等均有其可借鉴之处。

在阶段性复盘的过程中，上海作为超大城市，公共卫生体系建设仍存在与其国际化卓越全球城市定位不匹配的若干有待完善之处。首先，公共卫生体系建设的机构定位、作用发挥、内容体系、实践路径、效力保障有待进行深入研究；其次，对防控工作中的基本教训和实践经验，以及在风险研判、预警、防控中的精准性有进一步研究的必要。本章基于应急决策视角下上海超大城市公共卫生体系建设与优化策略，以及应急决策与协同治理理论，构建影响上海公共卫生体系的因素模型，探讨在应急管理情形下支撑超大城市公共卫生体系对重大突发公共卫生安全问题的风险感知、识别、研判、沟通、预警、管控和反馈等环节的精细化治理机制和策略，实现公共卫生体系风险预警的法治化、科学化、有序化目标。以上海市长宁区为主要案例，就超大城市公共卫生体系"一网统管"、特殊人群管控、社区卫生服务职责等方面进行案例分析，以期为超大城市公共卫生体系优化策略提供借鉴参考。拟选择上海市级、区级承担公共卫生职能的机构和部门进行调查，梳理和总结上海公共卫生体系建设的亮点；结合上海应对新冠疫情工作，分析上海公共卫生体系建设中存在的薄弱环节和瓶颈问题；从预防为主、平战结合、快速反应等角度，提出上海在科普教育、法治保障、硬件设施、物资储备、人才队伍、科技引领、应急管理体系等方面加强公共卫生体系建设的对策建议。

---

① 杨巧云.整体性治理视域下的应急情报体系协调研究［J］.情报理论与实践，2020，43（1）：61-67+97.
② 刘鹏.科学与价值：新冠肺炎疫情背景下的风险决策机制及其优化［J］.治理研究，2020，36（2）：51-58.
③ 陈涛，罗强强.韧性治理：城市社区应急管理的因应与调适——基于W市J社区新冠肺炎疫情防控的个案研究［J］.求实，2021（6）：83-95+110.

第二节　上海超大城市公共卫生应急服务体系建设

本研究基于超大城市公共卫生事件防控工作在基层的实践要求，结合城市"一网统管"平台建设，建立面向疾病防控的大数据集成和可视化系统。在城市"一网统管"平台上设立疾病防控模块，整合公安、卫健、交通等部门的数据，链接市、区、街道三级网络，对市民健康和公共卫生事件防控实行精细化治理。未来超大城市公共卫生体系中需要进一步完善科技支撑，以提升重大突发公共卫生事件管理的精细化和智慧化水平。

由于人类社会在全球背景下的频繁交往、密切联系，日益成为一个有机的整体，因此个别地区、公共卫生领域的危害事件能够迅速发展为涉及整个国际社会的全局性、多领域的复合危机。[1]重大突发公共卫生事件不仅会对民众的生命健康构成严重威胁，还会波及经济、政治、社会等多个领域。[2]在应对新冠肺炎疫情中，暴露出在重大公共卫生事件防控体制机制、公共卫生应急管理体系等方面存在的明显短板，如何强化公共卫生法治保障、改革完善疾病预防控制体系和重大公共卫生事件防控救治体系等问题，抓紧补短板、堵漏洞、强弱项，提高应对重大突发公共卫生事件的能力和水平值得深入研究。

随着超大城市精细化治理要求的提高和城市运行平台建设的提速，健康大数据平台在疾病预测与预防、循证公共卫生决策、健康管理、健康监测与个性化医疗服务等方面的应用已经成为维护超大城市公共卫生安全的基本要求和政策方向。公共卫生事件防控的决策属于风险决策的范畴，即在专业性强、决策因素不确定性高、决策结果预期效果很难模拟的环境下如何制定风险管理决策。[3]"数据治理为推进国家治理体系和治理能力现代化带来了新机遇，尤其在应对重大突发公共事件时，数据信息技术和大数据资源可以有效畅通信息渠道，助力提高决策效率。"[4]基于此，上海市委、市政府出台了《中共上海市委、上海市人民政府关于完善重大疫情防控体制机制、健全公共卫生应急管理体系的若干意见》，该文件明确指出，运用大数据、人工智能、云计算等数字技术推进应急指挥领导体系智慧化建设，依托全市"一网统管"平台，实现公共卫生联防联控成员单位信息互联互通和数据共享，汇聚全市公共卫生安全大数据和事件相关信息，实现人员、物资、装备等全要素的指挥调度。对于突发公共卫生事件而言，由于其具有不确定性、高危害性、发展演变复杂性等特征，需要快速、准确地制定相应的决策，确保事

---

[1] 楚安娜，许迎喜，吕全军. 我国公共卫生危机管理应对机制研究[J]. 中国卫生政策研究，2014，7（7）：50-55.
[2] 曾子明，黄城莺. 面向疫情管控的公共卫生突发事件情报体系研究[J]. 情报杂志，2017，36（10）：79-84.
[3] 刘鹏. 科学与价值：新冠肺炎疫情背景下的风险决策机制及其优化[J]. 治理研究，2020，36（2）：51-58.
[4] 陈兵. 重大突发公共事件中数据治理的法治面向[J]. 人民论坛，2020（Z1）：65-67.

件得到有效控制。①上海以城市运行"一网统管"体现科学防控，凸显超大城市的应急管理能力。上海市长宁区作为开展城市公共卫生"一网统管"的先行先试区，在城市"一网统管"平台基础上对防疫专页系统功能进行优化和完善，不断强化数据整合和数据分析，更好地发挥网格化优势，加强社会面监测，确保各项措施精准落地见效，发挥更大的决策支持作用。

一、新冠疫情防控中超大城市公共卫生部门面临的问题与挑战

重大突发公共卫生事件的风险管理应该是有社会关切的科学研判与以科学为基础的风险预警的密切结合。对于超大城市公共卫生部门而言，"应对公共卫生突发事件最难的就是如何及早地捕捉到风险信号，深入开展科学分析及研判，并在此基础上做出预警决策，风险认知、科学研判和风险预警，三者环环相连，构成了一个紧密的风险治理链条。风险认知捕捉风险信号的及时性和丰富性直接影响到科学研判的准确性。而科学研判的质量又会直接影响到风险预警的合理性及恰当程度。"②

（一）统计信息来源不统一与高效决策指挥的张力

卫生决策支持系统通过多种具有统计数据分析、数据挖掘、预测及其他功能的解决方案，对健康医疗信息进行深度分析和挖掘，将信息转换为知识，发现隐藏在海量数据之下的未知信息，预测未来趋势，对科学决策具有重要支撑作用。③当前的挑战主要体现在各条线、各主管部门、各行业产生了各种类型的相关统计信息，在统计口径、统计时效、统计维度上存在差异，造成人群维度、时空维度上的不统一，可能直接影响后续的决策指挥的效率。一是体现在条块结合的整合度上，不同条线的工作要求归属至同一属地后，呈现各种维度的差异化；二是体现在信息链条的完整性上，不同行业对信息的要求、切入点的差异，形成的碎片化信息对统一、高效指挥造成影响，对部门间的行动一致性存在影响。

（二）预警信号监管不一致与及时处置响应的矛盾

监测与预警是控制、降低及减少突发事件危害的关键所在，是从源头上防范与治理危机的重要措施，而监测预警制度是保证监测预警工作科学开展的重要手段。④当前的主要矛盾体现在各监管机构、监测网络、监测哨点对预警信号的采集方式、采集内容、阈值设定等不一致，共享机制的响应速度落后于及时处置的需求。一是体现在个体上，如独居老人的健康管理，通过家庭用电、定时配药等多种途径均可能发现存在异常；二

---

① 李燕凌，刘超.中国突发动物疫情公共卫生事件研究脉络与主题热点的可视化分析——基于CNKI文献检索[J].中国动物传染病学报，2019，27（2）：83-95.
② 薛澜.科学在公共决策中的作用——聚焦公共卫生事件中的风险研判机制[J].科学学研究，2020，38（3）：385-387.
③ 代涛.卫生决策支持系统设计与实现[J].中国卫生政策研究，2016，9（12）：1-5.
④ 刘志，郝晓宁，薄涛，等.突发公共卫生事件监测预警制度框架体系核心要素研究[J].中国卫生政策研究，2013，6（12）：46-52.

是体现在群体上，如在某地形成人群聚集，对形成异常聚集原因的调查反馈形成的预警信号，不同部门有不同的需求及管控要点，单一部门排查、掌握信息后若不及时共享，可能影响整体的防控效果。

（三）人群业态分布不一致与有效应对管理的要求

公共卫生事件防控中需要应对城市空间管理尤其是社区治理的严峻挑战，检测的是城市管理体系的应急反应和应急能力。[①]在落实公共卫生事件防控的过程中，因时期的特殊性带来了城市管理空间的巨大变化，主要体现在不同的空间中，人群、业态分布存在动态变化，尤其是在复工复产的过程中可能产生与既往分布不同的调整。一是体现在人群的活动轨迹可能发生变化，形成新的风险点；二是体现在业态的分布可能发生变化，形成新的监管难点或盲区等。

二、超大城市公共卫生应急体系建设的实施路径

基于将健康融入所有政策的视角来分析我国城市公共卫生体系存在的问题与现实情境，各城市均在政府层面制定了健康城市的相关政策，但政策主要由卫生部门执行；非卫生部门的工作以被动应付为主，主动行动较少。多部门合作政策制定的起点较高，但政策执行的落点较低，缺乏有效的监督和制约机制；多部门合作工作缺乏可持续性。[②]为此，上海市基于政务微信上线了"一网统管"防疫专页，集合了公安、卫健、交通等部门掌握的数据，连接了市、区、街道三级网络，对市民实行精细化的管理。通过"一网统管"防疫专页，可以实时发现街道所有与公共卫生事件相关的信息，并通过派单方式实时处理各类信息，催办更新数据，督促完成进度，为社区公共卫生事件研判提供决策支持。在此"一网统管"防疫专页的基础上，长宁区疾控中心利用其网格化管理，按照近期目标和远期目标，分阶段实现超大城市公共卫生疾控体系的技术目标与路径建设。

（一）战时平台路径

在联防联控的前线"战场"——基层社区，长宁区城市运行"一网统管"系统以其精准化、高效运转的机制助力织就"硬核"防疫网络。例如，长宁区江苏路街道共有660扇小区防盗门、92个垃圾厢房需要进行"地毯式消毒"，还要应对因居家隔离、楼宇园区人员聚集而变化的重点消毒区域。为了做到不遗漏，江苏路街道率先上线全市首个街镇"一网统管"防疫专页，将辖区内13个居委会、24处办公楼宇（园区）、10个建设工地、18条马路的沿街商铺疫情防控信息全部纳入街道城运平台，哪些居民正在居家观察，哪些区域完成了每天4次消毒，哪些楼宇返沪人员集中增加等，在一个系统、

---

① 唐燕.新冠肺炎疫情防控中的社区治理挑战应对：基于城乡规划与公共卫生视角[J].南京社会科学，2020（3）：8-14+27.
② 张艳春，秦江梅.将健康融入所有政策视角下慢性病防控的挑战与对策——基于我国健康城市的典型调查[J].中国卫生政策研究，2014，7（1）：65-69.

一个页面实现"一网统管"。"全数据"汇总和后台交叉分析后,系统将自动生成排摸、测温、消毒等案件,通过政务微信点对点地派发给相关工作人员,防疫专页实时显示案件处置情况。

在重大疾病防控期间,加强网格化管理与传染病防控深度对接,对超大城市公共卫生"一网统管"系统进行了优化整合。页面细分为"疫情发展""全区防疫力量""联防联控重点人员管理""确诊人数、集中隔离点观察人员档案"四大板块。一是将防控情况通过可视化平台的汇聚与实时更新,实现疫情传播可视化总览;二是实现区域疫情传播特点分析(确诊病例、密切接触者等地图相关布点的可视化、聚集性疫情可视化、集中隔离点可视化、病例转运轨迹可视化、病家消毒轨迹可视化、联防联控重点人群管理可视化等);三是实现防疫力量分析(物资储备、人力分布、仪器设备等);四是实现对高风险人群的实时管理和监测,通过更多企业、街道管理人员接入政务微信,推进发热"零筛查"等防控措施的落地;五是实现"9595"专线的在线派单和落实追踪。通过一期建设,长宁卫生系统在传染病的预警、质量管理、时间节点的防控有效性上做出了全局性的管理及判断,打破了"数据壁垒",实现了防控大数据"一屏管全域"。

(二)平时体系建设

疫情的暴发给传统的以人工为主的突发公共卫生事件应对方式提出了巨大挑战,迫切需要采取更加智能化的应对措施。① 长宁区将超大城市公共卫生疾控体系向智慧化拓展,开发超大城市疾病预防控制体系"平战结合"2.0版。例如,长宁区是上海市境外人士居住最为密集的区域之一,跨国公司地区总部数量也位居中心城区前列。在服务企业复工复产、推动生产生活秩序常态化的阶段,为了实现对人员健康进行把关,在疾控智慧化体系的帮助下,长宁区在全市率先公布新冠病毒核酸检测相关流程,长宁区疾控中心、同仁医院、兰卫检验形成联动,如在检测环节中发现阳性病例,将立即触发公共卫生应急机制。该系统还能同步进行聚集性关联分析,确保密切接触者等重点人群在第一时间得到处置。

(三)平战结合切换

21世纪以来,新兴病毒引起的突发事件不断发生并呈现多样性特征。我们需要做好经常应对新发传染病挑战的准备,这就是公共卫生防控的"新常态"。② 未来,长宁区还将进一步完善超大城市公共卫生"一网统管"的能力,在公共卫生领域大数据集成的基础上形成公共卫生疾病防控的大数据集成和实时可视化分析的平台。一是实现全区各类疾病的可视化总览,疾病分布、卫生力量、家庭医生签约服务、疾病管理、医院设置均可视化;二是医教结合,实现区域内所有幼托机构、中小学校每日缺勤缺课情况的实时上报,以及教育机构聚集性事件、苗子事件的实时上报;三是医养

---

① 渠慎宁,杨丹辉.突发公共卫生事件的智能化应对:理论追溯与趋向研判[J].改革,2020(3):14-21.
② 刘远立,吴依诺,何鸿恺,等.加强我国公共卫生治理体系和治理能力现代化的思考——以科学认识和把握疫情防控的新常态为视角[J].行政管理改革,2020(3):10-16.

结合,实时了解医疗长护险评估和上门服务的可视化;四是基于"健康长宁"方案的落地和实施,实现公共卫生联席会议各个成员单位的联防联控,如创建国家卫生城区(各点位环境整治、病媒消杀等)、健康促进区(健康学校、健康企业的点位展示)、慢病示范区、应急示范区、艾滋病防控示范区等;五是实现卫生监管的网格化管理和一网通办。

三、超大城市公共卫生体系建设的政策成效思考

城市治理只有打破固化的管理思维和现有格局,才能实现从管理思维向治理思维、从问题导向向需求导向的转变,真正解决城市治理中的基层需求。长宁区疾控中心自主研发的基于"一网统管"的疾控智慧化系统,实现了重点人员排查进度、社区防疫人员工作轨迹、集中隔离者健康状况等信息——详细显示的功能。让公共卫生防控工作全面可视化,同时也推动跨部门、跨层级的联防联控机制落地,把闭环管理抓得更实,把防控网络织得更牢。实战中发现,各部门间既有"数据壁垒",也存在信息重复提交,此外,许多数据还要从纸质版转为电子表格上传,在讲求时效的公共卫生事件防控阶段容易耽误时间。而"一网统管"系统在实战中有效地提高了监测、预警、研判、分析和现场处置的效率。数据汇总依靠政务微信端口,一线工作者在手机端就能将大小事项及时录入上传,直达后台数据库,"一屏直观"防控"全数据"。

(一)基于信息基础的科学防控决策

疫情的突然暴发,对超大城市的管理构成了重大的公共卫生危机。其中,"一网统管"大数据技术的广泛应用,为公共卫生事件监测、资源配置和民生保障等提供了重要的信息支撑,也为进一步推进智慧治理提供了宝贵经验。长宁区基于城市运行"一网统管"推进疾病预防控制体系智慧化建设,以完善疾控信息基础建设,更加智慧、精准地做好了趋势分析和监测预警。通过利用手机信令数据、铁路航空等交通数据、互联网应用的GPS数据等,开展疫情监测分析、病毒流动溯源、患者和密切接触者追踪以及人员排查分析等,持续提供完整、连续和准确的海量信息,对疫情防控及走向进行了及时研判,制定了合理预案,确保了科学决策的制定和精准防控的实施,提高了抗疫工作效率。特别是在分析疫情传播路径和人口流动轨迹等方面,大数据技术以数据、算法和模型为基础,提供了无可替代的洞察力和预见性。在上海"公共卫生建设20条"中,未来上海超大城市公共卫生将以此为政策蓝本,全面纳入"一网统管"政策系统中,实现精准防范重大公共卫生事件风险,全力推进疾病预防控制体系现代化。

(二)基于精准预测的政策资源配置

在疫情防控期间,防疫资源的合理配置是抗疫工作的重要保障。在抗疫过程中,长宁区通过城市"一网统管"平台,将区域内的防控人员情况、在岗情况、完成任务数,集中隔离点的管理情况、联防联控和重点医学人员观察情况,以及应急物资来源、资源

种类和货品数量等信息精准搜集和记录，同时摸排医疗机构、社会组织和社区居民的资源需求，对相关需求和资源进行精准计算和匹配，尽量满足人民群众的生产和生活需要。通过大数据优化资源对接，进行物资调配，实现精准配置，也提高了社会主体的自主性和能动性。

（三）基于"一网统管"的公共卫生服务

面对疫情期间的封闭形势，各级政府主动响应和对接社会需要，探索在线办理公共服务的新途径和新方法，开辟数字政府或智慧政府网络平台，打通政府部门的"数据壁垒"，拓宽在线办事的范围，提高在线办事的速度，上线各种"非接触"或"不见面"服务，接入相关审批或服务事项，让数据多跑路，让群众少跑路，尽量实现"网上办"和"掌上办"。这些举措提高了人民群众的满意度，为国家治理提供了清晰化的数字图景，也使得社会更具有可读性和可治理性。大数据技术提高了社会事实的可见度，提高了党和政府进行科学决策的能力，改进了治理过程的精准度和透明度，实质性地提高了公共卫生治理的效能。

疫情应对让公共卫生部门意识到，要将传统疾病预防控制工作转化为现代化城市公共卫生风险防控，最为重要的基础在于健康大数据平台的建设与城市运行平台的融合应用。上海市长宁区通过城市公共卫生"一网统管"平台，在应对重大突发公共卫生事件的各个环节进行全方面、全流程的管控，大大提升了超大城市公共卫生的管理水平和效率，给未来我国城市尤其是超大城市"一网统管"下的公共卫生体系建设提供了典范。既往研究也发现，"公共卫生核心能力建设，监测能力建设中突发公共卫生事件网络直报监测系统的评估、应对能力建设中紧急医学救援能力评价要求、风险沟通中信息定期发布机制、准备能力建设中公众定期宣传教育规定完成比例较低"。[①]这也是疫情初期处置能力不足的根源所在。要解决这些问题，基于超大城市公共卫生"一网统管"下的疾病预防控制体系建设必须高度重视健康大数据的整合运用。

当然，"当代社会是风险社会，现代技术越是发展，制度变迁速度越快，人类改造自然的力量越强，人类面临的人为风险就越大"。[②]当前城市公共卫生"一网统管"平台在突发公共卫生事件应对的实战应用中还存在着一些政策短板和瓶颈问题。一方面，公共卫生决策的数据质量不高。长期以来，很多政府部门都存在底数不清和基数不明的问题。政府决策的信息数据不全造成了重大突发公共卫生事件来临时决策数据支撑的获取还不够智能化、精准化，许多部门甚至还处于依靠传统人工统计来获取数据的阶段，大量社区工作人员依靠手工填表和电话访问来应对众多政府部门不同格式和表格的数据采集需求，既增加了基层的工作负担，又使得循证决策的数据基础缺乏严格的质量控

---

① 王超男，米燕平，杨健，等.中国卫生部门IHR（2005）公共卫生应急核心能力现状分析[J].中国卫生政策研究，2014，7（12）：56-61.
② 龚维斌.当代中国社会风险的产生、演变及其特点——以抗击新冠肺炎疫情为例[J].中国特色社会主义研究，2020（1）：17-25.

制,增加了数据汇聚、清洗、集成的难度,降低了数据分析和挖掘的价值。从国家综合治理能力的提升与保护人民健康安全考量,未来需要统一公共卫生数据标准,加强数据汇聚,并在此基础上实现"数据、防控、专家"由临时性、碎片化向集中式、统筹化转变,构建情报灵、判断准、反应快的突发公共卫生事件情报体系,助力健全国家公共卫生应急管理体系。[①]另一方面,公共卫生数据的安全隐忧逐渐凸显。在重大突发公共卫生事件处置过程中,为了提高公共卫生安全,政府决策和政策执行很难完全顾及公民个人的信息安全。例如,为了摸排人员流动等方面的情况,政府部门上线了与公共卫生相关的大数据产品健康码,广泛搜集社会民众的个人信息,包括身份证号、个人住所、健康状况以及近期活动等,大量的信息通过杂乱的途径搜集起来,也形成了个人信息被窃取和泄露等方面的隐患。在公共卫生事件的巨大危机面前,大数据应用蜂拥而上,暂时超越了个人隐私和数据安全的焦虑,而服务于疫情防控效果最大化的政策目的,公共安全的需要也暂时压倒了对个人隐私的保护。但随着防控趋于常规化,有关数字鸿沟、社会公平、数据安全和隐私保护等问题将逐步成为大数据技术应用发展和公共卫生安全决策必须认真面对的问题。

　　面对重大公共卫生事件带来的危机和挑战,健康大数据的应用获得了各方的支持,疫情防控提供了健康大数据绝佳的应用场景,也推动了全民的"大数据启蒙"。但更值得我们重视的是,健康大数据应用不仅在重大突发公共卫生事件中具有非常显著的技术优势,对于常态化情境下超大城市的国家和社会治理体系现代化也具有重要意义。在当前中国行政主导的体制下,我们仍然缺乏有效的体制机制设计,要求地方党政部门在涉及公共卫生或其他专业性很强的重大决策时必须以坚实的科学依据为基础。"加快我国科技治理能力现代化进程时不我待。"[②]因此,我国的智慧城市亟待智慧的"大脑"来分析利用数据、发现城市问题、提供解决方案。[③]上海超大城市公共卫生"一网统管"下的疾控体系建设,只是基于大数据与可视化系统科技治理能力的初步实践与探索。未来超大城市公共卫生体系还须进一步完善科技支撑,建立和完善以政府为主导的突发公共卫生事件协同治理机制,提高超大城市治理精细化和智慧化水平。[④]

---

① 苏新宁,蒋勋.情报体系在应急事件中的作用与价值——以新冠肺炎疫情防控为例[J].图书与情报,2020(1):6-14.
② 李光.加快我国科技治理能力现代化进程时不我待[J].科学学研究,2020,38(3):387-388.
③ 牛强,夏源,牛雪蕊,等.智慧城市的大脑——智慧模型的概念、类型和作用[J].上海城市规划,2018(1):40-43+62.
④ 徐向艺.建立和完善以政府为主导的突发疫情协同治理机制[J].经济管理,2020(3):18-20.

第三节　上海超大城市公共卫生部门协同体系建设

一、超大城市公共卫生疾控体系建设的政策目标

公共健康领域的话题通常具有一定的科学性和专业性，需要具备一定的专业知识才能参与公共讨论。[①]公共卫生数据的可视化可以将大量复杂的数据信息整合为图表、信息图等，帮助决策者方便快捷地获取重要信息，目标是发挥信息的影响力，进而促进公共健康和公共福祉。基于大数据的重点疾病防控应用分析及展示系统建设可以实现超大城市公共卫生数据的可视化。其中，可视化系统的建设作为数据价值的呈现工具，能够根据不同业务场景，通过预定义或自定义的方式，对超大城市的地理位置、医疗资源、社区信息、公共卫生等多方数据资源融合、挖掘、分析的成果进行真实、直观的展示，让决策者更容易捕捉数据价值、发现敏感数据问题；通过构建关键绩效指标，对动态数据进行监测，让数据自己说话，较大程度缓解人工统计分析压力，直观呈现数据的分析结果和分析过程，实现政策决策主体无大数据分析基础也能感知大数据分析的成果和思想。总体来看，期望实现以下政策目标。

（一）政策要素汇聚

通过平台建设，以区域大健康的概念，完善公共卫生体系建设，逐步实现原始数据流、信息流、人流、物流的统一，实现地域、时间、人群等全方位的信息整合，实现事件分布、过程、效果等全流程的管理，以及人员、物资、装备等全要素的指挥调度。上海第一例新冠肺炎确诊病例正是在长宁区发现、报告并治愈出院的，从病例发现到重点人员追踪管理，长宁区不断完善重大公共卫生事件防控机制体制，通过系统优化和完善，实现政策要素在平台上的汇聚。

（二）政策信息共享

通过平台建设，共享部门间、监测网络间发现的预警信号，在"看好自己的门""管好自己的人"的同时，通过信息共享、信息交互，达到"他山之石可以攻玉"的目的。任意一个部门或监测网络发现预警信号后，有助于其他部门的协同处置，实现各类预警信号的集成处置，从而提高城市管理的精细化程度，消弭潜在的社会不稳定因素。

（三）政策管理优化

通过平台建设，追踪重点人群、重点业态的动态变化，将疾病预防、控制的理念融入日常的城市管理之中，对可能产生疾病蔓延或影响社会稳定的情况进行动态追踪管理，对可能存在的监管盲区跨前一步进行管理，做好疫情的监测、排查、预警、防控工作。

[①] 白净，吴莉.健康传播中的可视化应用——以新冠肺炎报道为例［J］.新闻与写作，2020（4）：31-36.

二、协同现状与存在的主要问题

(一)过度依赖等级权威协同的方式

部门协同是解决问题的高效途径,尤其是自上而下的管理方式使层级权限协同成为解决部门冲突最常见、最有效的方法。现有部门协同的主导方式,是立足于这样的权力层次的纵向协调:下级组织往往需要通过上级组织的授权获得合法性,党政联席会议、领导批示是现有的主要协调模式;部门间的协同往往由上级部门领导通过沟通协调临时发起,并无详细的程序和要求;同时,部门间的暂时合作和不突出的协同作用导致了协同机制的随意性,很难保证长期稳定的跨部门协同管理。

(二)跨部门协同的短期性和非固定化

大多数跨部门协调机制是一种短期行为,被作为管理的临时工具,用来处理突发性的城市问题。因此,跨部门合作具有短期性和非固定化的特征。从时间上看,跨部门协调机制的建立、运作和撤销是随机的,缺乏长期合作机制。各个管理部门的协调在空间维度上主要体现在特定项目的合作上,并不具备全面的协同关系,也没有长期的制度设计。

(三)疫情防控中部门协同暴露的问题

(1)部门协同机制尚未成熟和定型。在单一制中央集权的政治制度下,垂直链条中上下级政府之间的协同度相对较高;同一层级不同政府部门之间横向协同的合作性和协同度由于缺乏有效的制度安排而大打折扣,跨区域、跨部门的行动协调难度更大。另外,条块责任不清导致早期应对机制中权责不对等,在延续常态化治理中层级化权责链条的运作机制下,一些有效措施未能及时实施,加剧了公共卫生事件治理的危机。现行法律法规和政府部门职责界定中关于重大公共卫生事件防控责任划分之瑕疵,则是多元治理主体权责失衡现象的根本原因。

(2)部门间信息共享机制存在缺陷。信息作为重要的治理资源,既是提高风险决策科学化水平的有力保障,也是实现多元治理主体协同行动的基本条件。在公共卫生信息管理方面,地区间、部门间、军地间横向信息阻隔,信息很难共享共通,仍是公共卫生事件防控的现实难题。在常态化治理状态下,地方政府和专业职能部门的信息交互往往是垂直体系传播在先,网络化传播在后。在危机治理中,信息片段分属于不同部门,缺少信息和资源共享机制、民主协商机制,使得多元治理主体之间往往存在明显的协调障碍。同时,部门间权力分散,协同过程的权责关系不明晰。在疫情的早期防控工作中,卫健委及其下属的各医院作为直接对口的专业部门,主要责任在于发现、收治病人,并向上级报告,其职权仅限于调集和使用有限的医疗资源;公开相关信息、征用临时隔离诊治场所、宣传公众防护措施、叫停大型集群活动等能够有效阻断疫情传播的权限,则分属于交通、城管、公安等其他部门,公共卫生治理体系呈现出典型的碎片化现象。

(3)部门协同信任度不高。从疫情防控上升为全国的中心工作开始,广泛的社会动员、人员流动的管控、生活物资的供应、假期安排的调整、医务人员和医疗资源补充等问题，属于不同层级、部门的职责权限。然而，由于约束和监督制度不力，部分主体的行动可能偏离公共利益，加剧内部的互相不信任状态。同时，部分地方政府和领导干部执政理念落后，主观上不愿意与其他行动主体共享权力，部分市场和社会主体处于行动网络的边缘化位置而得不到重视，其参与公共卫生治理的主动性和积极性不高，影响多主体参与合力效应的有效发挥。

因此，对上海超大城市公共卫生治理而言，要实现优质化的管理目标，需要建立起有效的跨部门协同机制，这种协同机制涉及不同部门，旨在建立共同的价值理念，能够共担风险。这种机制要能够明确责任和工作目标，对不同部门产生合理的激励，同时，要建立有效的政策和弹性化的组织结构以应对合作产生的风险。需要依托现代信息技术，通过构建创新治理机制以实现多元治理主体之间的资源整合和有机协同，这样有利于提升风险治理和应急管理的综合效能。

三、公共卫生部门协同不足的原因分析

（1）参与协同部门的主观因素。城市管理跨部门协同难以实现的内因，一方面是各参与主体间的利益共识未能达成，协同管理的总体利益与参与部门的自身利益存在矛盾或偏差；另一方面是各部门间缺乏信任与文化共识，参与协同管理的各部门存在认知差异。

（2）城市管理的跨部门协同客观条件不足。城市管理跨部门协同制度设计过于模糊，这是我国各个管理领域面临的共同问题。"有关部门""相关主体""有关规定"等经常出现在城市管理的法规和文件中，政策内容和实施方法也常出现"按照相关法律要求"的表述。模糊的主体、不明晰的权责，导致制度规定的执行效果大打折扣。此外，城市管理相关制度规定较为笼统，缺乏权威性和详细的实施细则。参与跨部门协同管理的不同部门或执行主体对政策法规的理解也存在着偏差，认识无法统一起来，必然导致行为不能统一，跨部门协同管理也就难以发挥应有的效用。

（3）城市管理跨部门协同主体的权力与责任细分存在困难。受当前行政体系的限制，跨部门协同管理必须明晰各参与主体的责任，划分各参与主体的权力边界，这是开展跨部门协同管理的前提条件，也是跨部门协同管理实现资源共享的基础条件。确定每个部门的职能定位，是统一公共决策和提高公共服务质量的先决条件。在我国的城市管理实践中，政府系统的各个部门大多是相互独立的，并且有功能交叉和管理真空区，权责不明晰。

（4）城市管理跨部门协同的沟通机制与考评机制不完善。一方面，由于城市管理的跨部门协同主体由多个管理部门构成，各部门间的利益观、价值观、大局观未能统一，因此利益冲突很难避免。如果要消除隔阂与分歧，达到思想行动统一的效果，就要建立良好的沟通机制，使各部门在共识的基础上充分表达自己的利益诉求。另一方面，城市

管理跨部门协同的考评机制不健全，在成本和效益不均衡的跨部门协同行动中，除了上级部门的行政压力，几乎没有动力能够有效推进跨部门的协同行动。构建科学的考评机制能为政府组织及其员工提供客观的评价结果，并根据评价结果给予相应的奖励和惩罚，从而促进参与跨部门协同行动的部门产生内生动力。当下的考评机制往往只布置作业却不检查、发布文件却不执行，有头无尾、落地无声，使跨部门协同的实际效果大打折扣。

四、公共卫生治理部门协同机制的构建

根据建立超大型城市公共卫生社会治理体系的目标和特点、现状和发展、经验和不足以及机遇和挑战等系统分析，本研究从部门协同机制着手分析其在公共卫生治理体系中的重要功能和作用。在公共卫生社会治理体系中，部门协同机制是指在重大突发公共卫生事件防控工作领导小组的统一领导下，政府各部门（如卫健委、公安部门等）充分发挥各自在专业管理方面的职能和作用，将统筹兼顾和高效协调贯穿于重大公共卫生事件防控的全过程，充分发挥体制的特点和优势，形成强大的公共卫生事件防控合力，为科学防控提供机制上的保障。

首先，建立统一高效的指挥系统。根据公共危机社会治理框架（见图3-1）以及超大城市公共卫生治理体系"两级（市、区）政府、三级（市、区、街道）管理、四级（市、区、街道、社区）服务"的管理体系，构建公共卫生社会治理部门协同体系框架（见图3-2）。在市、区两级政府层面建立公共卫生联防联控委员会，职能定位是全面整合市、区内党政机关和企事业单位的力量和资源，特别是与医疗卫生相关的政府部门，建立研究决策机制、情报搜集研判机制、各方协调联动机制和应急处置机制、困难矛盾排查调处机制等，实现常态下发现问题、堵塞漏洞，应急状况下协调联动、快速反应，

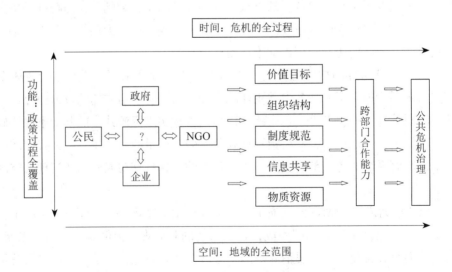

图3-1 公共危机社会治理框架支撑

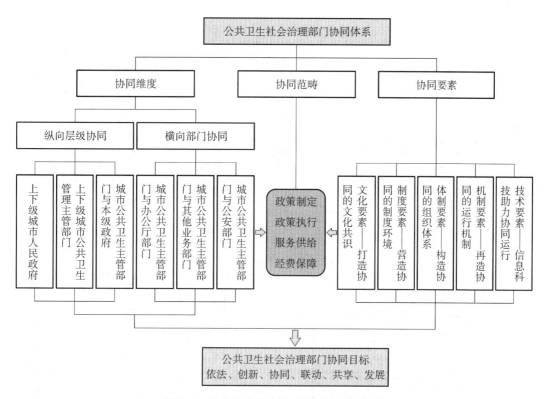

图 3-2 公共卫生社会治理部门协同框架图

切实解决各种公共卫生防控力量条块分割、指挥不畅、合力不足等问题，避免了在突发公共卫生事件处置中权责不清、相互推诿、效率低下的情况。公共卫生联防联控委员会由市（区）委、政府相关部门（卫生健康委员会、发展和改革委员会、经济和信息化委员会、科学技术委员会、公安局、民政局、财政局、交通委员会、文化和旅游局、应急管理局、市场监督管理局、粮食和物资储备局等）相关单位主要负责人，组成高位协同指挥机构，赋予委员会卫生防控、医疗救治、交通指挥、物资调配、公共安全、信息发布等方面的管理权限和职责，统一调动市、区政府所属职能部门资源，及时有效地回应和解决公共卫生事件防控中遇到的问题。

其次，充分发挥政府及职能部门的专业管理作用，形成规范的措施和方案。跨部门合作强调的是不同部门之间的协作互补，达到共赢的重要性，其实质就是实现资源在时间、空间、功能上的全面整合，达到公共卫生治理的最大化。本研究立足横向部门协同，主要从公共卫生治理的功能角度出发，考虑跨部门合作的几个问题——跨部门合作的边界问题，需不需要核心领导，以及部门合作能力提升的条件，梳理了参与公共卫生社会治理的部门协作包含的机构以及各自的职责（见图3-3），具体各部门的职责见表3-1。

再次，破除部门之间的壁垒，围绕防控目标建立科学、精准、高效的综合协调机制。以"融入式发展"进行跨部门协同的战略设计。跨部门的协同首先需要明确组织间

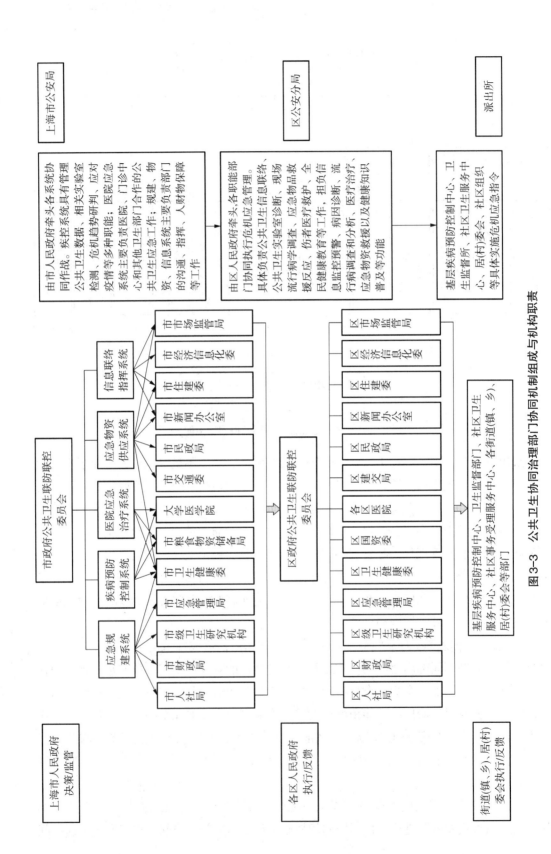

图3-3 公共卫生协同治理部门协同机制组成与机构职责

表3-1 公共卫生协同治理部门职能一览

机构	功能	职 责	组成人员	决策信息与协调难点
办公厅	统筹指导、协调和监督	负责组织实施全市重大行政决策程序制度，对市政府重大行政行为进行合法性论证并提供法律建议。负责市政府规范性文件的备案审查工作；各区政府规范性文件的合法性审核，承办市政府行政复议案件工作；统筹指导职能，专责小组的协调推进市政府用以及跨部门协同联席会议制度等内容，为跨部门常态化和长效化提供法规保障；发布突发公共卫生事件应急处置信息；负责推进、指导、协调、监督全市政务新媒体工作，推动"上海发布"政务新媒体平合建设发展	主任	综合协调各部门事务
卫健委 公共卫生联防联控委员会	主办功能	负责疾病预防控制工作，协调有关部门对重大疾病实施预防控制和干预。制定并组织落实传染病和慢性非传染性疾病防治规划，免疫规划及政策措施。对严重危害公众健康的公共卫生问题组织实施监督。依法监测传染病，强化预警机制，发布法定报告的健康服务与管理，逐步增加和完善对部分急性慢性传染病的监测，并组织相应的处置。负责上海举行的重大活动的医疗卫生保障。负责发公共卫生事件的医疗救援。按照实施公卫生健康行业安全标准化责任制，拟订疾病防治、指导协调，卫生监督，中医药管理等方面的规范和标准。组织开展食品安全风险监测评估，医疗卫生机构职业范围内的卫生监督，依法制定食品安全地方标准，负责食品安全企业标准备案。负责传染病防治，负责职责范围内的职业卫生、放射卫生、环境卫生、妇幼保健，采供血机构及临床用血安全的监督饮用水卫生同题监督管理、健全卫生健康综合监督体系。制定医疗机构、公共场所卫生、学校卫生、医疗服务质量管理办法。医疗行业管理，建立医疗卫生监督实施，医疗技术临床应用、大型医用设备和监管医疗服务质量管理的执业规则，卫生健康专业技术人员、医师和卫生专业技术人员标准和监管。加强医院绩效考核评价工作并组织实施本市医疗机构运行监督管理和监督评价办法，对公立医院绩效进步绩效评价、指导。承担公立医疗机构党建指导工作，负责康复、护理、院前急救，临床重点专科建设并逐步推进建设和医政风医风精神文明建设等工作，负责公立医疗卫生机构党建指导工作，推进全行业精神文明建设	主任	针对公共卫生事件中不同类型人群（如确诊病例、疑似病例、密切接触者）制定分类管理制度，协调医疗机构、疾控中心、卫生监督所协同工作

45

续表

机构		功能	职 责	组成人员	决策信息与协调难点
公共卫生联防联控委员会	公安局	协办功能、督办功能	强制隔离治疗，人员卫生检疫；对存储物品的防控措施，应当依照《传染病防治法》的规定，采取强制检疫措施；封闭，扑杀染疫动物，控制，封闭或者封锁场所的动物隔离、封锁疫区、封闭或者封锁场所；限制或者禁止有关活动；实行交通管制以及其他控制措施；依法打击妨害公共卫生事件防控的违法犯罪行为；依法严惩妨害公务违法犯罪；依法严惩制假售假、医闹违法犯罪，借机诈骗造谣传谣违法犯罪；依法严惩哄抬物价犯罪；依法严惩聚众哄抢交通设施违法犯罪；依法严惩破坏野生动物资源违法犯罪	局长	联合卫健委、交通委、人民政府
	海关	主办功能	拟订口岸突发公共卫生事件处置预案，承担出入境卫生检疫、传染病及境外疫情监测、卫生监督，卫生处理以及口岸突发公共卫生事件应对工作	关长	配合卫健委、商务委
	交通委	协办功能	制定交通运输场所公共卫生防控指南，做好交通环节的公共卫生防控管理；加强物资运输保障和防疫管理；保障公路交通网络不断，应急运输的绿色通道不断，必要的群众生活物资运送不断；加强疫情防控工作督导检查	主任	配合卫健委、公安局
	应急管理局	协办功能	研究起草安全生产应急管理、安全生产管理工作的地方性法规、规章草案，制定相关政策、规程和标准并监督实施；负责应急管理；牵头建立全市统一的应急管理信息系统，统一协调指挥各类应急专业队伍，建立应急协调联动机制等	局长	配合卫健委、公安局、交通委
	经信委	协办功能	负责工业、生产性服务业和信息化产业工作；服务业、信息化相关产业发展；统筹推进信息化以及相关行业，产业安全有关工作、储备和运营工作；会同有关部门做好救灾物资的生产，产业安全有关工作、储备和运营工作；参与协调解决信息化发展中的重大问题；指导工业、生产性服务业和信息化产业，跨领域的信息化应用和重要数据资源的开放共享；指导协调推进智慧城市建设工作，促进信息化与经济社会各领域深度融合	主任	配合卫健委、公安局、交通委
	文化和旅游局	协办功能	研究起草文化和旅游，广播电视、文物方面的地方性法规，文物保护机构进行行业和行业监管，规章草案；对各类广播电视机构进行行业监督，推进行业信用体系建设，依法规范文化和旅游市场；实施对文化和旅游市场；负责培育和发展文化和旅游市场，对文化和旅游各类广播电视机构进行行业监督，推进行业信用体系建设，依法规范文化和旅游市场，管理文化市场综合执法；负责组织指导、协调相关部门处置行业突发应急事件	局长	配合卫健委、公安局、交通委

续 表

	机 构	功 能	职 责	组成人员	决策信息与协调难点
公共卫生联防联控委员会	财政局	协办功能	明确工作原则和应急程序，按照"急事急办、特事特办"的原则，加强与卫生防疫部门的协调配合，建立财、库、银三方联系机制，设置专人专岗，切实保障汇路畅通，全力全速做好各项疫情防治专项资金的拨付工作，确保防控资金及时到位；迅速调整预算支出结构，积极安排本级财政预算资金，加大地方财政投入力度，统筹财政资金和社会捐赠资金，主动加强与卫健委、民政局等公共卫生安全单位的沟通联系，及时办理相关部门处理突发新型冠状病毒感染的肺炎公共卫生资金需求，提高支付效率，确保资金在任一时间落实到位；加强跟踪督促，确保防控资金用于与疫情直接相关的方面	局长	配合卫健委、人社局
	发改委	协办功能	研究本市公共卫生应急管理；加强公共卫生应急教育；对各学校的防控工作进行督导检查	主任	配合卫健委、人社局、财政局
	教委	协办功能	负责校区园区公共卫生应急管理；加强公共卫生应急教育；对各学校的防控工作进行督导检查	主任	配合卫健委、公安局、交通委
	人社局	协办功能	做好工伤保险。全方位沟通衔接，提前掌握明确为高风险感染的防控人员范围，确保及时保障，待遇足额支付等工作范围，劳动能力鉴定，工伤保险待遇支付工作，严防工伤保险链条断裂，程序简化。积极主动地简化工作，做到早认定，快支付，全面保障防控人员工资待遇。合理稳定劳动关系，保证公共卫生事件中的劳动者不能正常劳动期间的工作报酬不受影响，企业不得与受疫情影响的劳动者解除劳动合同，直至防控措施解除；指导企业实情况，制定不同的应对措施，根据企业实际情况，采取协商一致等方式调整薪酬、轮岗轮休、缩短工时等运行；灵活处理仲裁定工作，对因受疫情影响造成当事人不能在法定时效期间申请劳动人事争议仲裁的，仲裁的时效中止；因受疫情影响导致劳动人事争议仲裁机构难以按法定时限办理审理的案件，顺延办理期限。严格按照公共卫生防治一线防控人员开辟人事事通道，确保工作以补贴政策及时落实到位，切实做好各级公共卫生防治人员临时性工作补助人员的审核、审批、发放工作	局长	配合卫健委、财政局

47

续 表

机 构	功 能	职 责	组成人员	决策信息与协调难点
民政局	协办功能	重点关注养老服务和儿童福利社会事务，城乡社区疫情防控，应急救助领域；救助管理机构增加街面巡查频次，对流浪人员进行耐心劝导，开展关怀慰问并普及防护常识，分发防护物资	局长	配合卫健委、公安局、交通委
大学附属医院/科研院所	协办功能	管理生物安全实验室，进行公共卫生重大科研；医疗救治	院长	配合卫健委、教委
商务委	协办功能	组织拟订上海国际贸易中心建设规划和发展战略，协调推进上海国际贸易中心建设。拟订国内外贸易、外商投资、对外经济合作和口岸服务工作的发展战略、规划计划、标准和措施，并组织实施。指导外商投资，指导协调外商投资促进和外商投资区的开发区技术开发区的有关工作。按照权限，负责外商投资企业设立、变更的审批与备案工作，为外商投资企业提供政策咨询及其他协调性服务。协调外商投资企业"大通关"工作，推进口岸查验等重大活动的通关联动协作，创新监管模式。协调口岸安全协调工作。参与口岸查验单位重大国际赛事和大型国际展览等重要事项需要地方政府解决的问题；协调推进口岸和特殊监管区域通关监管信息化建设，负责口岸运行需要的统计分析和发布	主任	配合卫健委
公共卫生联防联控委员会				

目标的差异,在组织间的互动中寻求共识,形成组织文化的相互融合与认同。在公共卫生治理体系的建设中,进行合理的战略设计、塑造以公共利益为目标的组织文化也是实现综合建设的第一步。要灌输融入式发展的理念,政府职能转变进行融入式发展的目标设计和渗透,保障融入式发展。一是从源头上建立政策保障机制;二是健全应急预案建设;三是强化应急救援专业训练;四是整合应急力量,在保持现有管理体制不变的前提下,将医疗、交通、民政、人力、建设、市政、环保、通信等专业队伍纳入统一调度、作战和训练体系,将应急志愿者队伍纳入社会动员体系,建立政府主导、统一指挥、部门联动、有序衔接的运行机制;五是建立合理的权责体系与运行机制,以及融入式发展的动力机制。跨部门协作仅有理念是不够的,还需要在制度架构上进行重组,形成科学合理的工作责任体系。基层综合应急救援队伍建设的真正难点在"综合",这对卫生管理部门的协调能力提出了严峻的挑战。"综合"涉及不同层级、不同领域的部门之间的合作,以及行政组织内部、公私部门之间的大量协调配合,这种合作复杂多变,需要加以良好的管理。如何实现和保持垂直系统和水平系统在应急救援方面互相支持配合,消除掣肘阻碍,考验着不同层级、不同区域应急系统的协调互动能力,也正是提供有效的保障机制所必须重点考虑的问题。因此,优化部门协同管理路径,体制内来自上层的"牵引力"和中下层政府的"内驱力",体制外来自民间的"外压力"。实现跨部门协同,从而形成统一目标下的行动合力,无疑是地方(下级)政府转变职能的关键。

第四节 上海超大城市公共卫生妇幼服务体系韧性建设

新冠疫情背景下特殊人群管理与防控政策成为社会普遍关注的热点。长宁区作为全国社区卫生服务综合改革试点区,在孕产妇、儿童等特殊人群的应急管理方面进行了跨前一步的实践探索。在重大突发公共卫生事件中,针对孕产妇和儿童等特殊人群的应急管理政策应单列考虑,并在决策、流程、内容上及时优化调整,长宁区妇幼保健卫生方面的应急政策,可供突发情境下地方卫生管理部门决策借鉴与参考。2019年12月中旬,湖北省武汉市报告"不明原因肺炎"并被世界卫生组织确定为2019新型冠状病毒肺炎(以下简称新冠肺炎),国家卫生健康委员会于1月20日发布2020年1号公告,将新型冠状病毒感染的肺炎纳入《中华人民共和国传染病防治法》规定的乙类传染病,并采取甲类传染病的预防、控制措施。[①]2020年1月21日,上海公布本市首例新冠肺炎病例在长宁区被发现;1月24日,上海正式启动重大突发公共卫生事件一级响应机制。新冠肺炎

---

① 中华人民共和国国家卫生健康委员会公告2020年第1号[EB/OL].http://www.gov.cn/xinwen/2020-01/21/content_5471158.htm.

疫情发展迅速,防控形势日趋严峻复杂。其中,孕产妇和儿童这一特殊人群一直是社会重点关注对象。"妇女儿童健康关系到每一个家庭的幸福,是构建和谐社会的基本要素,是全面建成小康社会的必然要求。"[1]为此,长宁区跨前一步,结合辖区实际情况,及时制定辖区孕产妇和儿童新冠肺炎防控对策,细化防控要求,优化管理流程,进一步加强新冠肺炎疫情防控期间孕产妇和儿童的管理工作,切实保障母婴安全与儿童健康。

一、新冠疫情背景下孕产妇和儿童特殊群体的防控需求

公共政策制定中的互动是"民众表达"与"政府反馈"的双向过程,其目标在于通过不同群体间的利益表达、利益综合形成统一的政策决定,实现政策供给与政策需求的有效对接。[2]孕产妇和儿童是新冠肺炎易感人群。虽然目前尚无足够数据确定新冠肺炎感染对胎儿的影响以及是否存在母婴传播,且感染儿童大多也属于轻症,但是基于孕妇罹患病毒性肺炎以及基于孕期发热对胎儿影响的既往资料仍值得借鉴,同时,儿童的免疫系统发育尚不完善,应予以重视。另外,妊娠妇女发生焦虑和抑郁风险增加,一旦确诊感染或疑似感染新冠肺炎,可能会出现不同程度的精神症状,不利于母儿健康。[3]"儿童作为需要成人保护的弱小群体,需要我们主动采取措施全方位地呵护,让他们在这样一个特殊时期仍然能够健康成长。"[4]因此,亟待提出新冠肺炎疫情防控期间对孕产妇和儿童的管理措施。

二、新冠疫情背景下特殊对象应急管理防控政策与有效应对

由公共政策引发的社会风险已经成为当前中国地方政府防范和化解重大风险攻坚战的重点关注对象,风险沟通则是缓解社会风险、构建共识和互信的有效途径。[5]及时回应并出台妇幼卫生防控政策,逐步完善政策框架体系是确保这一特殊人群在重大突发公共卫生事件中得到应有保障的重要前提。从新时期我国妇幼卫生政策的回顾分析来看,各级党和政府高度重视其作为重要社会政策组成部分的社会公益性。围绕妇女儿童生命活动的各个环节,从防治疾病到提高生存质量,法制建设不断健全,初步形成了妇幼卫生政策框架体系。疫情初期,国家卫生健康委员会和国家疾控中心先后就孕产妇和儿童

---

[1] 李鸿斌,顾建明,丁燕,等.改革开放以来我国妇幼卫生政策回顾与分析[J].中国卫生政策研究,2011,4(10):48-54.
[2] 王远,阙川棋.双向沟通—循环修正:社会政策过程的网络互动分析框架[J].理论探讨,2019(5):70-75.
[3] 中国医师协会妇产科医师分会母胎医师专业委员会,中华医学会妇产科分会产科学组,中华医学会围产医学分会,等.妊娠期与产褥期新型冠状病毒感染专家建议[J].中华围产医学杂志,2020,23(2):73-79.
[4] 毛萌.抗击新型冠状病毒肺炎:如何保护好我们的孩子?[M].成都:四川大学出版社,2020.
[5] 朱正威,刘莹莹,石佳,等.政策过程中风险沟通有效性的影响因素研究[J].西安交通大学学报(社会科学版),2019,39(5):74-82.

的预防、救治召开专题新闻发布会,①发出专项提示,②体现了妇幼政策上一以贯之的重视和支撑。③④上海市人大常委会、市委、市政府等也非常及时地发布了《上海市实施〈中华人民共和国突发事件应对法〉办法》《中共上海市委、上海市人民政府关于进一步加强我市新型冠状病毒感染的肺炎疫情防控工作的通知》等一系列法规和政策文件。

2020年1月31日—2月2日,长宁区根据国家、上海市、长宁区新冠肺炎疫情总体防控方案要求,结合孕产妇和儿童日常健康管理规范,商议制订了《长宁区孕产妇新型冠状病毒感染肺炎防控方案(征求意见稿)》与《长宁区0~6岁儿童新型冠状病毒感染肺炎防控方案(征求意见稿)》;2月2日,国家卫生健康委员会在京召开新闻发布会,介绍新冠肺炎疫情防控工作中孕产妇、婴幼儿的健康防护情况,并下发《关于做好儿童和孕产妇新型冠状病毒感染的肺炎疫情防控工作的通知》(肺炎机制发〔2020〕17号)。长宁区结合会议精神、文件要求以及相关部门和卫生健康单位的意见建议,基于国家关于孕产妇和儿童疫情防控的原则,修订完善《长宁区孕产妇新型冠状病毒感染肺炎防控方案》与《长宁区0~6岁儿童新型冠状病毒感染肺炎防控方案》,并于2月3日正式将方案下发至辖区妇幼保健机构、社区卫生服务中心和助产机构,及时指导做好新冠疫情防控期间孕产妇和儿童的健康管理工作。

三、新冠疫情情境下特殊群体应急防控决策的公共政策分析

(一)医防融合:政策协同视角的应急防控

从公共政策的视角看,政策回应的速度既取决于行政机构层级间的传达执行,更取决于基层机构的网络建设与快速响应。尽管已经初步构建了妇幼保健服务框架体系,但增进妇幼保健服务网络网底功能的政策仍需要进一步加强。为了及时应对新冠疫情情境下孕产妇和儿童的防控,长宁区强化了卫健委公共卫生管理与医疗管理两大职能科室间的横向沟通协调机制,基于新冠肺炎防控措施与孕产妇儿童系统健康管理要求、孕产妇儿童临床就诊规范,协同制定优化孕产妇和儿童在疫情防控期间的就诊流程,做到无缝衔接,形成防控闭环;明确相关医疗机构隔离通道设置、环境消毒等院感防控要求,切断病毒传播途径。值得注意的是,由于在妇幼卫生业务管理政策上的重视程度和发展情况不一,各地在回应特殊群体的防控需求尤其是妇幼群体防控方面的能力并不一致。在实际工作中,许多地方卫生行政部门在宏观管理方面缺乏协调部门之间和医疗保健机

---

① 国家卫生健康委就新型冠状病毒感染的肺炎疫情防控工作中孕产妇、婴幼儿和托育机构的健康防护情况举行发布会[EB/OL]. http://www.china.com.cn/zhibo/content_75662289.
② 国家卫生健康委.关于加强新型冠状病毒肺炎公共卫生防控期间孕产妇疾病救治与安全助产工作的通知[EB/OL]. http://www.nhc.gov.cn/fys/s3581/202002/4f80657b346e4d6ba76e2cfc3888c630.shtml?wYNOrhhjiR4y=1581174023808.
③ 中国疾控中心提示:孕产妇预防(孕产妇篇)[EB/OL]. https://baijiahao.baidu.com/s?id=1657055801113158566&wfr=spider&for=pc.
④ 中国疾控中心提示:0—6岁儿童预防(0—6岁儿童预防篇)[EB/OL]. http://www.chinacdc.cn/jkzt/crb/zl/szkb_11803/jszl_2275/202002/t20200203_212168.html.

构之间关系的能力。① 对于孕产妇和儿童等条线，保健机构之间体现的是行政职能的强化，平时更多注重的是行政指标的完成情况，对于服务的治理和政策体系是否运转顺畅的关注存在政策缺欠；"战时"政策缺乏连续性和面临突发应急事件时的调整能力和政策考虑不周全，容易在执行过程中出现不到位的现象，从而影响政策的连续性和防控成效。

（二）上下联动：政策执行视角的应急防控

现代政府非常强调政策制定和政策执行的区分。对于政策执行的概念，必须从政策的关系角度来加以界定。② 经典公共政策理论有一种观点——将政策执行过程界定为"为了实现先前的政策决定中所确定的目标，接受有关政策指导的公共部门的个人（或团体）采取的行动"。因此，政策执行必须有相关的主体，尤其是在突发的、政策目标随时会变动的情境下，如果想当然地以为政策付诸实施的过程十分简单，一定会顺利达到决策目标，那无疑是错误的，这一过程更值得研究。在政策执行研究的两种经典模型——自上而下模型与自下而上模型中，实现"完美"的政策执行必须具备的先决条件非常之多，如有较好的外部环境、内部资源以及拥有足够的时间。单个政策执行机构运作不受制于任何其他机构，或者说如果引入其他机构，则执行机构对于其他机构的依赖程度必须达到最小化。此外，对所要实现的政策目标，必须完全理解和认可，并且在整个政策执行过程中都存在。尤为重要的是，在实现共同认可的政策目标过程中，要对每一位政策执行的参与者所要承担的任务按照严格的时序细致地进行目标分解。所有的条件约束指向最大限度地避免政策"执行亏空"。在政策制定阶段，我国政策沟通的方式正逐渐走向多元化，自上而下的政策发布、自下而上的政策反馈与双向互动式的政策讨论相得益彰，对促进政策的科学化、民主化具有重要作用。③ 由此可见，上下联动毫无疑问成为当下具有良好政策基础的地方部门在具体实践中的最佳选择。以应对新冠肺炎中特殊人群的防控为例，长宁区一直以来都注重妇幼保健三级服务管理网络的建设，持续强化整合以专业机构为支撑的技术指导网、以医疗机构为依托的生命安全网和以社区卫生服务中心为基础的妇幼保健网。在孕产妇和儿童防控策略的制订过程中，高效运转网络体系，积极发挥区妇幼所作为区域妇幼保健管理枢纽机构的业务管理以及政府参谋职能，并广泛征求和综合了基层管理者和一线医务人员的实践意见和建议。

（三）职责分工：政策运转视角的应急防控

妇幼保健的普遍获得，是社会主义现代化建设的重要目标。自改革开放以来，中国政府长期致力于改善妇幼保健服务，以促使该服务实现全民共享。随着"一法两纲"的实施，妇女儿童健康状况得到了显著改善。④ 其中，母婴安全始终是全球卫生战略的一

---

① 吕军，郝模.促进妇幼卫生发展的策略研究［M］.上海：复旦大学出版社，2008.
② 米切尔·黑尧.现代国家的政策过程［M］.赵成根，译.北京：中国青年出版社，2004.
③ 钱洁.民主化进程中政策沟通的途径及其障碍［J］.唯实，2004（5）：50-53.
④ 唐鹏蛟，彭耀民.妇幼保健筹资机制选择的东西部比较研究——基于省际数据的实证分析［J］.中国卫生政策研究，2009，2（12）：35-41.

个重要目标，孕产妇死亡率和婴儿死亡率两大指标均是国际认可的健康核心指标。早在2012年，原卫生部在提出未来十年妇幼卫生事业发展目标时就明确，到2020年全国孕产妇死亡率下降到20/10万，婴儿和5岁以下儿童死亡率分别下降到10‰和13‰。[①]因此，在疫情防控期间，对于孕产妇和儿童的管理，仍以坚守安全底线思维为原则，坚持强化风险意识。如发生危急重症情况，则优先保障生命安全。同时，为减少感染风险，如无特殊或危急重症情况，则引导孕产妇和儿童根据医师意见，适当延后检查时间或进行在线健康咨询。

在明确接诊范围方面，针对孕产妇，接诊范围包括早孕建册、产前检查、住院分娩、产后42天检查等；针对0~6岁儿童，接诊范围包括健康体检、预防接种。在优化接诊流程方面，对于所有来院就诊对象，按照发热、临床症状及流行病史等排查标准分类处置与转诊。其中，对于出现发热等症状且无法排除新冠可能的，立即上报给区疾病预防控制中心，最大限度地保障了应急防控目标的实现。对于临产、危急重症孕产妇，根据实际情况进一步的细分则体现了政策目标对于特殊群体的重视和差别化干预。优化政策运转流程的目标，其实现基于预检分诊、产科门诊、区疾控中心、区域二级医院、区妇幼所乃至相关专业的三甲医院等机构之间的职责分工。对于没有发热和流行病史的孕产妇和儿童，除了做好分流和必要门诊的分诊之外，指导做好居家隔离、信息登记和提供线上咨询渠道是保障特殊群体在疫情期间能够得到及时服务的重要基础。此外，针对有疑似情况的特殊人群，由专业科室组织相关专家组进行会诊，并按照相关规范流程进行疾病救治、报告和管理，从政策运转环境的细节上最大限度地保障了相应服务的可及性和便利性。

在产后家庭访视方面，产后家庭访视频次和服务内容按照上海市孕产妇保健工作规范要求执行，形式可视具体情况进行调整。

根据隔离健康观察对象的需求和健康情况，明确相关就医流程。

（四）新冠疫情情境下应急防控的信息交互与政策沟通

根据信息论与系统论的观点，公共政策过程就是信息的获取、加工、传递、流动、转换与利用过程。在公共政策系统中，与政策相关的各种信息不断地输入、输出、发散与汇集。政策沟通是指发生在公共政策系统内部以及政策系统与其外部环境之间的信息传递与交流活动。[②]有效的政策沟通对于促进目标群体的政策理解具有重要意义。政策沟通贯穿于整个政策周期，即沟通贯穿于问题识别、议程设置、方案制定与选择、方案执行与政策评估的每个环节，在政策过程的每一个阶段，都存在着各种形式的沟通活动。在疫情应对过程中，长宁区妇幼所牵头协调区疾控中心、助产机构、社区卫生服务中心，落实隔离健康观察对象中孕产妇以及在管孕产妇中隔离健康观察对象的信息排摸

---

① 卫生部提出未来十年妇幼卫生事业发展目标[J].中国卫生政策研究，2012，5（3）：51.
② 李燕，母睿，朱春奎.政策沟通如何促进政策理解？——基于政策周期全过程视角的探索性研究[J].探索，2019（3）：122-134.

与互通,指导做好相应预案;加强健康教育,通过线上平台发布关于疫情的预防控制措施,每一个环节均需要有效的政策沟通作为基础保障。对内来看,卫健委下属与妇幼保健相关的部门之间的内部沟通对于信息收集和方案完善至关重要;对外来看,目标群体对于政策的不了解、不理解是妨碍政策成功实施的主要原因,而政策沟通的关键作用之一,恰恰在于其能够促进目标群体对于公共政策的理解与认知。[1]健康教育的目标群体和重点人群对政策的关注和目标的理解更是政策目标得以实现的关键。

为了理解和探索疫情中对于特殊群体对象的公共政策,以及在相关政策过程中各个主体为了实现有效防控这一共同的政策目标所做的各种努力,本研究从政策分析的角度,就长宁区孕产妇和儿童防控应对在医防融合的政策协同视角、上下联动的政策执行视角、职责分工的政策运转视角以及信息交互的政策沟通视角方面进行了研究和分析。研究发现,在重大突发公共卫生事件中,针对孕产妇和儿童等特殊人群的应急管理政策应单列考虑,并在决策、流程、内容上及时优化调整。

长宁区充分认识疫情期间保护孕产妇和儿童等易感人群的重要性和必要性,以保障母婴安全与儿童健康为前提,以尽可能减少人群感染风险为导向,结合区情实际,及时出台区域孕产妇和儿童防控措施,避免了因防疫不到位而导致孕产妇和儿童感染新冠肺炎等不良事件的发生。通过医防融合的手段,实现了临床与预防的有机结合,既确保防疫要求的有效落实,又满足孕产妇和儿童的就医需求;通过三级网络联动与机构协商反馈机制,平衡兼顾防控措施的科学性与可行性,促进决策的高效落地。从前一阶段的政策执行和实践经验来看,长宁区妇幼保健卫生方面的应急政策的经验和启示主要包括以下3点:

(1)各级政府重视并出台多项政策法规,保证了应急防控目标实现。研究表明,政府的权威性、可信度和信息质量,公众的参与主动性都对政策过程中的风险沟通有效性有显著的正向影响。[2]国家卫健委和疾控中心在疫情发生后的较早时间关注到这一特殊群体,并发出专项的政策指示。上海市启动公共卫生一级响应以后,市委、市政府针对疫情防控出台了一系列的政策法规,长宁区根据这一系列相关政策法规,细化执行,并在执行流程的角度制定了相应的应急处置办法,为疫情期间特殊人群的保护发挥了积极的推进作用并提供了政策保障。

(2)医防融合联动分工与协调沟通顺畅,避免了政策"执行亏空"。在应急决策情境下,将政策制定与政策执行进行一定程度的区分并加以关注是非常必要的。[3]长宁区妇幼卫生保健在决策落实过程中非常重视医防融合的协调分工,对于特殊人群的筛查和分诊,以及不同情境下的处置流程和协调沟通路径均做了明确的规定。不断细化的工作

---

[1] 陈振明.政策科学:公共政策分析导论[M].北京:中国人民大学出版社,2003.
[2] 朱正威,刘莹莹,石佳,等.政策过程中风险沟通有效性的影响因素研究[J].西安交通大学学报(社会科学版),2019,39(5):74-82.
[3] 陈晓英,吴照帆,窦冠珅,等.中国在实现卫生领域千年发展目标中的经验与借鉴[J].中国卫生政策研究,2016,9(5):72-77.

内容和职责分工为相关目标的实现提供了技术支持。同时，政策议程是一个信息互动的过程，而承载这个信息过程的工具则是传播。[①]与政策目标有关的各主体、各要素之间有着非常良好的沟通和协调，有效避免了应急决策情况下常见的因信息交互不足造成的政策"执行亏空"，确保了围绕政策主体的政策执行有序、高效。

（3）政策长期性目标实现需要在执行模式和运转经验上持续优化。基本公共卫生服务、妇幼保健工作发展、妇女儿童健康是衡量一个国家健康水平的重要指标，也是社会、经济和文化综合协调发展的灵敏指标。孕产妇系统管理和儿童系统管理工作是妇幼保健工作的重要内容。[②]新冠肺炎潜伏期较长，传染性极强，防控任务任重而道远。孕产妇和儿童作为特殊人群，需要最大限度地保障他们的安全健康。目前的数据表明，儿童像成人一样易受新冠病毒感染，而临床表现和结果对儿童有利。但是，3岁以下的儿童在家庭护理和住院治疗中需要额外照顾。[③]值得重视的是，近年来我国流动人口的规模迅速增大，包括大量的女性和儿童，除了儿童免疫规划疫苗服务外，大部分地区的妇幼保健系统还无法有效覆盖这部分人群的健康需求。对于长宁区来说，其地处超大城市的市中心，丰富的医疗资源能够保证人群之间基本公共服务均等化的实现，并向着"优质+均衡"的方向发展。但对于全国大部分地方来说，突发公共卫生事件对特殊人群防控保障的挑战还将持续，政策长期性目标的实现需要在执行模式和运转经验上固化并持续优化。

第五节　上海超大城市公共卫生社区卫生服务体系建设

疫情发生以来，长宁区紧紧围绕防输入、防扩散、防反弹的防控目标，明晰"前端清总量、中端治存量、后端控增量、全程保质量"的综合防控策略。在这场防控攻坚战中，长宁区社区卫生服务机构作为基本公共卫生服务网底机构，依托社区联防联控工作网和基层卫生专业技术平台两大优势，在"前端清总量"和"后端控增量"中发挥了重要作用。

一、超大城市社区防控政策历程

自2020年1月20日上海市通报在长宁区确诊了本市首例输入患者，至3月28日社区卫生服务中心全面复工，长宁社区卫生服务中心在区卫健委的指导下，围绕国内和国

---

① 李松，许源源.政策议程、传播与注意力：基于心理视角的分析［J］.湖南社会科学，2018（6）：83-91.
② 冷岚.实施"基本公共卫生服务项目"推动妇幼保健工作发展［J］.中国妇幼保健，2011，26（34）：5285-5286.
③ Zheng F, Liao C, Fan Q, et al. Clinical characteristics of children with coronavirus disease 2019 in Hubei, China[J]. *Current Medical Science*, 2020, 40(2): 1-6.

际公共卫生形势的变化与政策要求，不断调整防控策略，先后承担了重点地区防控排摸与居家医学隔离、境外入境人员居家与集中隔离、复工复产人员保障与服务等任务，切实做到了"守好家门，守好国门，守护居民健康"。

二、清总量，控增量，做实"1-2-3"

在整个防控过程中，长宁区各社区卫生服务中心抓住一个重点。以重点人群（包括密切接触者和重点地区/国家入沪人员）为抓手，确保重点工作落实到位。截至2020年4月24日24时，长宁区居家隔离医学观察7 027人，集中隔离医学观察2 230人，累计管理密切接触者154人，其中发现确诊病例7人。

守好两道门，做好家门和国门卫士。作为基层卫生服务网底，社区卫生服务机构优势尽显，对于扼守社区、集中隔离点、口岸三大战场，排查重点人员信息、落实隔离医学观察、增援海关和机场开展流行病学调查，发挥了重要作用。作为上海首例病例确诊区，长宁区率先制定防控方案，落实应急预案，主动排摸，做好社区居民的家门卫士；作为国际化程度较高的中心城区，以及上海虹桥口岸所在地，长宁区各社区卫生服务中心建立居委、社区医生、社区民警三联防，共同做好上海的国门卫士。

建立三个工作机制。第一个机制是"三专一定"机制（专线，专车，专人，定点医疗机构）。在区域层面设立"9595"专线，受理事件处置、调度相关资源，并落实专车，对区内各居民小区、隔离点、重点场所出现的发热等可疑症状人员，由专职驾驶员和社区医护人员向辖区定点医疗机构进行转运，实现对重点人员的闭环管理，第一时间转运、隔离、鉴别和诊治。第二个机制是部门协同下的社区联防联控机制。在街道（镇）层面，统筹辖区内绿化市容、派出所、城管执法、市场监管、社区卫生、居委会以及志愿者等各方面，通过每日例会制度，开展信息互通，各司其职或联合行动，对居民小区、农贸集市、重点商务楼宇等落实属地责任，落地防控措施。第三个机制是横向和纵向互助机制。在区域社区卫生服务机构层面，进行资源统筹调配。截至2020年4月15日，辖区居家隔离健康观察人数累计6 914人。社区卫生服务中心对居家隔离访视人力投入总计476人，按照一日三班折算每日实际人力投入、每人每日最多随访20人计算所需单日人力投入，大部分社区存在缺口，其中，外籍人士聚集的虹桥社区、周桥社区和常住人口最多的新泾镇社区人力缺口位列前三。长宁区兼顾社区、隔离点、口岸三大战场的需要，对全区10家社区卫生服务中心的人力资源进行整合，三线作战的坚守阵地，两线作战尚有余力的社区增援兄弟社区。

关口前移，落实节点管理。根据防控策略，作为整个防控链的后端，社区卫生服务机构在整个防控链后端，将主要精力集中于出院病人管理、发热哨点门诊建设、全面恢复计划免疫等环节，进行多国语言储备，采取多元化健康教育方式，多维度关注（医务人员、社区工作者、管理服务对象），通过心理和专业技术叠加输出，将发现机制和预防措施关口前移，一边防新冠，一边防常规传染病抬头，控制社区传染病的增量。

三、疫情防控中社区卫生服务机构的职能

（一）"战时"机制激活社区卫生服务机构公共服务履职

根据上海市社区卫生服务综合改革5个平台的功能定位，疫情期间，各社区卫生服务中心进一步完善辖区联防联控机制，在公共卫生政策的实施过程中，找准履行政府公共服务职能的平台功能定位，发挥了重要的专业技术支持和服务网底作用。

（二）医防融合机制下的自我赋能与职能定位

疫情期间，社区卫生服务机构既要落实防控策略中的职责，还要维持基本诊疗，满足居民日常医疗需求。医疗资源极度紧缺的现状，促使社区卫生服务机构管理者在资源整合、工作流程再造上动脑筋，确保防疫看病两不误：利用为居家隔离、集中隔离居民提供服务的机会，宣传和推进家庭医生签约制服务，把管理对象发展成家庭医生签约服务对象，把国际化社区纳入家庭医生服务范畴；妇保和儿保与计划免疫相结合，让预约接种和签约服务挂钩。基本医疗和基本公共卫生借由家庭医生签约服务通道进一步融合。

（三）公共卫生应急的全方位能力提升

通过社区、隔离点、口岸三大战场的考验，社区卫生服务机构医护人员的能力得到全方位提升，从严落实个人防护，加强了对院感防控的认识；流行病学调查和实施医学观察期间，沟通能力、语言能力、消毒技能、病家指导技术、辅助工具使用技巧等全面提高。

（四）后疫情时期社区卫生服务机构功能定位的思考

一是迅速融入疾控体系现代化建设。社区卫生服务机构作为疾控体系的基层端，要吸取疫情的教训，抓住建设机遇，思考如何在社区层面实现现代化建设，例如，借助上海市"一网统管"平台下的社区资源配置和利用；自我挖潜，为社区护士提供学习机会，使其转岗为公共卫生医师，实现社区公共卫生人力资源配置达万人口1.25～1.75的目标；科技赋能，提升社区流行病学调查和现场应急处置能力；等等。

二是平战结合长效常态。加强基层发热门诊建设和配置有助于平战结合，因此，在发热门诊和发热哨点配置中，应将社区卫生服务机构纳入统筹规划，按人口、地理位置等因素进行调整；进一步健全投入补偿机制和激励机制，例如，发挥财政资金在公共卫生职能中的支撑倾斜；对基层公共卫生人才引进、培养、使用与激励进行改革等。

三是医防融合全面提档升级。公共卫生事件对家庭医生的综合能力素质也是一次大考。家庭医生需要在提供公共卫生服务中，不断增强及时发现、报告公共卫生突发苗子事件、异常事件的敏感性；在提供基本诊疗服务中，更关注不同群体的健康需求，针对性地提供专业医疗和预防保健服务，吸引签约。同时，随着疫情的发生发展，家庭医生还需要思考服务模式的灵活转变，包括错时提供互联网诊疗服务，满足签约居民对医疗

健康服务的个性化需求。

总之，本研究的主要发现包括：建立部门综合协调、统一高效的指挥系统；充分发挥政府职能部门的专业管理作用，形成规范的措施和方案；破除部门之间的壁垒，围绕防控目标建立科学、精准、高效的综合协调机制；上下联动机制的要素构成和功能分析；新时代公共卫生安全事件处置流程及其标准化研究；各级相关部门处置公共卫生安全事件的职责界定和操作规范制定；公共卫生处置中各级机构和部门的协调和部署研究；上下联动机制运行的评估和监管；群防群控机制的要素和功能分析；群防群控机制的组织和实施；群防群控机制的宣传教育；群防群控机制的监督和制约；群防群控机制的信息化支撑等方面。

本研究进行了超大城市公共卫生社会治理体系理想模型和实施机制的构想，对超大城市公共卫生危机防控机制和决策机制进行了理论探讨，认为在理想的情形下，假设信息是完全的、交易成本很低且资源是充足的，那么，公共卫生防控治理体系控制和运行将会非常完美，其机器运行具有高度的"机械化"效率特征，本质上是一个高度技术性的问题。创新超大城市公共卫生社会治理体系的根本原因，在于现实中的公共卫生社会治理体系有效运转的条件不满足。从实践经验来看，创新中国超大城市公共卫生社会治理体系，是为了吸取过去多次重大疫情防控实践经验教训以及提高政策学习和治理能力的需要。本研究细化了超大城市公共卫生社会治理体系的目标和内容，认为超大城市应建设党委领导、政府负责、多方参与的公共卫生社会治理体系；坚持依法防控、联防联控、群防群控，压实属地责任，落实部门职责，完善社区治理，并对超大城市公共卫生社会治理在组织架构、功能体系、支撑体系、方法体系、运行体系五大方面的具体内容和实现路径进行了细化。在公共卫生治理核心机制构建过程中，参考日本、美国、新加坡以及上海本地的实践经验，从每个角度阐述了公共卫生风险防控与社会治理做法，加强对应急决策情境下超大城市公共卫生安全风险防控趋势和问题的研判，为城市公共卫生体系风险防控和化解提供精准指导。

未来，上海将围绕持续做好重大疾病防控和公共卫生工作、全面推进医疗服务体系高质量发展、高标准服务国家和城市发展战略、大力推进卫生健康治理现代化这四大重点任务，努力建设整合型、智慧化、高品质的健康服务体系，推进卫生健康高质量发展，为中国式现代化和韧性城市建设筑牢"健康之基"。本研究聚焦应急决策视角下上海超大城市公共卫生体系的优化策略。在应急决策和协同治理理论框架下，通过梳理上海公共卫生体系建设中的突出问题与成因，在个案分析和比较分析的基础上完善上海公共卫生部门在重大突发公共卫生事件中依法、科学、有序防控的机制和策略，推进上海超大城市公共卫生应急管理体系与管理现代化。

第四章

上海超大城市营商服务优化与韧性建设

市场经济条件下，企业是市场的主体，资源配置主要是发挥市场的基础性作用，市场有其自身运行的规律。本着"有求必应，无事不扰"的原则，基层政府主要是遵循市场的运行规律，最大限度地激发企业活力。然而，2020年开始的突发公共卫生事件对经济造成了严重困扰，尤其是当前中国经济已处于"三期叠加"的复杂形势中，突发公共卫生事件的发生无疑是雪上加霜。政府是防范公共风险和应对公共卫生事件的主体，[1]特别是在应急状态初期，难免会采取较为严厉的管制措施。而大部分企业因防控规制要求，生产要素流动停滞，陷入市场失灵的困境。同时，由于社会环境的变化，市场的各种不确定因素明显增加，使得企业对于公共产品、公共服务和公共政策的需求不断提高。[2]这就必须突出政府治理的主导性、统一性和权威性，即政府通过系统的资源整合对市场进行及时干预，凝聚共同价值目标体系。本章试图在特定环境下，从政府纵向干预的维度出发，深入基层政府横向协同治理的类型体系、影响机制、演化过程等方面，探索政府系统间的整合，促进政府决策的一致性，建立营商服务的协同机制，勾勒出在层级干预系统下基层政府协同治理的图景，通过营商服务的优化为超大城市韧性建设提供坚实的经济运行基础。

第一节 上海超大城市营商服务的现状与韧性城市建设

重大突发公共卫生事件给各地区经济发展带来极大的冲击，面对公共卫生应急状况，政府临时调配资源的能力有限，暴露出基层治理上一系列的问题和短板。为此，政府出台了一系列干预手段，力求在疫情防控和社会经济发展中找到平衡点，将疫情对各行各业的危害降至最小，将经济损失降至最低。政府的干预措施能否解决应急状

---

[1] 迈克尔·雷吉斯特，朱蒂·拉尔金.风险问题与危机管理[M].谢新洲，王宇，鲁秋莲，译.北京：北京大学出版社，2005.
[2] 李程伟.公共危机管理：理论与实践探索[M].北京：中国政法大学出版社，2006.

态下的市场失灵，基层政府能否落实和执行上级政策，执行效果又如何，这些问题都是需要直面的。为帮助市场尽快走出失灵状态，重构社会经济秩序，抑制、减轻乃至消除公共卫生事件带来的影响，需要将超大城市的营商服务供给与韧性城市建设紧密结合。

梳理政府政策和学界的研究成果，学术界普遍认为政府是优化营商环境的主体，可以通过提供科教文卫等公共事业的方式为企业服务。娄成武等认为，政府提供的营商服务在一定程度上反映着政府治理能力的高低。[①] 治理理论与营商环境的内在逻辑有高度的契合性，表现为治理主体的多元化、治理机制的合作性、治理方式的制度化和治理目标的公共性，营商环境的建设过程也是一个公共治理过程，政府是营商环境最主要的治理主体。袁康认为在中央的顶层设计和总体布局下，地方政府是营商服务优化的先锋队和主力军。[②] 唐天伟认为政府是营商服务优化的责任主体，提升政府效率是改善营商环境的重要内容；营商服务是一种公共产品，优化营商环境是提升政府效率的表现及举措，政府效率与营商环境之间相互促进，实现共赢。[③]

从政府法律条文角度来看，党的十八大以来，党中央高度重视营商环境的改善和优化。中国政府网营商环境政策库中解释了营商环境的概念：营商环境是指市场主体在准入、生产经营、退出等过程中涉及的政务环境、市场环境、法治环境、人文环境等有关外部因素和条件的总和。《国务院办公厅关于进一步优化营商环境更好服务市场主体的实施意见》（国办发〔2020〕24号文，以下简称《意见》）中指出，党中央、国务院高度重视深化"放管服"改革优化营商环境工作。近年来，我国营商服务明显改善，但仍存在一些短板和薄弱环节，特别是受公共卫生事件等影响，企业困难凸显，亟待进一步聚焦市场主体关切，对标国际先进水平，既立足当前，又着眼长远，更多采取改革的办法破解企业生产经营中的堵点和痛点，强化为市场主体服务，加快打造市场化、法治化、国际化的营商环境。《意见》明确指出，优化营商环境，需要围绕市场主体需求，而达成的路径是通过推出更多务实管用的改革举措来服务市场主体。

上海基层的营商服务发端于改革开放后，街道的经济职能逐步有了清晰的定位，《上海市街道办事处条例》中明确街道领导经济工作，在街道注册的企业的税收，25%由区政府代收后，剩余的返还至街道。从这种方式看，街道不仅具有招商引资的功能，也具有和乡镇同等的经济地位。然而，以街道招商为主体的经济发展模式存在一定的弊端，如条块分裂、回应不足等问题。主要是由于随着市、区两级政府不断向纵向分权，

[①] 娄成武，张国勇.治理视阈下的营商环境：内在逻辑与构建思路[J].辽宁大学学报（哲学社会科学版），2018，46（2）：59-65+177.

[②] 袁康.营商环境优化中的地方政府角色——以地方《优化营商环境条例》为视角[J].经贸法律评论，2020（3）：32-43.

[③] 唐天伟.我国政府效率与营商环境的趋同性及作用机理[J].中国高校社会科学，2021（1）：114-122+160.

街道的人权、物权、事权不断得到加强，也由此导致街道承担了越来越多的行政职能。对于街道来说，自主的经济权使得在同一区不同街道内存在政策攀比等恶性竞争的弊端，削弱了区属部门对于辖区各个街道的经济政策的统筹考虑，形成了条块分裂。在街道难以完成市、区两级招商工作量的情况下，基层干部不断扩充招商人员，甚至削弱了其他社区服务职能，以经济发展为衡量一个街道综合实力的唯一导向，导致社区服务跟进不够，而工作时间以外的法人也对社区感情粘连不强，导致回应不足。对于政府架构来说，原本是为了治理中心下移而开展的分权，最后却导致了基层以疲惫的应付去完成工作，无论是对于城区中的居民还是法人，都存在回应不足的问题。在这种状况下，大部分法人对于街道的依附性逐渐减弱。另外，由于街道经济部门的服务精力更多集中在自主招商进来的法人上，对于经济服务的普惠性、公平性、公正性也有所弱化，这就是欠缺公平性。

2014年，上海大力推进创新社会治理，出台"1+6"文件（"1"是中共上海市委、市政府《关于进一步创新社会治理加强基层建设的意见》，"6"是涉及街道体制改革、居民区治理体系完善、村级治理体系完善、网格化管理、社会力量参与、社区工作者的6个配套文件），其中，《关于深化街道体制改革的实施意见》中明确表示"取消街道招商引资职能及相应考核指标和奖励，街道经费支出由区政府全额保障，推动街道工作重心切实转移到公共服务、公共管理和公共安全等社会治理工作上来。把街道服务经济发展的重点转变为优化公共服务，为企业发展提供良好的公共环境"。随后，上海市各区出台剥离招商引资职能的方案，例如，2015年，杨浦区不再设立街道的经济科、功能区公司（具有招商引资功能的公司）；徐汇区将原本具有招商引资功能的街道下属招商公司划入区属国企，隶属国资委统一管理，由区商务委营商中心对其进行工作指导与考核。上海的其他各区均有类似做法。

从目的上看，街道取消招商职能主要是为了强化服务型政府的服务功能和治理功能，是将招商职能的重心上移，由区级部门承担，而街道的功能更多地转向优化营商环境，并没有切断街道的经济服务功能。例如，2015年，浦东新区的街道职能考核中就已经提升了街道营商服务的占分比重。2020年，上海市出台《关于完善街道乡镇管理体制 整合街道乡镇管理的服务资源的实施意见》，该文件允许各区将原来的街道"6+2"设置改为"7+1"，其中的"1"就是街道营商服务办公室，至此，街道的营商服务职能在文件中被予以明确。

基于学界分析和上海基层营商服务的历史沿革，本研究认为优化营商环境与政府干预密切相关，推进优化营商环境本质上是一个以政府部门为责任主体的公共治理过程。本研究将营商服务的概念界定为：政府在市场经济活动中采取多种有效措施，为市场主体更好地参与社会经济、政治、文化活动等提供保障，从根本上解决各类营商主体、企业及其员工办事难的问题，为其提供高质量、高品质的公共服务，从而构建更好的营商环境。

从韧性城市建设的视角看，作为现代服务型政府，在突发公共卫生事件情境下，要实现社会经济的尽快复苏以及常态化公共卫生事件防控要求，就要立足新发展阶段、贯彻新发展理念、构建新发展格局，以政府的营商服务不断优化营商环境，使社会经济秩序尽快恢复。在韧性营商服务体系的建设中，政府的干预是必要的，但是区别于简单粗暴的"有形之手"，基层政府通过纵向干预，协调利益不同的内部多元主体在规则基础上的互动与合作，使用保护市场主体、优化市场环境、强化政府服务、提供法制保障等一系列的治理手段，使市场各种要素都有充分发挥功能效用的空间。

从上海超大城市营商服务的现状看，2014年，上海市委、市政府提出"创新社会治理、加强基层建设"。根据上海市委"一号课题"的要求，将招商引资的职能完全从基层政府剥离，作为强化基层治理的重要举措，很快在全市推行。在非紧急状态下，基层政府会尽量减少对市场的干预。这时，城市基层的政府（包括内部条线职能部门）、辖区无隶属关系单位、白领人才等治理主体围绕城市基层治理事务，形塑了一种"条""块"横向协同为主的城市基层权力结构，在尊重市场规律的前提下，遇到问题以协调协商为主。其中，"条"是一种分层悬浮化的执法权力，"块"是碎片隔绝化的服务权力，"点"是可有可无的协商权利，这时城市基层权力结构呈现出的是一种"条块断裂、点面分离、回应性不足"的状态。例如，从职责分工来看，街道分为八大办公室，八大办公室对应区相关条线，承接着不同的工作（见图4-1）。

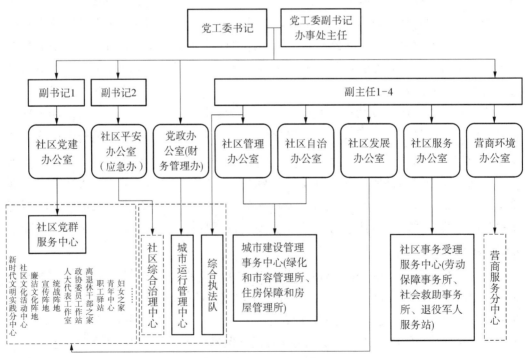

注：实线框代表内设机构、事业单位；虚线框代表工作平台。

图4-1 街镇八大办公室的关系图

从对应企业的服务功能上来说，徐汇区营商服务主责主业落在街镇营商办。表4-1梳理了营商办的主要工作职能，其中，在"优化营商环境"中有一项为"负责做好为区域单位服务的各类事务性工作"，"各类"两字凸显了基层营商服务涉及企业的全生命周期管理。

表4-1　街镇营商办的工作职责

营商岗位	岗位职责概述	对应区部门
营商办负责人	负责营商环境办公室全面工作，对接功能区公司，及时掌握区域内重点企业、产业动态，做好安商稳商工作	发展改革委、商务委、统计局、投促办、税务局、工商联、营商服务中心
优化营商环境	负责承担优化区域营商环境工作，负责做好区域单位的日常走访联络工作，负责做好为区域单位服务的各类事务性工作；梳理辖区商业及民生配套需求，提供社区商业定位及布局建议；协助推进辖区商业项目落地和调整升级	发展改革委、商务委、市场监管局、投促办
统计管理	负责做好区域经济发展情况分析工作；负责街道商会工作；负责区域社会经济专项调查、普查和在地统计工作；负责协管税收工作	发展改革委、统计局、税务局、工商联、营商服务中心

八大办公室中的其他部门也会涉及企业服务，服务内容又各不相同，在街道内部也存在横向割裂的状态。在整体的企业服务工作落在营商办外，本研究还初步梳理出其他六大部门和四个条线（人大政协、工、青、妇）工作，内容涵盖企业生产经营、白领日常工作生活的方方面面（见表4-2）。

表4-2　街镇其他部门（除营商办外）涉及企业的工作职责

机构名称	涉及企业的工作描述	对应区部门
社区党建办公室	企业区域化党建，"两新"组织党组织、企业党代表工作，关心走访企业中的各界人士，企业文明创建工作	组织部、统战部、宣传部
社区发展办公室	科教文体、宣传工作	教育局、科委、文化和旅游局、体育局、宣传部
社区管理办公室	有关市政道路、集贸市场、食品安全、街面业态等工作	商务委、生态环境局、建设管理委、市场监管局、绿化市容局、城管执法局
社区服务办公室	疫情防控、疫苗接种、保障企业内残疾人权益、卫生工作、红十字会工作	民政局、人力资源和社会保障局、卫生健康委、医保局、残联、红十字会

续　表

机构名称	涉及企业的工作描述	对应区部门
社区平安办公室	企业安全生产、应急宣传教育工作	应急局、市场监管局、民防办
社区自治办公室	落实对社区内各类社会组织的指导、管理、服务工作	民政局、地区办
其他	人大代表、政协委员相关工作	人大办、政协办
	工会、职代会工作	总工会
	保障青少年合法权益	团委
	保障妇女儿童合法权益	妇联

　　从管理职能配置的视角看，除审批和执法职能外，街镇几乎是企业服务的"全能政府"，每个"条"的工作内容几乎都在街镇有"脚"。到了街道的具体岗位，每个办公室内就有1～2人对应，而由于分属不同部门，不同工作内容会联系到企业内的不同人员，如法务、人事、政府关系、财务、工会等，这就意味着企业需要和街道不同部门的人打交道。在公共卫生应急情境下，由于政府自身面临着人员紧缺的问题，因此，将基层政府的内部条块、辖区内无隶属关系的政府部门、事业单位、国有企业等治理主体进行整合，形成围绕疫情下营商服务的合力，是一个必须解决的实践问题。

　　公共卫生应急情境下政府提供的营商服务以政府干预为主，主要提供以下3类政策：一类是强制管理类政策，一类是经济响应类政策，还有一类是卫生健康类政策（见表4-3）。[1]

表4-3　公共卫生应急情境下使用的营商服务政策

	强制管理类政策	经济响应类政策	卫生健康类政策
初期	企业停止生产活动，商业暂停，员工封控在家	税费减免，信贷支持，财政补贴，"不见面"服务	企业防疫知识普及，健康检测，防疫物资保障，社会动员
发展中	企业停止生产活动，商业暂停，员工封控在家	税费减免，信贷支持，财政补贴，"不见面"服务	企业防疫知识普及，健康检测，防疫物资保障
复工复产	保持社交距离	就业促进，消费刺激	宣传表彰，疫苗研发

[1] 江亚洲，郁建兴.重大公共卫生危机治理中的政策工具组合运用——基于中央层面新冠疫情防控政策的文本分析[J].公共管理学报，2020，17（04）：1-9+163.

（1）强制管理类政策。主要是指以减少社交距离为主的政策，以打断传播链。从效果上看，强制管理类政策可以有效地遏制疫情的传播途径，但是对于基层政府而言，这类政策需要消耗大量的人力、物力、精力，对基层员工的要求较高。

执行强制管理类政策有三大问题。一是政策成本较高。政府一旦采用这类政策，需要大量的人力成本和物资成本来维持封闭效果和民生保障，在营商服务中表现为企业主体的封控、楼宇载体的封控和劳动者的封控。二是对经济影响较大，原有的社会经济秩序会被打破，虽然也衍生出部分新型产业行业，但和对经济造成的实际损失来比还是微不足道的，尤其是依靠贸易、实际生产的企业，供应链的断裂对它们是致命的打击。三是会对需求造成损害。根据马斯洛的需求层次理论，人要满足金字塔式的5个层次的需求，分别是生理、安全、爱、尊重和自我实现。在强制管理类政策下，除了生理需求大部分人可以得到满足外，从安全层次开始都有缺失，如企业和员工对被封控的担心、对失业或者倒闭的恐慌等。所以，在使用这类政策时，必须强调速度，以最短的时间让政策成本最小化。例如，有文体企业表示，全域静态管理导致诸多国际顶级赛事的举办受到影响，如斯诺克大师赛、国际田联钻石联赛、上海国际马拉松赛、中超联赛等。由于突发公共卫生事件的影响，未来将引进的体育赛事、体育企业、体育组织等也尚待明确，公司发展将受到较大掣肘。

（2）经济响应类政策。在突发公共卫生事件应急情境下，经济会因为社会生产消费缩减而停滞，经济响应类政策是指通过经济手段减少公共卫生应急带来的经济损失，包括补助补贴、税费优惠、资金支持和政府采购等。从初期看，主要是为受突发公共卫生事件应急影响的人们提供必要的生活物资等经济支持；从中期看，还包括应对企业破产、员工失业等紧急措施上；在末期，即危机得到遏制之后，经济响应类的政策才转向振兴市场、刺激消费等。从基层政府的角度看，自"1+6"改革之后，街镇并没有经济政策的制定权。目前来看，街镇还是以宣传国家、市、区层面的经济措施的方式，来扩大企业对政策的知晓面。

（3）卫生健康类政策。强制管理类政策、经济响应类政策并不能终结突发公共卫生事件。作为原生危机，突发公共卫生事件最终的消弭不能仅仅依靠卫生手段。根据罗思韦尔（Rothwell）和泽福德（Zegveld）的政策工具理论，[1]可以将卫生健康类政策分为供给型、环境型和需求型[2][3]，这是目前应用范围最广的分类方法。从实际操作来看，基层政府主要负责提升社会整体防疫意识、宣传防疫知识、督促检查企业卫生健康类措施的落实情况。从实施主体来看，强制管理类政策和经济响应类政策主要是由政府对市场、社会进行直接或者间接干预，而卫生健康类政策的主体除了政府以外，主要还是依靠市

---

[1] Rothwell R, Zegveld W. Reindustrialization and technology[M]. London: Longman Group Limited, 1985.
[2] 黄光海.政策工具视角的互联网医疗政策文本量化分析［J］.现代交际，2021（2）：220-222.
[3] 李晓娣，原嫒，黄鲁成.政策工具视角下我国养老产业政策量化研究［J］.情报杂志，2021，40（4）：147-154.

场，这是由医疗方面的专业技术决定的。此外，卫生健康类政策的成本低，且对于社会群众的实际健康水平提升具有持续效果。

第二节 上海超大城市营商服务的问题困境与原因分析

在突发公共卫生事件应急情境下，基层营商服务面临的最显著、最重要的社会现实，就是企业白领出现的大量需求和政府服务整合能力不强带来的治理难度，以传统"条""块"共同服务企业的治理模式在突发公共卫生事件应急情境下失效，原有社会经济秩序被应急状态打乱，基层政府成了连接企业和社会资源的中枢，创新社会治理理念显得尤为重要。

一、疫情背景下基层营商服务问题的基本情况

（一）公共卫生应急状态给"块"带来的需求"挤兑"困境

在突发公共卫生事件应急情境下，原有的公共资源遭到大量挤兑，一类是社区原有居民对地区公共资源的需求，另一类是辖区内办公企业对公共资源的需求，两类激增的需求对地区公共资源造成大量"挤兑"。在此情况下，基层政府原有的财政资源、人力资源、物资资源匮乏问题尤为明显，在上级政府没有完全将资源和权力下放的状况下，街道无法适应突发公共卫生事件应急需求的变化速度，缺乏足够的应对措施。从治理角度来看，在突发公共卫生事件应急情境下，小微企业因为抗风险能力低且获取资源能力弱，受到的冲击会比较大，容易产生"倒闭潮""关门潮"，而小微企业的生存状况又关系到民生的各个角度，这些企业中的弱势群体会在自我保护的驱动下，产生对抗情绪，对经济社会秩序造成损害。因此，在突发公共卫生事件应急情境下，物资、人力等企业各方面的需求满足与资源的匹配会起到非常重要的作用。

（二）"条"线悬浮带来的治理内生动力不足

基层政府是与企业沟通的一线部门，也最了解企业，因此，突发公共卫生事件应急情境下企业需求的匹配离不开基层政府的积极参与。对于X街道来说，公共卫生的应急状态直接打破了原有的社会治理结构状态。一方面，上级部门需要制定大量的临时性政策应对公共卫生的突发状态，与企业的沟通交流频率较正常状态会有明显减弱，形成"条"线的悬浮；另一方面，基层政府在根据上级指令使用强制管理类政策后，企业与政府的沟通交流在本地域内会较为便捷，但是由于基层政府应对的是事务性工作，因此在营商知识的专业性上远不及条线部门。在这种状态下，营商的网络化多元治理结构难以形成。上文讲到，常态下政府主要处于一种"条""块"横向协同的状态，在这种城市权力结构下的传统城市基层治理模式有3个主要特点：条块分割，条线悬浮化，以及

社区碎片化、隔绝化。

1. 条块分割

2014年"一号课题"的出台，在一定程度上将营商服务各个"块"，即街道所拥有的人、财、物优质资源和创新活力资源划归条线部门所有，由条线部门进行利益再分配，统筹区域发展，对区域的整体进步取得了良好的效果，显著加大了各个区域市场主体公共服务的投入，提高了部分薄弱基层政府的公共服务水平。但不可否认的是，招商体制上自上而下"条线化"的运作加剧了基层的条块分割，缺少之前招商经验的"条"逐渐形塑了碎片隔绝化的服务权力。

2. 条线悬浮化

随着市、区两级政府向街道的纵向分权，街道的事权、财权等实质性的行政职权得到强化，作为科层体系的末梢在城市基层治理中的重要性愈加凸显。但是，在政府治理重心下移的背景下，街道承担着越来越多的行政性任务，而这些任务又被分解到本应当作为企业服务主责的营商办及功能区公司来完成，在实践中被赋予了社会事务管理功能。于是出现了一个明显的悖论：国家不断强调"治理重心下移"来强化基层的管理与服务效能，最终出现的却是"工作重心的上移"，基层更多地以完成上级任务为工作重心，完成一系列市场主体的数据收集，行政组织越来越脱离企业，听不清、辨不明市场主体的呼声与需求，也没有时间和精力去解决关乎企业的日常生活的琐碎小事，整个城市营商服务条线愈加"悬浮"在企业之上。

3. 社区碎片化、隔绝化

条块分割以及条线的悬浮化，使得街道层面缺少强有力的统合社区治理各方面主体和力量的核心。法人作为组成社会的基础之一，在空间结构、利益关系和治理架构等方面逐渐出现了一种碎片化的状态。条线、街道、社区内无隶属关系的单位与社区之间都处在碎片化、隔绝化的状态，市场主体与条线部门协商权利不对等，基层政府能给予市场主体的资源并不足，最终导致市场主体对于政府的归属感和认同感不强，突发情况下，发生矛盾与冲突的可能性大增。在这种状态下，街道基本上处在被动发展的状态，缺少推进可持续发展、有效治理的内生动力。在疫情下，传统营商服务模式及其背后的政府横向协调都面临着转型与重构的挑战，其发展方向是政府纵向干预网络体系。

例如，X街道营商办的分管领导曾表示他的队伍专业性还不够，而他之所以相对经验丰富，是由于他是从条线部门转岗过来的，"块"内原有干部专业能力尚有欠缺：

"首先，我们这个队伍人员其实有点青黄不接，负责营商工作的人员，老的都已经退休了，现在办里基本上是年轻同志，之前和企业接触不多，认识的人员也不多，和企业打交道也没有经验，缺少工作方式、方法和人脉。我因为之前种种的工作经历，还是认识一些企业里的人的，现在主要靠着我带着大家。

"其次，我们这个队伍的专业能力还不够。公共卫生工作之前都是由区卫健委为主导，街道服务办具体承接的。我们这里主要是做企业服务，如何应对这些专业的问题还是需要专业的部门进行指导。另外，我们这里除了年轻同志多，还有一部分统计站的工作人员，但是他们之前主要负责的内容是统计，对于营商服务这块工作并不是很了解。"

（三）突发公共卫生事件应急带来营商服务修复和服务协同难题

社会共识的形成是协同的前提，也是维持社会秩序稳定、提升社会治理效率的基础。突发公共卫生事件应急情境的本质是突发和应急，在这个社会背景作用下，由于多种因素的影响，人们的文化与价值观多种多样，由此形成的阶层差异削弱了基层社会共识。在突发公共卫生事件应急情境下，企业具有的市场敏感性使公共事务治理共识的形成难度加大。这就需要从治理机制方面进行创新，以解决特殊社会背景下形成的协同难题。

二、疫情背景下基层营商服务困境的原因分析

（一）目标层面：政府与市场横向协同张力

习近平总书记强调，我们最大的优势是我国社会主义制度能够集中力量办大事，这是我们成就事业的重要法宝。面对疫情加快蔓延的严重形势，必须加强党中央集中统一领导。从目标维度来看，政府在营商环境建设过程中的根本目标在于营造公平、竞争、便捷、高效的政务和市场制度环境。我们既要能战胜疫情，又要帮助企业实现健康、稳定、高质量发展，这就需要政府、市场主体及社会主体之间能够保持一致性目标。如果政府和企业的目标不一致，必将引发价值取向、行动方向的不一致，由此带来更多的社会内部矛盾。要搭建政府与社会的治理网络，需要市场各个主体的协同共治作为基底。但是这种横向的协同模式，在缺乏纵向干预的统一领导下，还是存在诸多风险，尤其是在百年变局的影响下，多种因素互相交织叠加，难度更大。

1.政府与市场的目标统一性存在差异

在市场经济体制下，政府与市场是协同的关系。作为协同的基础，首先要市场与政府产生合作，也就是说，治理主体要在行动目标上形成广泛的社会共识，从而促成参与者目标的一致性。如果市场各方主体产生目标差异，就会导致协同失调。协同治理的本质就是将各个主体的优势资源整合，并在共同的目标上施加作用力。但是一旦各方主体由于环境不同、社会角色不同，产生了不同的利益目标，从而影响各自的行为驱动，就产生了治理的目标博弈。在公共卫生事件应急治理面前，政府、企业原有的协同治理网络环境产生了变化，政府更加注重对于突发公共卫生事件快速有效的控制和社会的稳定，企业则是继续以利益为准则，防止经济效益因突发公共卫生事件造成影响或者在突发公共卫生事件应急情境下寻找经济效益的最大化。正是因为治理主体之间不同的目标诉求，导致了他们的思想、行为等实际表现的不同，从而产生了矛盾。当突发公共卫生事件发生时，某些信息可能导致公众恐慌或者社会经济秩序紊乱，政府往往选择分批、放慢、减少信息公布。企业则希望第一时间或者早于公众知道信息的内容，以便在市场

发生变化时提前应对。在不同的目标导向驱动下,商业媒介和政府媒介就会采用不同的做法:政府媒介会考虑政府主体的政策目标,商业媒介则会选择迎合企业对于信息的急迫需求,发布一些真真假假的消息来牟取利益。

2. 政府内部不同部门目标的执行冲突

成功的协同要以权力为保障,政府内部不同部门的管辖范围、权力大小不同,权力的不对等就会造成对于参与者控制能力的不同,这是一种非对等的关系,常见于传统的科层制治理方式。一般情况下,越是上层的政府部门,拥有的权力越大,而随着往下的分权,下层的政府部门权力逐渐减弱、分散,呈现出"一九结构"。在权力向下分散的过程中,为了防止权力的独断专横,上层政府会设计类似"三权分立"的架构来相互制衡,维护社会公共的利益。同一权力下,同一群体会存在于不同阶层,或者相同阶层内有多元主体,如执行部门(执法部门)、权力审批部门、权力监管部门等,这就使得不同群体之间的协同效应并不十分明显,合作边界容易产生交叉,也就是常说的"踢皮球"(责任推诿)的状况,出现目标执行不力的局面。政策过程包含了多方利益相关者的互动,公众参与的有效实施取决于政府内部权力的有效配置与通力合作。以稳定为目标的组织结构更倾向于稳定性和一致性,厌恶政治风险,从而减少了政府组织对公众的回应。同时,权力集中往往与多管理层级和沟通渠道的集中化联系在一起,从而阻碍了信息在政府内的流动和共享,也不利于公众参与的开展。反之,较为扁平的组织结构更有助于实现开放的公众参与。应急状态下配套的监管政策来不及跟上,当执行主体缺少约束的时候,就容易出现权力寻租的情况,从而导致腐败的产生。

此外,公众参与往往需要部门横向间的交流与合作。当政府内部形成了广泛的共识和合作关系时,更有可能实现组织的稳定,从而有助于公众参与的发展。在政府内部出现权力冲突的情况下,即使部门会采取公众参与机制来表现他们对于民意的尊重,但他们吸纳公众意见的可能性很低。

3. 政府目标与公共目标的冲突

协同治理的初衷是发挥所有主体的优势,包括资源优势。在突发公共卫生事件应急情境下,各个主体之间的资源存在较大的异质性。在行为实践中,由于在公共卫生事件的影响下,不同主体经受的损失不尽相同,获取收益的能力也各有不同,这种差异性和不均衡性导致了在同一政策下,不同主体对于政策的反应各有不同,需求也不同,因此,当政府发布政策的时候,收到的效果反馈会部分偏离政策制定的初衷。当这种差异过大时,就会引起政府目标与公共目标的冲突爆发。在这种制度安排下,每一个目标参与者能否得到合理的利益分配影响了协同治理的效果。企业白领、员工作为公共群体的一部分,能否对政府目标产生共识也影响了治理的效果。

例如,政府干预与公民自主权的冲突。政府干预与公民自主权是一对基本矛盾,政府干预与公民自主权的冲突贯穿始终。再如,资源稀缺与分配公正的冲突。在突发公共卫生事件中，做好物资保障、公正分配医疗卫生资源是做好防控工作、提高治愈率和降低死亡率的重要环节和客观要求。但是，由于突发公共卫生事件对医疗防控物资需求的急剧增加，加上医疗卫生资源总体投入不足，一段时间内，医疗防控物资供应捉襟见肘，医疗卫生资源的公正分配面临难题。典型的如：在口罩等医疗防控物资紧缺的条件下，优先和重点保障一线的医护人员、高危岗位人员的需求是客观必然；但在复工复产阶段，企业同样也有口罩等防护用品的需求，医疗防控物资保障在政府及公共群体之间存在冲突。

（二）能力层面：高治理负荷下基层营商服务能力不足

1. 政府对市场风险监测预警能力不够

在基层政府的突发危机治理工作中，基层社区治理已经积累了较多经验，但是营商服务还是具有一定的特殊性，对于基层政府的能力要求较高。由于这部分经验的缺失，我国基层政府在突发事件中的营商服务监测预警机制尚显不足，一般仅存在企业外迁、倒闭等市场经济行为中，在突发公共卫生事件应急情境下的营商服务预警防控系统方面几乎没有经验可言。任何系统的开发都要耗费巨大的人力、物力、财力，营商方面的公共卫生危机应对系统的开发费用投入与其使用效率不成正比，所以，一般来说，政府也不会进行该类系统开发。比较常见的是在危机暴发之后，上层政府根据突发公共卫生事件影响的广泛性、延续性、重要性，通知基层做好防范工作。同时，基层政府在营商服务危机监测预警机制建设方面的不足，使得它无法发挥信息掌握广泛、反应灵活的优势，也就无法及时制定营商应急预案。在所有资源要素快速流动的今天，尤其是企业办公人群在全国乃至世界范围内高速流动，导致了突发公共卫生事件的加速扩散，危害性也逐步提升。所以，完善的监测防控系统对于提升营商危机解决能力、减少损失具有十分重要的作用。

2. 政府应对危机准备不充分

突发公共卫生事件治理能力不足的问题也体现在应对准备方面。一是基层政府很少设置专门针对营商服务的应急部门，只有在公共卫生事件突发时才成立临时的议事协调机构，如领导小组等。这种应急的临时性机构，成员组成也较为复杂，一般从基层政府的各个部门中临时抽调，既有基层政府的正式编制，如公务员、事业编制人员等，也有社工、第三方聘用人员。这种方式的优点是节约人力资源成本，但由于人员、办公地点、应急资源都是临时调配的，专业性并不强，在公共卫生这类专业性知识面前存在短板，因此，对于企业提出的专业问题解决起来略有困难。此外，基层政府还缺乏营商应急预案、系统性的战略规划，即使出台了预案，也是参照其他应急内容按图索骥，对于服务企业这类较前沿的问题没有专门规划，影响了基层政府营商服务效果。二是基层政府本身可以调配的服务资源不足，基层政府不同部门之间也存在资源协调不足和共享不足的问题。"1+6"改革后，除镇政府外，街道的资源分配受控于上级政府，而基层政府的物资储备能力以及资源调动能力成为基层社区突发危机治理的关键因素。在应急储备物资不足的情况下,基层政府服务属地居民的能力都捉襟见肘,更不要说服务辖区企业了。

3. 基层政府资源整合能力不够

在面对突发公共卫生事件时,企业的需求不断加大。在采取强制管理类政策时,大部分企业的日常应急物资储备只够应付短期危机;对于封闭时间较长、影响范围较大的大型危机,企业的储备物资并不足。因此,企业日常运行需求的物质满足,高管白领的心理压力、恐慌情绪,以及特殊群体的照顾服务等,都需要基层营商服务进行相应的社会资源协调,以更好地应对危机。各个基层政府的营商部门由于所在地区的发展不同,上级政府对于基层政府的资源配置也会有所区别。资源的分布不均衡使得企业的各种需求很难从单一基层部门中得到满足,这就需要基层营商部门有着强大的资源整合能力。比如,公共卫生事件发生后,大量的企业口罩和消毒液储备不足,出现了物资紧缺问题。从目前的突发公共卫生事件治理应对来看,基层政府普遍存在应急资源整合不足的问题,同时,在精神安抚、恢复市场信心方面也有很多值得完善的空间。

4. 基层政府营商服务信息能力不够

这里的信息能力主要包括信息收集、处理以及发布三方面的能力。在信息搜集方面,大多数基层政府营商部门的应急预案设置中缺乏有效的信息搜集渠道,多数是以企业上报为主,形式以电话告知为主,如"12345"市民服务热线、信访电话等。在信息处理方面,基层政府的营商处理能力层次差距也比较大,尤其是营商能力较弱的基层政府,在面对突发公共卫生事件时,第一反应是交由上级部门处理,缺乏主观能动性。另外,部分基层政府还存在着政府公开透明度不够的问题,使得营商服务错过最佳服务窗口期。在信息发布方面,政府信息对外公开和舆论的发布存在时间差,也导致了信息传递不对称,减弱了企业对于市场恢复的预期。

5. 政府调动企业参与营商服务能力不足

营商服务是一项复杂的系统工程,需要社会各界的支持参与。基层营商部门仅仅靠政府自身的力量是不够的,还要善于调动企业和白领参与,群策群力,整合各类资源,稳定、恢复社会秩序,提升营商服务的成效。但是由于公共卫生事件的突发性,企业参与营商服务缺乏机构性安排。基层政府主要遵循上级政府的政治逻辑,企业遵循市场逻辑,对于政府主导的事情很容易成为"看客"和"旁观者",虽然有参与其中共同治理的意愿,却由于政府与市场主体之间的互动、联结因为主观出发点不同等原因,显得并不充分,无法有效参与,紧急时刻难以形成有效的补充力量。

(三)机制层面:纵向干预与横向协同的应急架构缺位

基层组织结构性关系中有纵向和横向两个维度,在突发公共卫生事件中,这是实施治理的基础。其中,纵向关系主要指"条"的关系,是自上而下的各级政府部门的职责,属于纵向管理的范畴;"块"则是指横向的各个地方政府,在上海尤指基层政府,如街镇等。在突发公共卫生事件中，纵向干预与横向协同的冲突属于被放大的条块冲突，主要体现在上层政府的指令传达不及时、不统一而造成的政令冲突。原因主要有以下3个方面。

1. 职责主体的避责心理

在突发公共卫生事件下，治理重心下移到了基层，一定要有行之有效的一套组织体系来支持。在日常治理中，原先各个"条""块"尚能处理和应对各类事务，但在公共卫生事件应急情境下，各种突发事件呈几何级数增长，原先的"条""块"分工已经不能满足处理权限，在传统的"官本位"思想影响下，出于对自身利益的维护和风险的规避，原先的内部制度冲突被唤醒，在权责模糊的边界互相推诿责任，本着"多一事不如少一事"的思想，基层政府与上级条线部门都可能会出现"等靠要"的思想，做出非理性的决策。

2. 条块下的"双重领导"

突发公共卫生事件应急情境下，往往要求各级部门处理问题灵活且高效。但是在职权分割的情况下，职权在"条"和"块"之间分摊，就造成了"条"和"块"行动的不一致，纵向与横向关系的交错点往往是权责矛盾的爆发点，一旦两者没有进行统一的协同治理联动，就使得企业处于两难的境地。以徐汇区的街镇为例，一个基层辖区内的企业服务部门存在多种不同的管理模式：一是"区管区用"或者"市管市用"，比较典型的是区管的派出所、市管的税务所等，它们是由区级机关派驻的执法队伍，并统一受区级机关领导、委派任务，人员、经费并不归属街道使用，但同样有服务、监管辖区企业的职能；二是"区管街用"，如城管中队等，在区级设置城管综合执法机关，由区级机关向街道办事处派驻执法队伍，派驻的队伍受区级机关和街道办事处的双重领导，年末，城管中队人员由区级机关考核，街道打分；三是"街管街用"，由街道统一管理人、财、物，街道"八大办"的大部分人员都处于这种状态。"双重领导"主要针对的是第二种情况。

在常态化情况下，"双重领导"的设置有两大优点：一是从基层政府看，给予了基层政府充分的自主权，可以调动基层政府服务企业时的积极性，给予街道执法力量、政策口径支持；二是从纵向干预看，确保了指令的上传下达，保证了政策的完整统一，并对下沉人员有一定的约束。但当公共卫生事件突发时，各个单位均承受了较大的压力，需要在短时间内调整原有工作模式、工作内容，"条""块"的目标不一定统一，从而会衍生出较多问题。

3. 管理分割导致的营商服务脱节

在原有基层的营商架构下，纵向和横向的关系管理职能存在模糊区域，也就导致了效率传递低下、信息失真，阻碍了营商服务的处理速度，甚至出现了利益分化和权力分配的不平衡，从而导致当出现营商服务新矛盾、新困难的时候，不能及时地遏制，出现"责任推诿""阳奉阴违""面子工程"等现象，影响对企业的服务。更严重的情况是，当政策执行出现偏差时，"双重领导"就演变为"无人领导"，出现"踢皮球"的现象。

第三节 上海超大城市营商服务的优化路径与韧性重塑

政府纵向干预能够重塑营商服务关系，促进各主体之间的协作配合，打破常规官僚体系中的"条块分割"和单打独斗的"碎片化"治理格局，提升条块互动效能与工作效率。本研究在对政府纵向干预重塑营商服务与市场关系的演化机制进行分析的基础上提出建议，为优化基层营商服务能力提供思路。

一、条块重构：政府干预基层营商服务的结构路径

（一）压力传导："条"、"块"、市场关系重塑的权威要素

在既有的目标责任管理体系控制下，根据"经纪人"原理，各行为主体的最优行为选择在于自身利益的最大化，由此造成了"条""块"分割、市场忽视政府目标的问题。基于公共卫生事件应急中基层政府被给予的高规格的机构设置和领导挂帅，能够凭借着政治权威进行纵向干预，将与公共卫生事件应急中营商服务有关的职能部门和层级政府纳入横向协调内部，也可以将政府的目标明白无误地传递给市场。由于有领导挂帅，因此，基层政府和其他条线部门的关系逐渐上升为临时性、非正式性的上下级关系，条线部门被强制性地要求参与基层营商服务任务目标，并在协调过程中分享自身的优势资源和知识。在基层政府提供营商服务时，领导对于目标性反复强调，并督促街道内各部门、区级下沉干部、功能区公司员工要当好"一线干部"。在目标任务压力的驱使下，将营商服务和企业服务作为公共卫生事件后阶段的主要目标，与上级政府在政策注意力上保持高度一致（见图4-2）。

（二）职责调整："条"、"块"、市场关系重塑的结构要素

各职能部门和层级政府的行为往往受到既定职责结构的影响，出现限制和锁定

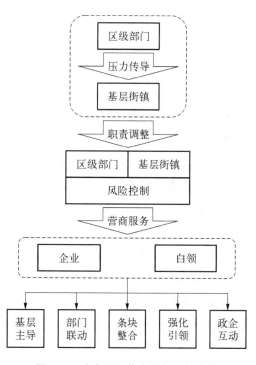

图4-2 政府干预营商服务后的架构

科层组织行动路径的问题，导致条块关系难以根据社会环境变化做出相应的调适。但是，这种被约束在法律程序下的职责结构也并非一成不变，借助领导所具有的领导能力和合法权威，公共卫生应急状态为职责框架的弹性运作提供了空间。一方面，条线部门被赋予了新的工作职责，不得不重新分配组织注意力结构，调动更多的部门资源集中到安商稳商中；另一方面，绩效考核指标也根据税收的完成情况而相应调整，部分激励指标直接影响了营商干部的年终奖。街道可以通过财政激励和机制设计等方式参与到部门合作中来。激励型干预可以缓解行动者之间收益-成本分担的分歧，以经济激励的方式为企业增加收益，也可以通过机制设计重新分配部门间的共同资源或附加足够资源的方式改变部门的收益与成本，以增加合作净收益，如针对年终考核优秀名额的分配、部门项目经费的分配等。权威型干预则可以通过领导的正式权威和对关键资源的控制影响部门间的行为，这种权威性和控制力降低了部门间不履行合作协议的可能性，使得合作的达成与执行成为可能（见图4-3）。

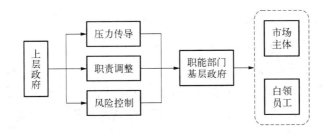

图4-3　政府干预基层营商服务的实践机制

（三）风险控制："条"、"块"、市场关系重塑的信任要素

在突发公共卫生事件应急情境下，信息、知识和资源共享也是一种交易活动。如果仅仅依靠职能部门自主展开议事协调，往往需要承担较高的协作风险，既表现为就合作事务所涉及的内容、成员目标以及各自分工进行反复切磋讨论所耗费的交易成本，也表现为合作过程中可能出现的道德风险。由于政府干预背后蕴含着党政领导的政治意志，并借助实体机构的工作组对专项任务推进情况进行监督，因此，能够有效降低协调过程中产生的交易成本，控制各职能部门和层级政府的协作行为以降低道德风险、权力寻租和"搭便车"现象。

虽然突发公共卫生事件应急情境下临时的营商服务政策突破有着很大的吸引力，但也存在着较高的政治风险，这也导致"条""块"难以自发协作展开创新性活动。突发公共卫生事件应急情境下的政府干预实际上将政治风险转嫁到高位决策者的身上，使得营商干部在政治安全情况下展开协作。此外，通过"条""块"的链接，可以对营商服务中的一些难点任务达成执行共识，实际上也给企业、市场吃了一颗"定心丸"，避免了政策的推诿、拖延、变相执行或者干脆不执行。在X街道营商服务中，一些给予特殊人群照顾的政策也的确存在着相应的政治风险，一旦政策执行中出现负面社会效应，不仅会耗费基层资源和精力，"拍板"的主要官员也会因此被问责与惩处。

二、赋能增效：政府干预基层营商服务的数字化路径

（一）从"增量"变为"赋能"，进一步打破"条""块"数字壁垒

基层政府在营商服务中遇到的碎片化问题，解决的关键还在于要重新构建"条""块"关系，"条"的专业指导意见要和"块"的属地职能耦合起来。数字化平台的建设能统筹做好资源分配并通盘考虑，上层政府做好顶层制度考虑，基层政府则能在畅通的信息交流和快速执行反馈的平台上，以务实的方式分解政策目标，以数字化技术减少人力资源的重复投入。

一是改善"条"与"块"的数据屏蔽。上层政府在推动数字化转型中，必须清醒地意识到大数据并不是简单地做数据堆砌，要充分发挥技术的创新，充分使用在公共卫生事件应急期间采集整合到的多项企业、群众数据，而不是各个部门各自为营，让基层政府反复采集数据，成为一个个"数据烟囱"，增加基层政府的负担。要以数字化平台建设为契机，合理改善"条""块"架构，以数据共享为基本原则，优化权力机构、执行效率、反馈渠道。

二是加强"块"与"块"之间的沟通互联。数字技术的革新要紧跟社会经济的发展方向，对于跨部门、跨区域的行政数据，要在安全的基础上，实现信息的充分沟通与展示，使得高流动社会中的基层治理者可以根据工作需求快速开展数据记录、调取、利用，提高公共服务效能。

三是数据平台的建设要有顶层设计。以顶层的政府干预为基础、为核心，实现政府内部政策的目标统一、框架统一、结构统一。在"三统一"的基础上，各个基层政府立足自身区域特色和不同的产业方向、企业需求选择个性模块，将发展目标与地区特点有机结合，促进营商服务个性化、差异化、优质化发展。

（二）从"独唱"到"合唱"，进一步凝聚市场多元主体目标

随着突发公共卫生事件的结束，市场将逐渐恢复资源的主导配置，更加精确地知晓企业诉求将成为营商服务的关键，这就需要深度挖掘数据信息，不断创新运用场景。

一是整合多元主体价值目标。基层营商服务数字化转型的前提是公共价值的融合，而不是将政府的服务成为某个单一群体的福利。所以，数字平台的建设不仅是要给政府的决策者、操作者提供便利，更是要让普适的政策快速地到达每一家企业，减少其中不同企业获取信息的时间差，提升核心公共价值，让所有企业、白领都能在大数据平台中有获得感，让数据平台成为政府核心价值和社会公共价值的纽带。

二是双向匹配政策与需求。营商服务千万条，企业感受第一条。营商服务的终极目标是通过不断完善体制机制和社会治理模式，在供给侧给予企业更多政策红利和服务便利，让投资的土壤更为肥沃，从而不断提升企业的满意度与获得感。企业、白领的流动

性是数据平台使用的主要障碍之一,它与原有行政区域的管理模式有天然冲突。推进基层政府的数字治理正是要打破信息收集的时空限制,使企业的需求、变化、革新可以快速反馈给对口部门,政府红利也可以突破区域限制为企业获悉,形成企业需求与制度供给的双向匹配。

三是提升社会不同主体的参与。在平台的建设上,还应该按照"政企合作、管运分离"的模式不断完善政务信息化建设,开放社会主体的共同参与,以市场化的方式提供灵活的在线服务,让不同的社会主体为数据平台献计献策,提升平台的协同性、开放性。

(三)从"减负"到"增能",进一步提升工作人员的数据能力

在做强政府数据平台的同时,要同步提升基层政府的数据使用能力。对于新时代工作人员来说,不仅要会使用电脑,操作软件,在人工智能的时代,更要有数据思维,要在数据中分析信息,以实现政府管理模式的创新和变革。

一是开展基层政府工作人员的数据培训。要在强化数据理论知识的基础上,开展数据思维训练和操作培训,改变传统人工处理的工作模式。在不同的场景下,能链接到对应的政策资源,为企业高管、商务白领提供各项营商服务。探索"一专多能、全岗都通"机制,对工作人员开展多类型的政府治理问题培训,如党建、税务、市场、卫生、物业等知识,探索让每一位工作人员从单面型转为全能型。

二是开发基层政府工作人员爱用的平台。平台好不好用,一线干部说了算。营商的数据系统还要着重优化移动端设置,通过减除不合理的工作负担,强化数据归集和应用,使减负增能成为实打实的行动,让基层干部"轻装上阵",在"跑楼宇"的时候动动手指就能上传数据、解决各类问题,减少了需要回单位后再输入信息的困扰。同时,在大数据时代,通过数据赋能,每一个网格员都可以成为一个高能个体,一个具备数据意识、数据头脑和数据技能的高素质人才。可以探索在手机端开发政策"工具包",集成现有"条"上委办局的各类政策,以及白领喜闻乐见的活动推送,使基层政府工作人员在走访企业的过程中,轻松地向企业介绍各类情况,送上更全面的服务。

三是对基层政府的数据使用厘清边界。基层政府工作人员直面企业,接触到的数据也是第一手的。企业、白领的数据共享不仅涉及商业秘密,也涉及经济的平稳发展等多重领域。共享涉及政府内的不同"条",仅仅由基层政府进行确权,并对工作人员的使用进行规范和约束是不够的,要进一步明晰部门数据的共享边界,提升数据使用的安全性。

三、协同归正:政府干预基层营商服务的定位廓清

(一)明确政府干预的边界

在公共卫生事件应急状态下,政府责任的边界存在一些模糊和空缺的地带。为了在短期内取得最佳的防控效果,政府往往会采取干预措施,这与常态化下提供营商服务

存在较大的区别。相关权力的制约往往会导致政府在干预市场时越位，从而造成干预过度，这与政府干预的法治化的要求是有所违背的。随着公共卫生事件应急状态的终结，政府也将逐渐回归到常态化的营商服务轨道中。对于"战时""平时"的营商服务法律优化可以从以下3点完善。

一是完善营商服务的相关法律。制度和流程的再造是社会治理创新的核心，服务型政府的打造是优化营商服务的逻辑起点。习近平总书记强调，法治是最好的营商环境。目前对于市场主体的权益保护都有相关法律，但在企业生产经营的一些细分领域、新兴领域还需加强立法保护。比如，政府为了应对公共卫生事件，收集了大量的企业"画像"数据，对于这些数据的使用要建立明确的标准，进行干预时要掌握恰当的时机和尺度。

二是对于特殊企业的保护规制适时退出。法律规定了市场和政府的边界，在突发公共卫生事件应急情境下，市场中的企业将部分权力让渡给政府，政府在公共卫生事件应急状态结束后，也要将权力逐步交还给市场；部分被政府征用的企业也承担了一定的公共职能，如今也要逐步退出。这部分权力的重叠会导致公权和私权边界的模糊，产生政府和市场的"双重失灵"。法律需要进一步维护公共利益，对于公共卫生事件应急期间承担了公共属性的特殊主体给予有限且适当的保护，过渡至公共卫生事件应急状态结束；对于市场上的其他主体，则要不断激发活力，对市场进行常态化调适。

三是完善市场经济竞争规制立法。在突发公共卫生事件应急情境下，为了应对突发需求，民众受舆论影响会过度囤积部分商品，部分大企业会产生垄断行为，"坐断"市场，在多边构造和交叉传导的市场竞争中，传统的临界损失分析法和供需替代分析法难以鉴定相关市场，这就导致政府在干预时出现失位现象。因此，政府要善于使用舆论导向以及大数据手段，运用法律手段对不当竞争进行干预，促进市场的正常恢复。

（二）建立新型政企合作干预机制

随着公共卫生事件应急状态的终结，市场在促进供给侧和需求侧联通时，也会逐渐囊括政府原本提供的服务；政府也通过市场的恢复，将精力逐渐转向经济的发展。比如，在公共卫生事件应急期间，政府购买的服务，如核酸检测、抗原检测、发放口罩等行为，将逐渐由市场正常的买卖取代。在政府与市场部分功能的更替中，可以建立互相支撑、互相补位的新型政商关系。

一是信息互联。在公共卫生事件应急情境下，政府是信息平原中的"烟囱"，市场中的经营者、消费者是相互割裂的"孤岛"，政企形成合力的基础是信息的保障。比如，企业对于自身无法提供的市场需求、供应链的顺畅程度可以定期以智库的形式向政府反馈；政府也可以不断推进信用和信息的互联，向市场开放一些数据，发挥大数据的溢出效应，提升社会经济的整体发展水平。

二是建立协同治理机制。政府要通过搭建平台，建立与企业、白领的三方合作交流机制，将政府干预与市场的自我管理有效结合，使政府与企业、白领可以在平等、和谐的环境中，通过沟通交流等方式有效对接双方诉求，提供更好的营商服务，为社会公众提供便利。企业开放数据平台供政府抓取，提升政府监管效能；政府则提供市场信息，帮助企业对于不良商户进行规制。通过这种新型的政府与企业互动方式，帮助政府在第一时间掌握市场信息，适时调整政府干预的幅度、广度、深度，不断提升治理的精准度。

（三）构建审慎包容的全生命周期管理机制

在公共卫生事件应急情境下，政府的干预方式主要是事后干预，即当市场和社会出现某些不正当竞争、供需匹配失衡时，政府才开始介入，主要是对市场失灵的矫正。当前，市场主体普遍遭受了前所未有的损失。因此，在公共卫生事件后期，政府应该更加注重"放管服"，对于市场的事前、事中加强指导，构建审慎包容的全生命周期管理机制，给予市场更多的自治空间，恢复市场自身的"造血"功能。

一是强化党建引领。在基层的营商服务中要贯穿党的建设，将党建作为基层政府营商服务能力的重点，充分发挥党对于市场各类主体的引领作用。协调基层党组织在企业建立，整合党的力量，研究和创新"两新"组织中党支部的工作模式和以党组织为核心的领导结构。积极运用人工智能来应对信息化带来的机遇和挑战。消除外企、民企等治理主体与基层党组织之间的隔阂，打破时空限制，将信息技术运用到企业党组织建设中，构建智能化营商服务平台。推动党员与白领、党员与党员之间的生活外、工作中的沟通互动，提高党组织活动的效果。要贯彻落实全生命周期的思维，就需要在基层政府的营商服务中秉持服务至上的原则。在社会经济发展中，基层党组织要始终坚持以企业为中心，为企业谋发展、谋安全，不断满足人民日益增长的对美好生活的需要。

二是坚持系统化治理。要实现营商服务全生命周期治理，就要使政府各个治理部门形成相互关联、相互协调的有机整体。基层政府是政府系统中的一小部分，但也包含着"条"在"块"间的各个落脚点，同样十分复杂，各个部门的边界既有重合点，也有模糊点。坚持系统治理，就要求政府将企业白领、人民群众的生产、生活进行全过程、全要素的规划与协调，在此基础上，构建信息平台提升治理能力，每个环节既能以点连线，以线及面，又能不缺位、不越位，构筑基层政府的现代化治理格局。

三是从源头消除隐患。公共卫生事件应急中发生的种种问题归根到底还是准备不充分，或者系统之间原本就存在漏洞。要实现现代化营商治理，就需要从源头寻找问题，主动消除基层政府营商过程中存在的种种隐患，这就是源头治理。在治理机制上，要强调对市场主体自治与共治相结合；在资源供给上，要确保市场主体能得到有效的政策供给，确保企业、白领可以享受到充足的、公平公正的政府服务；在治理时机上，强调政府要因地制宜、科学施策、精准发力；在治理路径上，要充分反思公共卫生事件应急中暴露的问题，形成治理闭环；在治理工具上，基层营商服务要巧妙地"借他山之石"，运用新技术、新工具实现基层营商服务的智能化。

作为国家治理的基础，城市基层治理的重要性愈发明显：一方面，公共卫生事件应急导致原有经济业态发展加速转型，大量的新生事物和治理问题层出不穷，倒逼基层营商服务更为靠前；另一方面，以管理、服务和资源下沉为代表的治理重心下移，为基层营商服务注入了强大的动力。为此，我们以政府干预营商服务结构为基础，以秩序与服务为目标，探索以条块整合、街道内部整合为手段，形成营商服务新模式。在此过程中，需要遵循党建引领营商服务、需求回应与结果导向，推动营商服务体系现代化、科学化、高效化。具体包括以下3个维度：

（1）公共卫生事件应急情境下基层营商服务需要强有力的政府干预。协同治理是通过政府、市场、公众等多个主体为克服困难而沟通协作、共克时艰的一种网络型结构，虽然这种横向的协作与自上而下的政府干预有着与生俱来的不同，但是通过政府干预可以重塑基层政府的激励结构，来推动公共卫生事件应急情境下政府与其他主体的协同建立和发展，甚至当政府、市场、公众缺少合作经历或者目标冲突的时候，可以在突发公共卫生事件期间迅速形成协同机制。在具有中国特色的政治体制机制的框架下，纵向干预具有举足轻重的作用，不仅在基层政府能快速启动目标和政策的协同，还能参与到"条"与"块"间、政府与市场间、政府与公众间的互动过程，增强信任，解决冲突，提供资源，以推动公共卫生事件结束后协同机制的重塑与自我运行。

综上所述，在公共卫生事件应急情境下，政府干预在重启基层协同中起了关键的作用。区别于常态化下政府干预是市场失灵或者动力不足时的有效补充，在突发状态下，市场不仅需要政府的介入与支持，也离不开政府内部的关系重塑后提供的强有力的政策、资源、合法性支持。因此，适当的政府干预可以强化政府与市场的协同激励，进而形成相互依赖、不断深化的良性循环。

（2）公共卫生事件应急情境下营商服务需要培育协同治理的自主性。在公共卫生事件应急情境下，政府在干预市场主体原有运行的方式，但是在干预的同时，还需充分尊重协同的自主性的发挥，给予市场足够的时间和空间来恢复网络化协同的架构。从长远看，只有市场主体恢复原有自我管理、自我协同、自我运行的体制机制，才能更好地为社会经济服务。所以，在实施政府干预的同时，还需要培养市场内各主体自主协同的动机和意愿，给予企业、群众所需要的制度、资源等各方面的支持。这是从根源上去强化各主体的相互依赖，而不是一刀切的介入后完全挤出市场的能动性。公共卫生事件应急情境结束后，协同治理的恢复、发展、深化需要各方给予更多的资源关注，政府要对市场持有足够的耐心，培养各主体间的目标共识，也要在"条"与"块"之间建立足够的协同保障，协调市场经济下各主体的利益与需求，最后形成各方自主的横向协同机制，从而真正为市场打造最有利的营商环境。

（3）基层营商服务的优化与稳定有赖于服务型政府的打造。服务型政府的关键在服务。在公共卫生事件应急情境下，政府要始终摆正自己的位置，牢记为谁服务、如何提供服务、提供何种服务。通过政府组织架构重塑来推动职能转变，以更好地满足社会需求，回应了服务型政府的建设。我们在X街道的案例中，看到了很多通过政府干预重构

协同治理做法的闪光点,也从其他城市基层的做法中得到了很多经验启示。对于下一步服务型政府的打造,需要注重以下几个方面:

首先,基层营商服务应坚持系统观念,提高服务的精准性。要立足形势状况的新特点,继续动态调整市场不同主体的应急防控措施,及时优化常态化防控政策,及时解决统筹协调中出现的新情况、新问题,既不加码过度防控,也不避责敷衍了事。最大程度地保护人民生命安全和身体健康,最大限度地减少公共卫生事件应急防控对市场主体发展的影响。

其次,作为服务型政府,要重视公共卫生事件应急状态对民生的负面冲击,妥善处理企业倒闭和人员失业问题。加强基层营商服务各项政策的统筹配套,加强政策的人性温度,跨前一步挖掘岗位资源,提高就业吸纳能力,加大对辖区内高校应届生源就业指导服务和对失业人群再就业的培训和帮扶力度。科学运用短期政策杠杆,帮助受冲击严重的重点企业和人群稳定经营、拓宽渠道,为经济反弹积蓄人才资源。

再次,坚持营商服务政策的长期稳定性,减少企业交易成本。企业发展是解决一切问题的基础和关键,区域经济稳定了,市场需求才能提升。对于基层,要加大政策实施力度。把稳增长放在第一位置,聚焦重点和难点问题,针对重点企业和重点楼宇,推动各项政策效应加快释放,在延续既有营商政策的前提下,坚持营商服务的长期稳定性,给予企业对于减少交易成本、改善经营状况、抵御公共卫生事件风险的正面预期,以优质的营商服务稳住市场主体,保持经济韧性。

最后,要着眼于打造数字化营商服务。依托现有的纵向组织体系,建立横向政府协同的应用场景,以企业需求为导向,根据企业需求开发数字化场景应用,重构服务流程,依靠跨层级、跨部门的数据协作,高效率、高质量地满足企业和群众需求。从本质而言,数字化赋能服务型政府是持续推动政府干预与各主体协同的深度融合。要进一步加大财政支持,出台税收优惠政策,为广大企业尤其是中小微企业减税、减负、减租、减压;加大投放市场的基本生活物资储备,降低人民生活成本。如何建立一套有效的反馈控制系统,使其可以量化营商服务的效果,并制定相应的阶段性测评和总结性测评机制,也将是研究的方向。

需要强调的是,在公共卫生事件应急情境下,企业是不可或缺的生力军,政府在应对公共卫生事件中提供的公共服务和医疗资源大多是可以通过向市场购买的方式实现的。因此,在公共卫生事件应急情境下,企业应充分利用自身的专业优势、效率优势、资源优势以及与市场的沟通优势,政府也可以通过购买企业的专业服务,搭建起协同治理的机制,相互助推,共渡难关。对当下负重前行的企业来说,这既是挑战也是机遇。相信经过大风大浪的锤炼,上海众多企业尤其是中小企业定能从中提高自身的适应能力,在未来的竞争中脱颖而出并持续发展,为上海韧性城市建设奠定市场基础。

第五章

上海超大城市"一网统管"平台与韧性建设

城市运行"一网统管"是实现城市治理数字化转型的重要路径，将推动治理由人力密集型向人机交互型转变，由经验判断型向数据分析型转变，由被动处置型向主动发现型转变。城市数字化转型是符合"双循环"发展需求，贯彻国家战略部署，满足城市自身发展所需的应有之义，旨在以技术驱动机制、平台治理机制、数据价值驱动机制重塑城市发展形态，推动生活、治理、经济等方面的数字化转型。需要构建多位一体的城市数字化转型分析框架，通过对上海转型实践梳理，探析城市数字化转型的内在机理。自2020年年初《上海市城市运行"一网统管"建设三年行动计划》实施以来，上海市以"一网统管"为引领，开启了一场超大规模的智慧城市创新实践。各区都发挥各自优势积极探索，创新"一网统管"基层场景的应用，促进城市管理的精细化，探索一条符合超大城市特点和规律的治理新路子。2020年年底，上海市委、市政府公布《关于全面推进上海城市数字化转型的意见》，指出上海要坚持整体性转变、全方位赋能、革命性重塑，到2035年成为具有世界影响力的国际数字之都。

在城市数字化转型中，全面而清晰的数据是城市透明治理的基础；这一转向颠覆了长期以来所遵循的人的核心，颠覆了承认人的主体性的城市治理。[1]城市运行"一网统管"是以建设数字政府，打造人民城市，提升科学化、精细化、智能化城市治理能级为目标的公共管理创新。平台化运作的整体性政府乃是"一网统管"治理重塑效应的集中体现，以基于数据的政府流程再造为进路。依据要素论，政府流程乃是一种"形式-功能-动能复合体"。"一网统管"从宏观、中观和微观层面推动流程形式、功能以及动能再造，为城市政府确立整合贯通的流程体系，从而将需求的整体主义、运作的平台主义以及行动的专业主义有机地融合为一体。[2]目前，上海城市数字化转型实践在数字理念、顶层设计、政策制度、数字治理和数字包容等方面仍然面临挑战，为全面推动城市数字化转型，需要以理念创新优化顶层设计，技术与制度双轮驱动，加强数据开放共享、治

---

[1] 姚尚建.人的自我数据化及其防范——数字城市的前提性问题[J].学术界，2023（1）：47-55.
[2] 孙志建.平台化运作的整体性政府——基于城市运行"一网统管"的个案研究[J].政治学研究，2022（5）：39-48+152-153.

理与应用,促进多主体参与和多领域转型等优化路径。[①]城市是一个有机生命体,上海重新审视城市风险的复杂性和不确定性,在第十四个五年规划和2035年远景目标纲要草案中提出了"共建安全韧性城市"的目标。为解决城市管理中的堵点、盲点,上海建设城市运行"一网统管"系统,打通部门数据壁垒,有效整合治理资源,第一时间发现和解决安全隐患,切实推动数字技术与城市治理的深度融合与螺旋式双向促进,技术与管理双管齐下提升城市韧性。一段时间以来,各区在上海城市运行"一网统管"平台建设中取得了显著的成绩。

第一节 浦东新区城市"一网统管"的实践与探索

数字化转型带来的生产方式、生活方式与治理方式的变革不断塑造城市新样态,通过重塑与整合韧性城市物质系统使其数字化、智能化与智慧化,推进韧性城市社会系统的经济结构、组织形式等总体性改变,再造物质系统与社会系统的耦合方式,不断促进数字化转型中韧性城市建设的演化。[②]习近平总书记多次就城市治理问题做出重要指示,提出城市治理要向全周期管理和智慧化升级转变,努力探索超大城市现代化治理新路子。2018年,习近平总书记在考察浦东新区城市运行综合管理中心时强调,提高城市管理水平,要在科学化、精细化、智能化上下功夫。作为全市试点的浦东新区城市运行综合管理中心,以高度集成的智慧管理体系,用细心、耐心和巧心,努力精准"绣"出城市美好图景,希望每一次"落针"都能高效地解决社会痛点,满足百姓需求。

浦东新区"一网统管"的实践与探索聚焦城市运行痛点问题和管理的现实需求,进行了大量的应用场景开发。中心指挥大厅电子显示屏实时显示城市设施、管理、环境等六大领域的运行情况,细分为生活垃圾处理、工地不文明施工、空气污染、噪声扰民等50多个智能化场景。人工智能的应用推动了特大城市风险治理过程中权力运行的技术化、治理结构的网络化、治理过程的协同化和治理结果的精准化等技术变革,并为特大城市风险治理提供了一条技术路径。通过建构技术权威、推动智能化治理和建构网络化协同联动机制等技术路径,能够有效地完善风险预警机制、提升政府应急行政能力、推动风险协同治理,从而提升特大城市风险治理效能。[③]"城市大脑"以城运中心为载体,

---

[①] 顾丽梅,李欢欢,张扬.城市数字化转型的挑战与优化路径研究——以上海市为例[J].西安交通大学学报(社会科学版),2022,42(3):41-50.
[②] 张春敏.数字化转型中韧性城市建设的制度基础、演化机制与现实路径[J].贵州社会科学,2021(7):123-130.
[③] 张龙辉,肖克.人工智能应用下的特大城市风险治理:契合、技术变革与路径[J].理论月刊,2020(9):60-72.

通过对综合数据的智能分析，综合运用大数据、云计算、人工智能等技术，与物联网、视联网、数联网等感知平台对接，建设完善"神经元系统"，判断出问题的症结所在，然后迅速"对症下药"。例如，2020年以来，浦东新区为2 000多名高龄独居老人免费安装"居家安防三件套"——烟感检测、燃气探测和一键报警。当老人忘记关火或者在家里需要帮助时，都可以在第一时间获得社工、楼组长或志愿者的上门帮助。以施工安全为例，浦东现有工地的监控视频已经全部接入"城市大脑"。从浦东新区城市"一网统管"的新进展和亮点来看，浦东新区探索了街区全方位数字治理、街道"一网统管"模式，实现了城运中心3.0版的更新。

一、浦东新区街区全方位数字化治理实践

浦东新区以"高效处置一件事"为目标，以提升线上线下协同的街区精细管理品质为出发点，聚焦新区街区市容环境秩序管理的特点和趋势，由浦东新区城管执法局通过微平台建设、智能车巡探索、街面场景开发，以"点、线、面"3个维度，逐步构建新区街区精细化、立体化、全方位的数字化治理体系。

（一）乱点管理趋零化，破解街区治理顽症难点

（1）大数据分析甄选初始乱点，向顽症难点亮剑。执法局将城运中心诉件数据、历史检查数据和日常巡查整治工作数据碰撞分析，梳理出最可能发生街面秩序类违法违规行为的647个点位作为初始乱点，加装智能探头，开展重点监管。

（2）深度学习优化智能监管，全天候多要素对乱点盯梢。执法局指导新区所有街镇（管委会）城管中队安装智能视频感知设备，写入智能算法，实现对全区647个乱点点位的全天候智能监管和视频轮巡。在监管实践中开展深度学习，拓宽智能监管要素种类、提升结果判定准确率，对跨门经营、乱设摊、非机动车乱停放等15个智能监管要素实现精准智能发现，让乱点上的违法行为无所遁形。

（3）扁平高效处置告警工单，闭环流程实现有始有终有反馈。执法局打造由前端智能发现、数据中台甄别审核和执法通App在线反馈组成的告警工单处置流程，明确每个节点的处置要求和时限，建立超时件跟踪督办机制，对每个告警实施闭环管理。同时，引入IP电话联系当事人整改违法行为、智能算法辨别自动闭环的简化流程，提升平台监管实效和基层队员的用户黏度。

（4）城运协同自动调整乱点，有序衔接乱点治理与常态化监管。一是对符合乱点判定条件的点位，自动审核发现；二是通过数据分析对销项申请进行评估，对不达标乱点纳入返潮点位继续监管；三是将符合销项条件的乱点自动转入达标销项数据库；四是对非城管处置类事项移送至相关管理、作业单位处置。通过4项协同功能，与区城运中心加强数据共享和错位互补，将微平台聚焦到乱点管理上来，做到乱点治理与常态化监管的有序衔接。

（二）车巡管理智能化，描绘街区治理智慧动线

（1）首创移动侦查在街区治理中的应用，实现街区智慧治理、全面治理。智能车巡的首要目的，是依托车载智能探头开展移动侦查，实现街区监管要素的实时、动态智能发现。其意义在于实现单个物联感知设备覆盖的监管对象数量的算术级增长。智能车巡将物联感知设备移动化，利用速度参量放大监管对象数量，最终实现用有限的物联感知设备覆盖全部监管对象的管理目标。

（2）执法局经过艰苦研发攻关，首创街区违法行为移动智能抓拍技术，打造街区治理智能监管闭环流程；首创以执法局的名义组建车队开展巡查、指挥中心审核派单、街镇中队处置，处置结果与监管对象风险等级和监管频次相关联的系统化管理机制。

（3）开发车巡管理应用场景，实现车巡管理精细化、科学化、智能化。车巡管理应用场景通过对巡查网格、巡查路线、巡查车辆和巡查任务的线上智能监管，提升车巡功效。一是网格划分精细化。执法局依据沿街商户数量、路网分布情况和区位差异，将新区划分为20个网格。每个网格安排一辆巡查车，开展全覆盖车巡。二是路线设定科学化。根据巡查要求，结合沿街商户分布、交通动线特点和实际，在每个网格研究设定最科学的3～5条巡查动线，每条动线长约15千米。三是任务派发智能化。将网格、路线、车辆和驾驶员信息全部录入平台，开发随机搭配序列模型，由电脑自动生成一一对应的检查任务，一键下发至巡查车辆驾驶员执行。

（4）多措并举规范驾驶行为，确保车巡执法公正严格。一是在沿街商户集中的路段限速20千米每小时，对车辆超速、偏离路线产生告警，并与驾驶员的考核相关联。二是制定请示报告制度和保密制度。驾驶员因客观原因需要临时偏离路线的，应当征得局指挥中心同意。对每天系统随机分配的巡查动线严格保密，对泄密行为严肃追责。

（5）拓展智能车巡两大功能，街面执法和效能评价事半功倍。一是打造智能车巡非现场执法流程。对告警图片反映违法事实清楚、证据充分，沿街商户信息齐全完善、违法主体认定明确的违法行为，不经过执法队员与当事人的直接接触，在线生成罚单，开展非现场执法。非现场执法以非诉执行为保障，当事人线上缴款为主要案件执行方式，转变传统执法方式，提升执法理念。二是重建街面秩序治理现状和水平评价体系。转变传统评价机制，开发浦东新区街镇街面秩序管理评价指数计算模型。通过对智能车巡实战中产生的商户总量、业态分布、问题发现、处置结果等数据进行分析计算，智能生成该地区街面秩序管理评价指数，形成各街镇街面秩序进步指数排名，真实、客观、科学地反映浦东新区街镇街面秩序治理现状。

（三）"颜色管理"差别化，构建街区治理基础平面

（1）建设沿街商户数据库，为街区治理奠定坚实基础。执法局通过沿街商户数据排摸专项行动和日常动态维护相结合的方式，建设包含沿街商户名称、地址、照片、法定代表人身份信息等20个字段，共计45 045家沿街商户的数据库。位于街道两侧的，依据相关法律法规需要城管执法部门开展街面秩序类执法检查的企业、个体工商户和无证

经营商户全部纳入数据库开展线上监管,为街区治理奠定了坚实基础。

(2)开展"颜色管理",实现街区治理全覆盖。一是管理对象差别化。依据商户的不同业态、历史违法记录和被投诉记录,确定高、中、低3种不同风险等级,依次标注为红、黄、绿3种不同颜色,并根据商户近期守法情况动态调整。二是检查频次差别化。风险等级越高的商户,检查频次越高,具体为"红色商户每日查、黄色商户每周查、绿色商户每月查"。通过面上的"颜色管理",将珍贵、有限的管理资源尽可能地匹配到突出问题和主要矛盾上去,并及时化解,实现街区治理在时间和空间上的全覆盖。

二、东明路街道"一网统管"智能化建设

东明路街道地处三林世博辐射地区,是伴随着上海、浦东大动迁、大开发而形成的年轻街道,也是老旧动迁小区集中的纯居住型社区,智能化基础设施严重缺位,短板弱项较多。为提高城市管理效能,补齐街道智能化短板,根据市领导关于城市运行"一网统管"的指示精神,市城运中心和市大数据中心对街镇"一网统管"的建设要求,以及浦东新区"两办"下发的文件明确的建设标准,东明路街道将城市运行"一网统管"工作列为街道未来规划的重点工作之一,按照智能化、可视化、场景化的设计原则,计划在智能化基础设施和个性化场景应用两个方面进行提升建设。主要建设内容和功能作用涉及两大方面、七个模块。在智能化基础设施提升建设方面,主要建设模块包括智慧社区基础设施提升、街道视频汇聚和数据应用及设备管理系统、街道视频会商系统;在个性化场景应用建设方面,主要建设模块包括噪声管理场景化应用建设、街面管理场景化应用建设、街面垃圾分类管控场景化应用建设、消防安全管理场景化应用建设。

(一)智能化基础设施提升建设

1. 智慧社区基础设施提升

现状:一是东明路街道37个居委70个小区中,有22个居委30个小区的主干道出入口门禁系统——人脸抓拍、车辆抓拍系统尚有缺失,无法满足上级部门对小区平安规范化建设的相关要求。二是从前期对辖区内小区监控数量排摸情况来看,现有监控中已淘汰的模拟摄像头有1 689个,占摄像头总量的42%左右,其中,涉及小区主干道和重点区域的模拟摄像头为500个,这些模拟摄像头已不适应当前相关平安建设的标准,实际上已被淘汰。

建设内容包括新增87个车辆抓拍和33个人脸抓拍系统,新建120路视频上云服务;提供设备智能运维平台服务,支持接入全区3 000路摄像头,通过运维平台实现各种服务类设备、图像类设备、网络类设备的应用监管,从而实现智能监控、智能巡检、智能诊断、智能工单、资产管理等功能。为了提高小区监控设施的有效利用率,拟定了将500个模拟摄像头改为高清数字摄像头的设施改造提升计划,从而实现小区的平安建设和安全稳定。

2. 街道视频汇聚和数据应用及设备管理系统

将东明路街道近几年建设的所有高清数字摄像头（预计3 000路）视频源汇聚至同一个平台，统一推流至新区城运中心平台，并对接新区居委微平台。同时，计划构建一套可视化运维监控体系，实现基础设施统一管理。

3. 街道视频会商系统

通过使用会畅通信会商软件，以及安装一体化1080P高清终端（摄像头）和360度USB全向麦克风，配合街道、38个居委和相关事业单位终端显示大屏，打造一套属于街道的视频会商系统，线上联系各处置部门、居委。

（二）个性化场景应用建设

1. 噪声管理场景化应用建设

在已建立的4套广场噪声监测系统基础上，增加监测点位，进一步增加功能配置。① 终端硬件改造。丰富大屏显示及增加智能联动告警，实现广场噪声监测现场声光告警功能。当噪声大于设定值时，显示颜色发生变化；当噪声连续5分钟持续高于设定值时，可以播放告警，劝阻现场人员降低音量，支持现场实现远程宣传文字的下发功能等。② 数据信息采集及汇聚可视化分析展示。通过数据建模分析，提供趋势对比分析、同期数据对比分析和未来变化趋势分析等可视化分析报告。③ 告警工单处理。当噪声连续5分钟持续高于设定值时，自动生成工单，形成告警发生—城运确认—现场处理—城运审核的处置流程。④ 自动工单派发及处置。实现通过微信端发送到处理人员手中进行接单处置和结案的功能。

2. 街面管理场景化应用建设

在已有8个街面管控点位监控探头采集画面信息的基础上，针对非机动车乱停放，乱设摊，废物箱保洁、街面保洁、绿化带保洁不及时等涉及"脏、乱、差"的问题，以及商户门责范围内跨门经营、门前堆放杂物、乱晾晒等问题，进一步增加功能配置，建立街面有效管理体系。

实现垃圾乱堆放、乱堆物堆料、占道经营、出店经营4类场景的图像智能分析和预警功能验证；通过视频采集和算法及时形成告警工单；告警工单处理按照告警发生—城运确认—商户处理—城运审核—巡查员监督—城管处置的流程进行；移动端通过企业微信（尚未与新区平台对接）进行接单和结案。

作为市、区两级城市管理的补充，通过及时发现、及时上报、及时处置、及时闭环，实现过程留痕管理，解决日常管理中存在的问题，提高管理效率，并通过数据汇总、分析，合理安排处置力量，达到提能、增效、减负的效果。

3. 街面垃圾分类管控场景化应用建设

经排摸，辖区内目前有1 200余家商户，计划通过扫描每家商铺门牌的二维码，上门收运垃圾；对于分类质量差的形成工单，上门处置，完成闭环，形成实效管理、质量管理、全周期管理；以电子地图的形式展示辖区商户垃圾分类情况，为不断提升垃圾分类质量提供数据分析依据,从而解决垃圾分类的质量问题。

4.消防安全管理场景化应用建设

为解决"'三合一'场所""飞线充电""重点场所""消防设施"的安全隐患排查、预警、处置等日常工作,实时了解商铺及各类经营场所日常消防措施的落实情况,通过消防安全管理场景化应用建设,对基础信息进行汇总、沉淀、分析,为防火防灾提供事前预防、事中控制、事后总结。

三、浦东新区城市"一网统管"的特征与经验

当前,浦东新区城市运行综合管理中心有了新的变化,"一网统管"浦东"城市大脑"升级到了3.0版。

(一)治理要素实现全领域、更精细

打开浦东"城市大脑"3.0版本的日常管理界面可以看到,全区的实有人口、安全隐患、轨道交通、消防井盖、电力设施等涉及人、事、物的治理要素实现了全域覆盖。治理要素是构建智能化场景的最核心因素,浦东"城市大脑"迭代升级后,覆盖公共安全、建设交通、综合执法、应急管理等七大领域,形成治理要素一张总图,实现对数据资源、治理要素的全息全景呈现,使管理变得更精细。

浦东"城市大脑"3.0版本坚持从群众需求和城市治理突出问题出发,紧扣市"一网通办、一网统管"建设推进大会以及十一届市委九次全会的精神,始终把人民对美好生活的向往作为奋斗目标,将"人民城市人民建,人民城市为人民"的重要理念落实到建设运行的全过程和各领域,以智能化为突破口,全方位整合城市运行管理力量,全链条贯通城市运行管理体系,全覆盖构建智能监管应用场景,全要素建立协同高效的监管模式,努力实现城市治理乱点趋零、安全生产隐患趋零、综合管理应急归零。3.0版本在治理要素、平台体系、运行体征、智能应用、协同监管上体现了五大提升,打造更精细、更完善、更科学、更智慧、更高效的"一张网"。

(二)平台体系实现全覆盖、更完善

浦东新区城市运行综合管理体系是浦东"城市大脑"的承载体,随着"城市大脑"迭代升级的持续推进,城运管理体系也随之不断完善。在管理体系上,对照"一屏观天下、一网管全城"的工作目标,在"区中心+街镇分中心+居村联勤联动站"的横向到边、纵向到底,全覆盖、全天候、全过程的城市运行综合体系基础上,率先探索建立城市"常态运行+应急管理"的模式和平急融合的指挥机制。

在平台体系上,纵向构建"区日常管理总平台+街镇智能综合管理分平台+居村联勤联动微平台",横向打造"专业智能综合管理平台+迭代拓展专项应用场景"的总体格局。

在场景体系上,按照日常、专项、应急3种状态,形成了近80个场景,实现从单一事项小闭环到行业协同大闭环的转变。特别是居村联勤联动微平台使得浦东"一网统

管"平台覆盖到居（村）一线、神经网络延伸到百姓身边。比如，周浦镇界浜村运用微平台聚合辖区人、房、企、物各类基础情况，强化数据收集、分析和使用，减少人工重复录入。同时，微平台整合了村委干部、党员、志愿者、楼组长等自有力量，以及公安、城管、市场监管、安监、法律顾问等协同力量，紧抓居（村）社会治理顽症，发挥跨部门、跨层级、跨区域联勤联动的优势，强化辖区管理的微自治、微联勤、微联动，并以操作简便的微信小程序为载体，实现主动发现、共治上报、智能发现等事项的自动推送、掌上协同、闭环管理，可视化展示事项处置全过程。

（三）运行体征实现全集成、更科学

遵循"城市生命体、有机体"的理念，树立全周期管理的意识，通过强大的智能化体系支撑，"城市大脑"3.0版本可以实时、智能、精细感知浦东新区1 200多平方千米大地上城市的"心跳"和"脉搏"。

依托浦东新区城运数据中台，整合提取行业领域城市运行管理体征，全量化纳入所有应用场景体征，从中提取最关键、最直观、最核心的35个体征，作为区平台重点监管对象，进一步强化全面感知和态势分析。

（四）智能应用实现全场景、更智慧

秉承创新开放理念、打造共建共享平台，积极促进各类社会力量参与3.0版本的迭代升级，与行业顶尖企业开展合作，牢牢牵住智能化的牛鼻子，在"智"字上下功夫，探索运用大数据、云计算、人工智能、区块链、5G、时空定位等最新技术，建立了实战化算法仓和模型库，并充分集成到各专项应用场景中，使场景更智慧、运行更智能、管理更高效。

比如，通过智能分析，实现电力能源指数预警，动态掌握市场主体的经济运行情况；通过智能算法，监测违法违规经营，助力打造更好的营商环境；还有在线智慧创城、智能抓拍违法建筑、预警推送车辆超载超限、自动识别小包垃圾等，这一个个应用场景，体现了城市智能化精细治理，实现了让数据在线上跑得更流通顺畅，让管理在线下处置得更精准高效。

（五）协同监管实现全联动、更高效

"高效处置一件事"是"城市大脑"3.0版本追求的效果导向，建立"一个平台+两个闭环"的运行模式，即"协同监管平台""单一事项处置小闭环到行业联动监管大闭环"，以"用数据说话、用数据分析"，推动跨层级、跨地域、跨系统的协同管理和服务。

比如，对于车辆违法超限超载，通过智能采集货车路面行驶信息，城运中台进行数据分析和智能交换，区城管执法局、区建交委、区城运中心、属地街镇等多部门实时共享了管理数据，后台无缝切换，开启多部门联合治超和非现治超的新模式。此外，由区城运中心、区大数据中心、数字产业集团联合工信部下属的中国电子技术标准化研究院，对接全国信息技术标准化技术委员会，参与编制"新型智慧城市国家标准"，启动首个"城市大脑国家标准"创立工作。

第二节　徐汇区城市"一网统管"的实践与探索

为贯彻落实十九届四中全会关于推进国家治理体系和治理能力现代化的要求，在市委、市政府的领导下，徐汇区以智慧政府建设为抓手，注重市区联动、条块协同、数据互联、力量整合，努力构建"一屏观天下、一网管全城、一云汇数据、一人通全岗"的城市治理体系，着力打造上海市"一网统管"先行区。2020年6月，在城市网格化综合管理中心的基础上，徐汇区城市运行综合管理中心挂牌成立，与区行政服务中心、区大数据中心实行"三位一体"运行。同时，为进一步提升统筹能级，成立了由区政府主要领导任组长的区城运中心建设领导小组，举全区之力统筹推进"一网统管"建设工作。

一、指导思想与基本原则

徐汇区城市"一网统管"建设的指导思想是：人民城市人民建，人民城市为人民。深入贯彻落实习近平新时代中国特色社会主义思想及总书记考察上海重要讲话的精神，抓好城市运行"一网统管"这项"牛鼻子"工作，坚持从群众需求和城市治理的突出问题出发，把分散式信息系统整合起来，做到实战中管用、基层干部爱用、群众感到受用，不断提高城市治理体系和治理能力现代化，让人民群众有更多获得感、幸福感、安全感。

徐汇区城市"一网统管"建设的基本原则有5个：① 坚持改革引领。以技术变革打破数据壁垒、挖掘数据价值、创新数据应用，推动业务流程革命性再造，由"孤网"转向"联网"，由"单兵作战"转向"集团作战"，推动"整体政府"改革。② 坚持市区联动。在市城市运行平台统一地图、视频、数据、案件管理的基础上，坚持市级顶层设计和区级基层原创相结合，开展"一网统管"建设，实现"市—区—街镇—网格—社区"五级联动。③ 坚持应用为要。着眼"高效处置一件事"，围绕部门、街镇的具体需求，优先构建起符合最大公约数的应用场景，打造有推广、复制价值的"徐汇模式"，通过场景建设驱动业务创新。④ 坚持管用为王。聚焦群众呼声最集中、城市治理矛盾最突出的问题，补短板、强弱项、促提升，以点带面，推进城市治理能力现代化。⑤ 坚持技术赋能。运用大数据、云计算、区块链、人工智能等前沿技术推动城市管理手段、管理模式、管理理念创新，推动政府管理数字化、智能化、智慧化，让城市更聪明一些、更智慧一些。

二、政策目标与主要任务

2020年8月底，对标"六个一"技术支撑体系（一张图、一张网、一个池、一朵云、一平台、一门户），做优城市大脑，做精城运体征，做强实战网格，完成徐汇区城市运行"一网统管"3.0版本上线运行。2020年12月底，对标"六个先行"具体工作任务（理念、体制、体系、技术、实战、队伍），构建"全域感知、全息智研、全程协同、全时响应"治理网络,以智能化运用赋能精细化治理,打响城市运行"一网统管"先行区品牌。2021年12月底,围绕"数据汇集、系统集成、联勤联动、共享开放",逐步促进政务服务"一网通办"和城市运行"一网统管"走向融合,打造高效、精准、智慧的城市治理体系。

(一)理念先行

1. 从以政府管理为中心向以群众需求为中心转变

坚持从群众需求和城市治理的突出问题出发,主动转变视角,从管理者转向服务者,从政府管理转向用户体验,当好城市治理的"清道夫"。

2. 从以"条"为主的专业管理向条块协同的综合管理转变

主动跳出政府各自为政的"小视野",形成条条协同、条块联动、政社互动的"大格局",由"条"思维转向"块"思维,用"条"的专业性赋能"块"的综合性,共同处理复杂的城市治理问题。

3. 从传统的粗放管理向现代的精细治理转变

加快5G网络、数据中心等新型基础设施建设,推动城市治理由人力密集型转向人机交互型,由传统经验型转向大数据支撑型,由被动处置型转向主动发现型,让人力围着算力转,提升城市治理能级。

(二)体制先行

1. 提升统筹决策能级

成立徐汇区推进"一网通办""一网统管"工作领导小组,区长任组长,区委副书记任常务副组长,副区长任副组长。领导小组办公室设在区城运中心,举全区之力统筹推进四大城市运行领域建设。

2. 构建组织协调架构

在区城运中心的统筹协调下,依托区行政服务中心、区城市网格化综合管理中心、区大数据中心的"三位一体"运行,指导街镇城运中心建设,做到行政服务中心在前端推进政府改革精简化、网格中心在中端推进城市管理精细化、大数据中心在后端推进数据支撑精准化。

3. 建立平战联动机制

依托区城运中心,推动网格管理、"12345"市民服务热线、平安综治、市场监管、建设管理、民生服务等多领域的数据汇聚、业务协同及实战赋能,强化日常运维管理服务;依托区应急联动指挥中心,推动值班值守、安全生产、防汛防台、公共卫生、轨道交通等多业务的功能整合、联勤联动及应急处置,实现7×24小时应急响应。两个中心平战联动、昼夜衔接,确保365天全天候城市运行管理不间断。

(三)体系先行

1. 一屏观天下,围绕"观"字下功夫

重塑实体大厅,体现"科技、人文、可持续"的理念,打造集专业研判、高效协同、综合决策于一体的指挥大厅新空间。升级虚拟大屏,聚焦大平安、大建管、大市场、大民生四大城市治理领域12个维度、2 600多个城市运行体征,打造城市运维"决策舱",实现综合屏、专业屏和PC屏的联动。

2. 一网管全城,围绕"管"字下功夫

统一大系统、大平台建设,全面推进300多个系统、88个移动应用、5个部门专网的"三整合",推动基层治理移动化、数据赋能集中化、部门支援专业化。统揽政府管理和社会治理事务,推动全区治理行为和治理过程全量数字化,精准地评估每个治理主体的工作量和贡献值,实现队伍管理从经验到数据的变革。

3. 一云汇数据,围绕"汇"字下功夫

汇聚大数据,对标上海市ZB级数据中心的目标,建立区级EB级数据池,推动全区各委办局及第三方数据应汇尽汇,滚动扩容存储。汇聚算力,以"公有云"1万核CPU、"私有云"1 000 T每秒浮点运算量、毫秒级响应为目标增强算力,提高云计算的核心竞争力。汇聚算法,借助创新实验室平台,构建"算法工厂",赋能更多实战应用。

4. 一人通全岗,围绕"通"字下功夫

推动部门队伍向网格单元集中,促进基层处置人员从专岗到通岗,实现精准高效的综合发现、综合处置;推动四大领域首席信息官和首席数据分析师向区城运中心集中,促进专业部门从后台到中台,实现协同联动的专业研发、专业支援。以"两集中"改革为抓手,形成"前线主战主防、后方主建主援"的一体化大联勤格局。

(四)技术先行

1. 治理要素"一张图"

以实用为原则,将市测绘院地图和市公安局"一标N实"地图融合成一张图,城市运行和应急处置采用高德地图,规划建设和日常服务采用测绘院地图,实现两者之间按需无缝转换。

2. 互联互通"一张网"

坚持双链路、高保障的光纤环网架构,以融合为目标,实现业务专网、政务外网、公安感知网互联互通、应并尽并,逐步完成市、区两级电子政务外网40 G～100 G的整网扩容升级工作。

3. 数据汇聚"一个池"

参照市级"不迁移不立项、不共享不立项、不整合不立项、不安全许可不立项"的要求,推动市级、区级城运数据向区城运中心应归尽归,纵向对接市级基础库、主题库,横向对接区各委办局、街镇特色应用库,不断完善社区、街镇、区、市"泉、塘、湖、海"的数据水系。

4. 城市大脑"一朵云"

弹性适应市级统一的云架构,坚持"私有云+公有云"的徐汇"双活"特色,大力建设"城市云脑",从"两朵云"逐步向"一朵云"融合,确保应用开发的自主性及安全性。

5. 系统开发"一平台"

根据市级统一云环境要求，在统一的平台上进行统一部署、统一开发，将面向公众的服务、视频人脸识别等需要高算力、高并发量的应用部署在城市云脑上。

6. 移动应用"一门户"

统一移动端入口，对内城市运行公共管理与应急指挥统一采用政务微信，对外公共服务入口统一向"汇治理"集成，实现对区、街镇移动端应用的有机整合。

（五）实战先行

1. 组建感知层"神经元"

统筹规划建设，实现全区智能感知终端设备统一管理、数据统一归集、资金统一批复。加速信息整合，实现物联数据、业务数据、视频数据、地图数据等"神经元"数据全量汇聚。推动感知增智，加强公安、小区各路视频全区联网共享，实现人、地、事、物、房等多种数据整合共享、聚合使用，形成完善的治理感知体系。

2. 开发认知层"城市大脑"

推动机器认知智能化，增强计算机视觉、知识图谱、深度学习等人工智能技术，构建神经形态模拟、自学习智能计算模型，实现智能预警预判、综合决策分析。推动经验认知智慧化，把条线部门"老法师"的经验转化为标准、固化成数据、活化成智慧，培养业务部门的互联网思维、人工智能思维、区块链思维，实现智慧人机协同。

3. 落实行动层"四大领域"

在"大平安"领域，以公共安全为核心，重点开展平安指数综合研判、社区智能安防等场景应用；在"大建管"领域，以城市建管为核心，丰富智慧交通、智慧水务等场景应用；在"大市场"领域，以市场监管为核心，升级智慧食安、智慧营商等场景应用；在"大民生"领域，以民生服务为核心，拓展精准化社会救助、小区建档立卡等场景应用。

（六）队伍先行

1. 培养一流工作团队

深化基层综合建设，推进街镇城运中心与派出所、综治中心等功能融合，选拔培养专业的信息化人才梯队，实现"一专多能、全岗都通"。完善部门响应机制，支持各类专业执法力量的及时应援和综合联动，加快从小联勤转向大联勤，实现"街镇吹哨、部门报到"。优化政府宏观决策，发挥领导核心和统筹协调作用，加快推进智慧政府建设，实现"把方向、管大局、保落实"。

2. 打造一流企业联盟

加大政社合作力度，与国内外行业领军企业开展深度合作，形成龙头企业带头、产业链上下游参与的"成果共享、责任共担"的合作生态圈，鼓励区域内高校和科研院所共同参与，构建政府、企业和社会更加紧密的合作机制。

3. 集聚一流咨询外脑

聘用综合咨询团队，积极引进具有国际视野和能力的高端智库，搭建多层次、广范围的咨询外脑平台。组建专业咨询委员会，在5G、大数据、云计算、物联网、人工智能等领域，优选业内专家建言献策，确保"一网统管"先行区建设可持续发展。

三、徐汇区田林街道智慧社区探索

（一）背景与起因

1. 顺应新时代发展新要求

2014年年底，上海市委、市政府出台了《关于进一步创新社会治理加强基层建设的意见》（沪委发〔2014〕14号），有力推动了街道体制改革。街道办事处原有部门被重新科学划分，内设机构被统一调整为"6+2"架构，基层党的建设得到进一步加强，网格化管理日趋科学高效，社会力量多元参与显著增强，有效地促进了街道工作重心下移、力量下沉、资源下沉。

2. 适应街道管理架构新体制

街道"6+2"的紧凑型管理架构，更考验着基层政府的治理能力。客观上，职能交叉、边界模糊，重复用工、人力空耗，资源分散、整合乏力等基层治理过程中遇到的种种挑战，以及在人员力量调配、长效机制完善等方面，与构建特大型城市社会治理的新要求仍有差距，需要基层政府在贯彻落实市委相关文件精神的工作实践中不断摸索总结，推陈出新。

3. 贴合街镇社会治理新需求

田林街道成立于1985年，总面积为4.19平方千米，现有居民4.3万户，户籍人口7.8万余人，实有人口近10万人。街道共有23个居民区，居民中老干部多、文化名人多、知识分子多，总体来看，居民的文化层次较高，需求相对多元化。现实中，社区治理水平与居民日益增长的需求存在一定的差距。为此，田林街道党工委以城市运行"一网统管"建设为契机，紧扣社区治理中的痛点、难点问题，经过充分调研、反复讨论、集思广益，决定尝试借助信息化、科技化手段，建设智慧社区平台，提升社区管理能级。该平台着重强化街道"三公一建"职能，特别是加强街道党工委、行政党组、社区党委的统筹协调能力，融合党建、综治、网格、民政等系统的数据，广泛布建社区"神经元"，完善线下实时联动，再造数据流与工作流，打通条块部门壁垒，促进社会力量多元参与，构建基层社会治理"发现—推送—处置—协调—监督—反馈"的闭环管理模式，实现"互联网+政务+服务"的精细化治理，不断提高居民群众的获得感、幸福感和满意度。

（二）实践与路径

1. 搭建了"四纵三横"平台

"四纵"是指党建服务、公共安全、公共管理、公共服务；"三横"是指感应、预判、处置。以党建为引领，统筹对接小区各项管理服务事务，覆盖小区、商务区、街面等区域，实现社区管理服务事务全覆盖。通过前端感知和后端处置联动，提升街道作为社区安全运行指挥中心的感知、研判、协调和督促等功能。做到事件自动发现、信息实时推送、线下即时处置、过程全程监管，并和公安、网格等系统实现交互、协同处理，形成"物联+数联+智联"的社区精细化治理模式。

2. 提升了数据资源的生命力

以街道党工委、居民区党组织为主轴，在融合党建、网格中心、信访、公安、城管、民政、房管等各个条线数据的基础上，形成了街道基础数据一体化展现，矛盾问题全景式关联数据库。分别从人（电话）、地、事3个维度，对待处理的矛盾或问题开展事先评估：投诉累计数较多的（"12345"、信访、公共法律服务平台），由业务骨干处置；事发地矛盾问题近期呈明显上升趋势的，提醒相关居委或路长注意；一段时间内相同类型矛盾较多的，自动提醒街道相关职能部门或分管领导。交办环节由原来的"零基础"向数据综合应用发展。

3. 实现了"四长联动"一体化指挥

强化党组织统筹协调作用，按照"社区+街面"全面整合基层各支队伍，应用信息系统实时定位上岗工作人员并进行轨迹刻画，按工作需求实时发起联勤联动，打破原有条线分割和层层指令下达的工作局限，中心指挥员可以根据需要自主勾选相应的工作力量，并明确工作要求和内容，形成一键发送、组团式运作、协同作战、联手处置的良性互动机制。系统还注重线上线下联动、视频设备联动、技防和人防联动，对地铁出入口可能发生的大客流聚集等公共安全突发事件，专门细化落实了线上线下策应的"四长联动"（地铁站长、轨交警长、派出所所长、街道长）机制，形成快速处置、实时指挥、人机协同的工作模式。

4. 夯实了党建引领群众工作的基础

围绕"基于人，布置传感器；围绕事，再造工作流"的智慧社区核心理念，进一步调动辖区居民融入智慧平台系统的感知、推送、核实、处置、反馈、监督等各个环节。在原有"党建引领，顺民情；搭建平台，听民意；组建团队，聚民力"——田林自治模式的基础上，借助智慧社区平台系统，将社区软治理成效放大到最大，实现社区干部、党员骨干、片区民警、物业人员、业委会成员、居民积极分子、平安志愿者等小区既有自治力量与智能平台无缝衔接，一键推送，一呼百应。

（三）实施与落地

田林十二村建造于1985年，总面积约9万平方米，有41幢住宅楼、85个门栋，常住人口6 000余人，属于典型的上海老小区。随着岁月的流逝，小区设施逐渐老化，夜间通道灯光昏暗，偷盗案件屡屡发生，2016年被区综治办列为治安督办挂牌小区。

1. 小区实体化设施建设

启动智慧平台建设后，一是实行实名制门禁制度。全面升级85个门栋铁门，全部安装上实名制电子门禁系统，按需发放常住、租赁和临时3类门禁卡，设置1年到3个月不等的有效期限，辅之以手环、手机等多种便捷开门方式。二是每个门禁都配置了视频联动设备，记录开门前后10秒的视频画面，应用人脸识别系统，主动识别人卡不一致的情况，并推送给居委干部，要求3个工作日内上门查验。三是在小区出入口安装了人脸和车辆识别系统，建起了一条隐形的针对陌生人、陌生车的防控阵线，由人工智能承担起原来应该由门卫承担的职能。

2. 党建引领智慧社区建设

基于前端感知设备和相应数据开发的小区（居委）智慧平台，将门禁感知、智能识别、消防预警等一系列设备嵌入智慧平台，小区一下子"智能"起来了。通过人员进出、人脸识别、车牌识别等大数据融合，以及相应工作需求和流程的梳理，建立了疑似群租、高龄独居老人服务、特殊管控人员异常出入等17种应用场景，系统主动判别后直接推送给相应的工作人员。将线下自治模式复制到线上智能系统，把社区原有的"居民区三驾马车'交叉任职'模式""党员骨干、楼组长定期协商议事制度"以及实体化居民活动区等线下资源载体，整体嵌入线上智能系统，用信息化、科技化手段赋能社会力量，全面提升了居民区党组织的组织力、向心力与动员力。平台运行至今，不仅实现小区"零发案"，建成了无群租、无违建小区，"12345"市民服务热线每月工单量也保持个位数，孤老照料、非机动车管理、黑广告乱张贴等一系列小区治理难题都得到有效改善。目前，田林街道以该小区为样本，已完成10个小区的智慧平台建设，管住人、管住车、管住突发事件。

（四）成效与反响

一是激发了党委领导力。在街道党工委与八大职能科室组织架构之间新增了智慧社区联合指挥中心，高效整合了各条线的下沉力量，凸显了街道党工委领导的核心作用。联合指挥中心通过智能派单，模糊了原有的部门界限，突破了以往各自为政的局限，从云端完成了组织架构重建。数据流改变了工作流，发现机制关口前移，打破了先前包括群租在内的诸多疑难问题发现滞后的被动情况。通过智慧平台前端感知设备，第一时间发现问题苗头，在群众投诉前就将问题及时处置。2018年，街道群租等顽症问题投诉量同比下降76%，完成智能安防小区建设的11个小区均建成了无群租、无违建小区。二是激发了行政组织力。该平台强化了区、街道、社区三级联动，促进了信息资源交叉共享。除了区党建平台，公安、民政、房管、交通等26个数据库也链接到智慧平台，结合居民区安装的烟感、门禁、电弧等11种智能传感器，海量数据通过AI智能系统，形成"神经元"，使街道组织能力大幅提升，社区管理能级倍增。智能前端感知设备及时发现问题隐患，节省行政人力成本；信息流、数据流的传输，缩短了"发现—推送—处置—协调—监督—反馈"的工作流时间，各类问题和隐患高效解决，做到第一时间发现、第一时间推送、第一时间处置。田林街道报警类"110"万人出警数、盗窃和入室盗窃案件数快速下降，全年群众安全感测评高于全区平均值。三是激发了社会动员力。

智慧平台实现了203家党组织、7 162名党员、3 732家企事业单位的全覆盖，6个应急处置方案集齐待命，党员平时看得出，关键时刻站得出，可谓"振臂一呼，应者云集"。各类"神经感知元"所获信息在街道智慧指挥平台实时呈现，并集成、分析、推送工单、全程跟踪和反馈，有效调动了社会力量，使问题发现化被动为主动，问题处置由滞后变提前；大数据整合、自动分析、后端研判等一体式流程，增强了工作的前瞻性与精准性。四是激发了队伍战斗力。智慧平台系统使绩效考核不再是难事。工作量、工作效率、工作成果均可量化，公平、公正、公开，大大有利于对工作人员的规范管理。AI给予每个人公允的评价，组织给予每个人相应的待遇。通过平台全流程、全环节、全要素信息化监管机制，进一步优化了力量配置和科学考核工作。

四、徐汇区"一网统管"的经验与启示

加快推进"一网统管"先行区建设是实现城市治理体系和治理能力现代化的重要抓手，徐汇区坚决按照中央和上海市委、市政府的工作要求，坚持"六个先行"理念，抓好"两张网"建设，实现了"一屏观天下、一网治全城"的社会治理目标愿景，体现了"一网统管"先行区的示范作用，让城市更有序、更安全、更干净，让群众更有获得感、幸福感、安全感。经过一年多的探索，徐汇区智慧网格化城运平台建设取得了积极成效，"一网统管"已基本形成"一梁四柱"的工作格局和"多方联动"的协同机制，城市网格管理更加智能，城市运行态势更加安全，群众生活服务更加满意，公共卫生事件防控治理更加精准，"一网统管"的品牌内涵在实践中得到不断拓展和深化。徐汇区坚持顶层设计和基层创新相结合，坚持"看、管、干"相结合，坚持数据"采集、汇聚、研判和应用"相结合，不断突出大数据的支撑作用，优化基层的业务流程，做实网格单元的联勤联动力量，切实提高实战处置能力。同时，坚持因地制宜，做实市级规定动作，做优区级自选动作，确保市"一网统管"的平台架构在徐汇落地生效、开花结果，并充分发挥徐汇的"云、网、数、端"技术架构优势，促进市、区"数据通、网络通、系统通"，依托徐汇的资源禀赋和产业基础，积极探索在企业、产业和应用场景上的更多发展，争取更多先行先试，有力推动了"一网通办"与"一网统管"两张网建设，有效整合政府服务与管理的职责，努力探索形成实战管用、基层爱用、百姓受用的大城运"一网通治"。

在历时近一年的"打磨"后，2020年11月，徐汇区城市运行管理中心正式启用，建成了大平安、大建管、大市场、大民生四大城市体征的"一梁四柱"城运平台，打造了具有硬核能力的数据、算法和业务三大城运中台，形成了"7×24小时"的两大融合指挥系统和移动端"汇治理"实战基座。

坚持市、区联动，注重技术和业务的两翼协同，推动市、区两级的双向赋能，是徐汇区主动融入全市"一网统管"建设全局中的重要举措。一方面，通过归集实时数据，接入来自市大数据中心、全区30多个委办局以及社会第三方数据共3.8亿条，总数据量近3 PB，实现了市级六大基础库落地；另一方面，通过构建闭环流程，推动市、区两级网格管理同频共振、同步升级，在市级178项网格管理标准的基础上，拓展28项个性化管理标准，提升智能化派单水平，构建物联感知发现、数据分析研判、人机协同处置的闭环全流程。

坚持问题导向、需求导向、效果导向，确保"一网统管"管用、爱用、受用一直是徐汇区城运平台建设的重要遵循。徐汇区在不断挖掘城运平台应用场景的开发上下足功夫，先后推出包括热线办理、营商服务、平安指数、社会救助等在内的20个场景应用，并不断进行深化和递增。同时，注重实战应用，区城运中心在市"一网统管"政务微信移动端的基础上，实现了对现有相关委办局和街镇移动端应用的有机整合。特别是在公共卫生事件防控期间，徐汇区火线开发"汇治理"公共卫生事件防控系统及指挥平台，最大程度地用好人口库、法人库、地理信息库以及道口健康登记、"随申码"、企业复工登记等市、区相关数据资源，精准赋能公共卫生事件防控和营商服务。未来，徐汇区将在"一网统管"3.0版平台运行的基础上，坚持"应用为要、管用为王"，按照"三级平台、五级应用"的架构，进一步做实做强街镇城运平台功能，力求在最低的层级，用最短的时间，以最小的成本，解决最大的关键问题。

第三节 闵行区城市"一网统管"的实践与探索

为贯彻落实市委、市政府关于城市运行"一网统管"工作部署会议的精神，依据《上海市城市运行"一网统管"建设三年行动计划（2020—2022年）》，闵行区制定了城市运行"一网统管"的实践方案。

一、政策目标与实践做法

贯彻落实市委、市政府关于构建社会治理"一张网"、实现城市运行"一网统管"的工作要求，坚持"一屏观天下、一网管全城"的目标定位，遵循"整体设计一步到位、应用实施分步推进"的建设思路，建强两级平台、四级应用。聚焦数据汇聚、系统集成、联勤联动、共享开发等关键环节，推动全域全量数据汇聚与应用，整合城市治理各个领域的信息数据、生产系统，构建万物互联、互联互通的完整系统，加强"神经元"感知系统建设，推动智能管理、高效处置，智慧精准预警预判风险隐患，实现"观、管、防、处"有机统一。坚持顶层设计与需求导向结合，聚焦重点领域重要场景，围绕"高效处置一件事"，加快系统整合，强化数据赋能，夯实信息安全，再造管理流程，创新管理模式，推动城市治理由人力密集型向人机交互型转变。坚持重心下移、资源下沉、减负增能，做实网格前端管理平台，做强街镇联勤联动指挥平台，做优区级综合监管支撑平台，切实做到实战中管用、基层干部爱用、群众感到受用。

一是聚焦城运中心中台建设,新建、完善、整合业务系统,开发智能化场景。根据市级"一网统管"建设的统一部署,加快区、街镇两级城运中台建设,打造业务、数据和AI三大功能,推动城运中台成为城市运行管理的应用枢纽、指挥平台和赋能载体,连通各大业务系统,畅通各级指挥体系,为跨部门、跨区域、跨层级的联勤联动、高效处置提供快速响应,通过智能化管理方式,为各级决策者和一线工作人员提供优质数据服务和良好技术支撑,完善城市运行基本指征,实现城市运行管理的精细化、科学化、智能化和高效化。具体工作包括:搭建强有力的城运中台系统;建设"1+3+N"网格化系统,对接市级部门,以网格化系统为标准版,加快"1+3+N"系统在基层应用,融入非警情"110"业务处置、综合治理和市场监管等内容;完善市民热线智能派单和数据分析系统;建设公共卫生突发事件应急处置系统;建设网络舆情态势感知与联动系统;完善智能防汛指挥系统;完善智能应急联动处置系统;完善供水安全保障和排水应急管理系统;建设危化品道路运输安全防控和非法存储预警系统;完善灭火救援联勤联动智能系统;完善城市轨道交通综合运行管理系统;建设道路交通管理系统;建设城市生态环境智能系统;建设规划自然资源违法行为智能监管系统;完善固废综合监管系统;完善河湖长管理系统;建设"智慧卫监"信息系统;建设民防运行智能监控系统;完善大客流聚集管控应用场景;完善智能安防应用;完善城市精细化治理气象先知系统;完善社区云管理系统;推动实有人口信息在基层的特色应用;研发城市综合管理智能化应用场景(如城市建筑风险管控、电梯管控、违法建筑治理、智能群租识别、食品安全管控等)。

二是聚焦技术支撑体系建设,夯实"云、数、网、端"基层设施。围绕全区数据治理"六个一"目标,逐一细化落实电子政务云、城运主题数据库、"神经元"和感知端、移动应用门户、治理要素地图等工作要求,强化数据赋能作用,支撑基层智能化应用建设。具体工作内容包括:统一电子政务云技术框架;加快落实云资源扩容;做好重要业务系统上云开发工作,对接市级部门,逐步统一把区、街镇相关业务系统和应用场景完成在云上的原生开发和升级,完成秒级响应。建设城市运行主题数据库,对接市级部门,进一步汇聚全区生产、生活和治理各类数据,加强城市运行数据的实时汇聚并实现数据的分级治理,为各级单位的系统建设、场景开发奠定基础。做大做强"一张网"。对接市级部门,加快区级政务外网升级建设。推动"一网统管"移动端全面应用,完成政务微信端在区、街镇、基层网格三级的全面部署和应用。打造城市运行"一张图"。建立统一的地名地址标准和数据库,叠加"一标多实"各类城市运行管理要素数据,实现各类地理数据资源有序关联,完善地图更新和转换联动机制,支撑各类城市运行管理应用。加强"神经元"和感知端建设,统筹全区物联感知端平台建设,在建筑物、道路、供水、电力、燃气、环境监测点等涉及城市治理的感知体系,实现感知数据的统一规范采集。推动视频图像资源共享共用,视频图像资源统一接入。

三是聚焦"高效处置一件事",推动业务流程再造。坚持系统治理、综合治理,按照"两级平台、四级应用"的基本架构,围绕"高效处置一件事",理顺派单、协调、处置、监管的管理流程,坚持分层、分类、分级处置,坚持重心下移、资源下沉,推动各类事件处置、风险应对更主动、更及时、更高效。具体内容包括:完善网格划分,为全区"一网统管"确定基本管理单元;确定自治网格,划分处置网格,街镇牵头,区相关部门配合,统一整合街镇辖区各类执法力量,将城管进社区网、市场监管网格等应用叠加融入处置网格,打造由公安、城管执法、网格管理、综合治理、市场监管等力量共同参与的7×24小时响应的城市运行管理和应急处置队伍,统一运行街镇"一网统管"联勤联动一体化的勤务模式;明确统管范围,梳理职责清单,整合资源力量,线上线下入网,统筹整合街镇层面执法、管理、服务各类力量分别进入自治网格和处置网格,实施网格集约化管理;建立一网统筹运行、联勤联动管理的机制;统一建立城市日常管理、应急联动指挥和城市驾驶舱3种管理模式。

四是聚焦体制机制建设,强化综合保障。建立健全组织领导体制,成立"一网统管"推进工作领导小组,组织实施三年行动计划。完成机构编制"三定"方案,构建城运中心运行体系。根据"一网统管"建设要求,区相关部门和各街镇指定分管领导,并抽调专人,建立城市"一网统管"工作专班。建设区、街镇城运管理中心,明确区、街镇两级应用平台的建设标准和应用标准,统筹项目规划建设,建立重大项目联审机制,集中对全区"一网统管"信息化项目进行统筹规划。

二、运行原则与实践工作机制

为贯彻落实闵行区"一网统管"工作部署会议的精神,依据《闵行区城市运行"一网统管"建设三年行动计划(2020—2022年)》,聚焦"高效处置一件事",建立闵行区"一网统管"处置网格运行机制。

(一)运行原则

一是高效处置原则。围绕"高效处置一件事",推动城市治理解决在基层,对于一般常见问题及时处置、重大疑难问题高效处置。着眼防范、化解重大风险,聚焦最难啃的骨头、最突出的隐患、最明显的短板,充分利用信息化手段,做到及时、高效处置。二是综合治理原则。充分发挥各部门的优势,依靠智能化手段,具体问题具体分析,从源头加强综合治理。利用管理、执法和服务手段,多部门参与,解决城市治理过程中的难点、热点问题,提高综合治理水平。三是联勤联动原则。做强基层跨部门、跨层级联动,压实责任、强化协同,减少部门之间的推诿扯皮。通过跨部门联勤联动,整合力量,提高城市管理绩效,做到信息互通、资源共享、联合执法,难点顽症治理逐步实现"多家联动,综合治理"。

(二)实践工作机制

一是设置网格长。各街镇及工业区处置网格网格长由城管中队执法人员担任,同时兼任城运中心副主任。在处置网格内,一个部门无法单独处置,需要综合整治和联勤联动的案件,由网格长牵头处置。网格长每月定期召开两次联勤联动工作例会,及时向职能部门通报区域内安全生产、违法经营、环境污染等问题及整改落实情况。二是明确处置部门。各街镇及工业区处置网格由执法力量、管理力量和服务力量组成。公安、城管、市场监管、房管、综治等执法和管理力量作为主要部门进入处置网格。其他部门（如规建、环保、安监、水务、拆违、人口、文体、司法等相关职能部门）结合实际自行选择进入处置网格。服务力量由政府购买服务、市政养护、绿化养护、环卫作业、网格员等组成，各街镇结合区域实际，按照实用、管用原则进入处置网格。三是建立职责清单。处置网格承担该区域内职责边界不清，容易推诿扯皮的城市管理中的难点热点案件，以及一个部门无法单独处置，需要通过联勤联动或综合治理解决的案件（主要包括群租、擅自改变房屋使用性质、餐饮油烟污染等案件类型）。四是完善力量配置。处置网格力量配置按照市、区两级"一网统管"清单"1+3+N"的要求，主要职能部门不少于1人，其他管理力量（特保、网格等）和服务力量（政府购买服务、养护、作业等）不少于10人。确保执法和管理力量足额配备，统筹管养力量，确保发现管养问题能得到尽快及时跟进解决；统筹服务力量，有的放矢地统筹网格人员等增强特殊点位和区域的服务保障。五是完善联勤联动模式。一种是处置网格派驻方式。各级职能部门人员以派驻方式进入处置网格，派驻人员日常管理以处置网格为主，由网格长统一指挥调度，分派任务，形成基层联勤联动、综合执法新机制，强化对网格作为社会治理最小管理单元的实战应用支撑，推动"高效处置一件事"。另一种是处置网格绑定方式。各级职能部门人员以绑定方式进入处置网格，绑定人员的日常管理由原部门负责。网格长根据需要，可以指挥调度绑定人员参加网格联勤联动和综合执法，各级职能部门对于处置网格中需要综合整治的案件，根据整治范围和内容进行支援，职能部门人员进行联合执法，精简执法模式。

三、个性化应用场景

自2020年5月闵行区召开"一网统管"推进工作部署会议后，各街镇着眼实战管用，扎实推进城市运行"一网统管"工作。坚持"应用为要、管用为王"的宗旨，围绕"高效处置一件事"，重点在智能化场景应用和处置网格运行机制等方面进行探索实践，为城市管理提质增效。

（一）马桥镇"一网统管"应用场景

马桥镇聚焦智能化应用场景建设，以数据赋能和流程再造提升城市运行智能化管理水平。一是数据采集设施全覆盖。马桥镇抓住城市运行的核心要素——人、房、物，对所有房屋实施精准的房屋测绘和人员登记，并在辖区主要道路、各小区主要出入口和单元门、各村主要出入口、重点防控场所安装监控、人脸识别装置、智能化门禁和各类感知设备，实现智能化基础设施全覆盖。二是需求问题导向设场景。马桥镇的应用场景集中设置在社会治理、环境安全、应急防范三大领域，先后开发了社区智能化管理类——平安社区智能化管理系统、人房信息管理系统、垃圾分类智能化管理系统；城市运营管理类——违法建筑处置信息管理系统、应急调度指挥系统、群众回访管理信息系统；应急防范类——防汛防台智能调度系统、河道水质监测平台、重点企业和重点场所物联网感知系统的3大类9个应用系统。下一步将逐步把这些系统整合到镇城运平台。三是技术支撑再造流程。镇里为网格巡查员配备了521个终端设备，实时记录工作轨迹。同时，指挥长可以在镇城运中心指挥大厅运用智能硬件设备和手持移动终端，对突发事件进行精确实时指挥。此外，镇城运中心还可利用平台数据，对案件信息进行集中分析，对城市治理具体问题及时处置，对重点难点问题开展联勤联动，帮助居村解决共性难题，对疑难杂症进行会诊会商。

（二）梅陇镇"一网统管"应用场景

梅陇镇以防汛防台为切入点，拓展城运平台一体化指挥功能，实现可视化指挥线下应急处置，提升了城运平台的实战能力。一是视频防控立体化。在镇城运中心指挥室，全镇42个重点点位990路视频探头一览无余，水闸、泵站、下立交等相关探头监控图像也可实时获取。指挥长也可使用单兵执法仪、车载布控球等移动视频设备，一键指挥网格巡查员或巡查车到达受灾点、转移点等现场，动态获取实时视频信息。二是信息传达便捷化。为提高汛期信息上传下达的效率，镇城运中心开发了"梅陇e报"手机端防汛防台信息填报模块，相关单位可扫描二维码报送汛期值班、突发事件、资源储备、受灾、转移及隐患排查等信息。此外，指挥长也可在大屏端及时找到网格对应的应急力量，通过电话呼叫、短信发送，发起力量联动、预警提示和指令传达。三是数据监控直观化。根据防台防汛"测、报、防、抗、救、援"等核心业务需求，梅陇镇定制开发了防汛防台专题指挥版面。配合信息填报系统、视频汇聚系统等，在指挥室就能实时做到气象预警信息同步、水位监测数据获取、受灾情况标注、应急资源调度等。

（三）七宝镇"一网统管"应用场景

一是探索"一网统管+智慧古镇"项目建设。七宝镇以"智慧古镇"为试点，以科技赋能为支撑，重点在个性化专题开发上下功夫，探索"神经元"智能场景应用。镇城运中心、城管中队、安监所、市监所、派出所等相关职能部门及古镇管委办、七宝村、蒲汇居委等责任网格聚焦社会热点难点问题，重点针对"三合一"、群租等市民投诉集中的问题，共同探索"智慧古镇"项目开发。以人脸识别、设备感知等智能场景应用，实现全天候的实时监测和自动化的闭环管理。二是充分发挥单兵作战指挥功能。全镇共配有20台单兵执法仪，遇到突发应急事件，无须跑点位即可观全镇。对个别出现人员聚集倾向的居委，及时调派力量支援，实行一网指挥。例如，七莘路1666弄富丽公寓小区门口一辆白色轿车出现了油箱漏油的情况，七宝镇城运中心通过单兵设备，充分发挥远程监控、远程指挥及远程协调的作用，指挥出动1辆警车、1辆消防车和1辆牵引车，及时地将故障车辆拖离。

（四）新虹街道"一网统管"应用场景

新虹街道聚焦"一网统管"移动端轻应用、小程序的开发和应用，在政务微信上开发了快速处置模块,建立了集指挥、响应、处置为一体的指挥系统,对重大安全隐患和突发群体性事件进行一体化指挥。一旦发现紧急情况,平台"一体化指挥"模块会及时受理并进行报警提醒,平台会自动调取距离事发地最近3个摄像探头的视频影像。指挥长通过平台实时查看案件详情,第一时间将案件派发至相关处置人员和责任单位。案件发起后,政务微信系统会自动建群,将责任单位的处置人员拉入;案件处置完毕,群自动解散。处置人员能通过手机端实时上报文字、图像、视频等各种信息,指挥长也可通过手机端实现远程指挥并随时获取现场单兵执法仪拍摄的视频。所有处置环节都会实时推送至城运平台,实现一体化协同办公和调度指挥,高效、快捷、精准地处置辖区内的突发应急事件。2020年以来,为缓解公共卫生事件带来的影响,新虹街道进一步深化"一网统管"作用,陆续开发了"企服通""社区治理通""街面通"等功能性App。社区网格工作人员在巡查过程中,遇到任何问题都能通过相关手机应用进行实时上报。街道城运中心收到紧急"报警"后,在上报区总值班室的同时,同步启动一体化指挥,第一时间勾选处置人员组建政务微信群,并通过系统推送通知至街道领导以及派出所、管理办等有关职能部门应急响应。

(五)浦锦街道"一网统管"应用场景

浦锦街道聚焦做实处置网格,在召开"一网统管"推进会后,将辖区划分为4个处置网格(分中心),按联勤联动片区化方式进行案件处置。第一、第二、第三处置网格由城管力量担任网格长,公安、市场监管等职能部门共同参与;第四处置网格为农村地区,由街道农村中心责任人担任网格长,城管、公安、市场监管等职能部门共同参与。4个处置网格对网格内的各类城市管理案件进行处置。2020年6月,在4个处置网格试运行后,针对区域内废品回收站环境脏乱差及小区群租等难点问题进行联勤联动执法。第四处置网格组织城管、市场监管、公安、安监、平安办、村委等力量对区域内的45家废品回收站开展专项排查整治,共取缔了10家无证站点,清运15车废品,并督促其余35家自行整改。第一、第二、第三处置网格针对住宅小区群租乱象进行分析研究,重点对浦恒馨苑、浦秀馨苑和滨浦地区农民动迁房的群租问题制定了整治方案,3个处置网格组织房管、居委、物业、公安及特勤人员共同开展群租联合整治,共整治了9户群租房。计划依托联勤联动力量每周开展一次常态化专项整治,切实提升群租类案件的处置成效。

第四节　上海超大城市"一网统管"平台建设的挑战与建议

一、上海"一网统管"平台建设的共同挑战

城市运行"一网统管",是城市治理的"牛鼻子"工作。随着城市治理精细化的不断推进,各区、各基层街镇在城市运行"一网统管"赋能基层治理效能提升上以做实做

强街镇城运平台为核心,围绕"高效处置一件事"的目标,聚焦基层实战赋能、平台实用实效,积极探索、大胆创新、勇于实践,已取得一定的成绩,然而,在数据、技术、业务、机制上仍存在以下8个方面的问题。

（一）基层数据纵向回流赋能有待进一步解决

当前,市级已通过大数据共享平台向区、街镇等基层单位共享数据、赋能基层,但基层街镇平台个性化场景应用所采集、更新、纠正的数据并未很好地反向回流赋能市、区两级应用,导致数据只有单向流动,需要建立新的工作机制使数据"活"起来,提高数据的质量。

（二）基层平台系统赋能实战有待进一步提高

一是基层治理街镇平台及相关部门的系统或数据还没有达到理想的融合互通的矩阵结构状态,还是互不相连的树状结构,一定程度上制约了"一网统管"整体功能的发挥。二是平台实战应用能力还未体现,相关体征和场景还未能赋能街镇用于实战指挥和处置,往往只注重展示功能而忽略后台"实干"。三是条线"数据烟囱"依然存在,街镇平台系统目前仍存在数据共享不实时、不完整、无法自行维护等问题,没有形成大数据合力。

（三）基层指挥协调的权威性有待进一步提升

目前,全市各街镇基本沿用原有网格中心的管理模式,主持工作的常务副主任大多由街镇管理办主任或绿化市容所所长兼任,由于指挥协调的权威性不够,在案件派单过程中,特别是在重复工单等疑难案件处置过程中,存在协调指挥难、执法管理部门推诿、处置效率不高等问题,未能充分发挥基层指挥中心的作用。

（四）基层治理联勤联动机制有待进一步完善

虽然各街镇网格队伍人数庞大,但由于人员流动频繁、自身能力素质不强、岗位职责不明确等原因,未形成规范的工作联动机制,工作合力不够。部分街镇联勤联动机制落实还不到位,参与联动的部门还不明确,职责还不清晰,主观能动性还不强,基层治理需要一支更加综合的全天候联勤联动队伍,更好地形成综合执法和快速处置的合力。

（五）基层治理线上线下融合度须进一步加强

首先是工作机制融合度不够。各基层街镇城运中心应实行指挥体系一体化,即网格、综治与公安指挥功能"三合一"。目前,大多数街镇还未完成融合,没能实现物理整合和功能融合。其次是硬件建设和实战指挥融合度不够。各基层在推进城运中心硬件建设时,应更多考虑线上线下同步,与"三级管理""五级应用"实战平台的衔接,以及与实现"高效处置一件事"的联动,不能一味地追求场地、硬件建设而忽视城运中心指挥中枢与实战应用的作用。

（六）顶层设计与个性需求之间须进一步磨合

为避免数字和平台资源建设的重复与浪费,目前是由区级政府统一部署"一网统管"总体工作并设置统一的"一屏观全域"的一屏底板。而应用场景是一种自下而上的基层管理需求，当基层难以围绕真实的价值问题去创造和选择场景时，就会产生让应用场景空转而不解决实际问题的"空气币"现象。比如，原有的街镇电动车防盗应用场景难以嵌入"一屏"这个底板，导致其无法再用。

（七）基层场景应用便利化不够

场景赋能的基础是数据的畅通。经过十几年的政府信息化、数字化建设，政府间数据共享得到很大进步，但不同层级的政府和部门之间因为标准和格式不统一无法进行数据对接。数据开放度依然不够，造成数据难以共享。比如，群租的治理在基层场景应用中数据推送还比较滞后，使问题整治的及时性、有效性打了折扣。再如店牌店招，相关主体的缺位错位导致管理便利化水平很低，美观和安全隐患的责任主体是街镇，但是相关数据的归集在市级系统，出现基层提交了数据却不能在平台中共享数据的尴尬。

（八）基层场景治理保障性不足

场景设计是以问题为导向的，而最先准确感知问题的是基层，基层实际投入力量尚显不足。调研中发现，较大的镇城运中心在编人员也只有两名，城市治理中社会和市民力量参与不足。人力投入不足和机构设置问题，实际导致了"一网统管"的成本大大提高。比如，智能监管中摄像头等设备数量会大幅增加，安装和后期维护相关设备的费用会持续攀升。而这方面投入越大、成本越高，可持续性就越低。现有场景应用可持续性差、经费投入多还不是主要问题，主要是"一网统管"的机制不灵活，运营思路僵化，难以应对数字化时代的城市治理问题。市场参与度和社会参与度都严重不足，不仅出现治理事务增多而数据使用权偏少的尴尬状态，也很难实现场景应用的可持续性。

二、提升区、街镇基层"一网统管"工作实效的建议

基层是社会治理的基础，也是"一网统管"的末梢，同时又是实现城市治理管理闭环最重要的一节。时任上海市委书记李强强调，建好"一网统管"的"三级平台、五级应用"，要形成"大约99%的事项在街镇层面解决、1%的事项在区级层面解决、极少数重大突发事项在市层面解决"的金字塔型格局。上海市委28号文件明确，在街镇设置城市运行管理中心，推动城市运行"一网统管"在基层的充分应用。目前，上海围绕治理、经济、生活三大维度，加快推进城市数字化转型，聚焦治理数字化转型，实现治理更智慧。针对基层治理中的难点、堵点问题和实际需求，如何让"一网统管"更好地助推基层治理、提升工作效能，已成为城市数字化转型中数字治理的新实践。

针对以上当前基层在实施"一网统管"工作时遇到的实际问题，我们亟待从理念思维的转变拓展、技术和业务的创新赋能、体制机制的改革突破等方面加以改进，主要有以下8点建议。

（一）转变理念，深化基层治理

在数字化政府的转型背景下，为更好落实"人本治理"，依据数字社会特性与数字公民需求，应加快追求三个理念转变，充分发挥"一网统管"支撑基层治理实效、引领

城市治理转型的重要作用。一是以人为本理念。按照"人民城市人民建，人民城市为人民"的重要理念，坚持群众需求和城市治理突出问题为导向，应更好地发挥街镇中心作为"为民服务"的载体功能，使得基层治理实现从以政府管理为中心向以服务市民为中心的本质转变，使企业、群众办事更省力、更省心，城市运行更加高效、更有温度。二是整体政府理念。按照"系统治理、综合治理"的关键理念，突出响应城市运行发展"平战结合"的变化需求，应强化各街镇城运中心建设运行中的"条"思维向"块"思维的转变，以"网格化+"的管理模式，推动组织、赋权、资源、协商、数据、阵地"六下沉"，以条条协同、条块联动、政社互动的"无缝隙整体政府"应对常态化与非常态化的复杂城市治理。三是智慧治理理念。重视数字治理理念和技术，建议紧抓数字化、网络化、智能化融合发展的契机，强化新一代信息技术在"一网统管"中的深度融合应用水平，不断创新基层治理与服务方式，推动城市治理由人力密集型向人机交互型转变，由经验判断型向数据分析型转变，由被动处置型向主动发现型转变。

（二）数据治理，服务实战应用

一是重塑数据体系，加强数据共享。在确保安全的前提下，充分发挥数据赋能作用，坚持应进必进、应归尽归的原则，把数据的有效汇集应用作为推动基层城运中心建设的重要基础性工作，通过数据标化、转化、活化等方式推进数据共享，打通"数据烟囱"，强化主动发现、关注被动发现、拓展智能感知发现，并做好多维数据的汇集分析，全面把握街镇城区运行体征，实时汇入大数据资源平台。例如，在市场监管领域，徐汇区通过贯通政务服务领域的店铺行政许可数据、城市治理领域的监督检查数据，以及社会监督领域的行业评价、消费评价等数据，推出涵盖全区近万家沿街店铺的智慧商铺"汇商码"，切实实现基层工作增能减负。二是做好基础工作，保障数据回家。建议切实考虑区和街镇的治理需求，在完善数据权责体系的基础上，尝试探索"可用不可得"等方式向基层传输基础数据库和诸多主题数据库数据，建立基层数据回流市级数据湖的渠道和机制，让数据在双向流动中发挥最大价值，从业务数据化到数据服务化，助力基层治理实战应用。

（三）场景开发，提升精准治理

一是夯实实战技术基座。按照统一的"云、网、数、边、端、安"总体架构，进一步加强"大基座、轻应用"的建设和运用，积极动员基层发挥创新智慧，鼓励基层部门从实战出发、从轻应用入手，撬动基层部门积极参与到"一网统管"建设中，优中选优，不断储备优质的"场景库"，赋能市、区两级城运平台及标准规范体系，打造可推广、可复制的"一剑封喉"的"撒手锏"应用场景。二是完善实战场景体系。凡是不产生工单的场景都是"盆景"，凡是不形成闭环的处置都是"摆设"。切实发挥区、街镇两级城运中心的实战指挥作用，两级城运平台都应该具备用户体系健全、处置流程灵活、数据信息回流的功能。建议在推进网格化系统建设时，强化区级城运指挥功能，结合区域实际，灵活定制网格工单标准和闭环处置流程，更好地满足基层"高效处置一件事"

的实战指挥需求。

（四）联勤联动，实现闭环管理

根据"三级平台、五级应用"的架构，为更好地实现99%的事项在基层处置，应更加注重、有效强化联勤联动。一是做优指挥体系。一方面，理顺区、街镇两级城运中心体制机制，推进"一网统管"建章立制，发挥好区级城运中心的指挥中枢作用和街镇城运中心的指挥协调作用，建议明确街镇城运中心作为基层指挥中心信息共享、快速反应、联勤联动的功能定位，推进街镇城运中心与综治中心、派出所指挥中心的三方指挥功能"三合一"，形成融合指挥体系；另一方面，提升区、街镇两级城运中心实体运作，在推动市、区、街镇三级城运平台联动的基础上，进一步明确各级应用边界分工，重点向网格、社区（楼宇）四级、五级应用下沉。二是做强网格力量。建议进一步推行综治网格的"多格合一"，深化网格队伍"两集中"改革，推进城管、公安、市场监管、房管、平安综治等执法队伍力量下沉，统筹整合网格监督员、劳动保障监察协管员等辅助力量，并确保辖区各条线单位、部门服从街镇城运中心的指挥调度，与城运中心一起形成"前线主战主防、后方主建主援"的联勤联动格局，使各支队伍在统一平台上高效协作。三是做实闭环管理。围绕"城运中心本体-网格单元-居民社区"三级体系，应着力将街镇城运中心打造成信息共享、快速反应、联勤联动的基层指挥平台，将网格单元打造为接受中心指令、发挥网格合力、前端及时处置的基层实战窗口，并发挥党建引领、多元合力的居民社区基层队伍力量，切实通过做实三级体系，打通派单的内部流程，确保每个层面的有序衔接、高效运转，形成发现、派单、处置、结案、回访的全过程闭环工作机制，真正做到第一时间发现问题，第一时间控制风险，第一时间解决问题。

（五）共建共治，形成基层合力

一是加快基层城运管理移动端应用。一方面，打造统一的移动平台端，做到统一入口、统一派单系统、统一接入区级城运中心，为城运工作人员提供方便的位置定位、工作查询、数据上传、接单派单等功能，使移动端能在日常使用中真正发挥作用；另一方面，创新探索实现"一网统管"与社会应用移动端的对接联通，激发社会公众的参与度和积极性。例如，徐汇区很好实践了公众广泛参与性，新设了群众参与治理的新流程，实行"人人都是网格员"计划，在移动端"汇治理"小程序中新上线"随申拍"功能，发动广大市民共同监管，释放城市共治的力量，打造共建共治共享的社会治理格局。二是搭建面向社会多方的城市治理开放平台。在"一网统管"运行中产生的公共数据，除支撑"一网统管"自身运行外，应逐步向社会开放，通过建立健全"大联动、微治理"体系和数据融合管理机制建设，让社会力量参与公共数据的开发利用，进一步鼓励与催生出更多城市治理领域的多个创新应用，全面提升城市综合管理与服务效能。

（六）深化"一网统管"认识，优化技术体系架构

积极对标中央和市委、市政府关于提供世界一流城市治理"上海方案"的要求，以

更高站位和更清定位，全面推进以"一网统管"为标志的智慧政府建设，使城市治理更加科学化、精细化、智能化。积极构建支撑"一网统管"先行区建设的技术环境，加快形成"一张图、一张网、一个池、一朵云、一平台、一门户"的"六个一"技术支撑体系，使城市大脑更优、城运体征更精、实战网络更强。

（七）强化应用场景开发，夯实街镇网格平台

坚持从群众需求和城市治理的突出问题出发，围绕"管用、爱用、受用"的目标，广泛征询各方意见建议，集中精力优化能够率先赋能"一网统管"实战的新应用，优先构建符合最大公约数的新场景。加强街镇网格的标准化建设，通过统一界定网格事件的标准要求，有效厘清网格管理的权责清单，强化一线力量联勤联动的处置机制，着力形成统一高效的工作闭环。

（八）加快城运中心建设，做好公共卫生事件社区防控

加快启动区和街镇两级城运中心的升级建设，进一步明确时间节点和责任要求，优化项目审批流程，落实财政资金保障，切实推动城运中台成为城运系统的应用枢纽、指挥平台和赋能载体。针对公共卫生事件防控的特殊需求，不断深化"一网统管"平台开发建设，在有效赋能基层一线精准防控的基础上，与城运中心和应急联动指挥中心形成高效的平战联动机制，实现常态化条件下公共卫生事件防控与城市治理的有效衔接。

未来，上海各区需要继续精准把握城市数字化转型的重大契机，以建设韧性城市为目标，坚持需求导向、问题导向、效果导向，从群众需求和城市治理的突出问题出发，进一步加强数字技术与"一网统管"系统的融合建设，加快数据驱动、场景牵引、流程再造、两网融合等进程，以上海城市治理的数字化、智能化、智慧化水平提升为目标，不断推进新一代数字技术的创新与发展。

三、上海"一网统管"与城市灾害综合监测韧性建设

安全是超大城市运行的底线。加强城市安全风险防控，是提升城市安全发展能级、服务人民美好生活的必然要求。习近平总书记在中共中央政治局第十九次集体学习时强调指出：要健全风险防范化解机制，坚持从源头上防范化解重大安全风险，真正把问题解决在萌芽之时、成灾之前。要加强风险评估和监测预警，提升多灾种和灾害链综合监测、风险早期识别和预报预警能力。上海滨江临海，面临台风、洪涝、地震、地质塌陷、海洋灾害、森林火灾等多种自然灾害风险。作为国际型超大城市，具有人口高度密集、工贸企业高度密集、各类建筑高度密集、重要生活设施高度密集的城市特征。在城市安全风险高度集聚下，一旦发生自然灾害，容易由小灾引发大灾，甚至形成灾害链，灾害损失具有放大效应，对城市运行安全构成严峻挑战。因此，如何提升自然灾害综合监测预警能力、有效防范城市灾害风险，是建设上海"韧性城市"的重要命题。

（一）本市自然灾害监测预警的现状

一是管理体制机制初步建立。2019年11月，上海市应急管理部门组建成立，承担

综合防灾减灾救灾职责，负责协调自然灾害综合监测预警工作。在新一轮政府部门改革下，自然灾害综合防治体制基本确立。2020年9月，上海市自然灾害防治委员会成立，应急、规划、农业、水务、绿化、气象、地震等多部门形成的自然灾害统筹协调机制进一步完善。二是防治政策制度体系逐步完善。近年来，涉灾部门根据本市灾害特点，分别出台了气象、防汛防台等专业领域灾害防御和应急响应制度文件。防汛防台、海洋灾害、林业有害生物灾害、雨雪冰冻灾害、地震灾害等专项预案先后完成新一轮修订。2020年，市委、市政府发布了《关于提高我市自然灾害防治能力的意见》，填补了自然灾害防治综合政策的空白，对全面提升防灾减灾救灾能力，实现"三个转变"（从注重灾后救助向注重灾前预防转变，从单一灾种向综合减灾转变，从减少灾害损失向减轻灾害风险转变），提出了具体指导要求。三是专业监测预警能力不断提升。成立于2013年的上海市突发事件预警信息发布中心，成为统一发布突发事件预警信息的权威综合平台。气象部门的气象风险预警系统、天气影响预报和灾害风险预警系统，水务部门的雨情自动测报与积水自动监测、海洋灾害预警系统，地震部门的地震烈度速报与预警系统，农业部门的病虫害监测预警系统，绿化市容部门的森林防火监测系统等，织就了本市自然灾害专业监测网络，为本市汛期、重大活动的风险防控提供了有力支撑。四是智能化系统支撑"一网统管"。市城运中心的"一网统管"2.0版本已接入48个部门的179个系统和710个应用。其中，防汛防台、气象先知等系统与"城市之眼"视频应用系统、大客流监测系统等共同构成了"高效处置一件事"的系统基座，为城运中台提供灾害风险防控的数据支撑与系统赋能。

（二）本市自然灾害监测预警面临的挑战与问题

一是自然灾害风险日趋复杂。全球气候变暖导致海平面上升、地面沉降、台风风暴潮、暴雨内涝、高温热浪等自然灾害发生频次增加。汛期天文大潮、台风增水、区间暴雨和太湖上游洪水等致灾因子"多碰头"现象时有发生。多灾种集聚和灾害链特征日益突出，灾害风险的系统性、复杂性加剧。二是城市运行风险较为突出。上海城市人口密集，高层建筑林立，大型城市综合体众多，轨道交通网络密布，地下管线交错纵横，城市承灾体的脆弱性、易损性凸显。小灾容易引发大灾并形成灾害链，自然灾害所造成的风险很容易和其他风险叠加衍生为事故灾难，造成较大的财产损失、人员伤亡及较大的社会影响。三是灾害监测集中于单一领域。目前，气象、水务、地震、农业、绿化市容等部门均建有监测预警系统，分别布设了感知终端网络，形成了专业监测预警能力。但各系统主要集中于灾害单一要素、单一灾种危险性或灾害隐患，只对某一特定专业领域的灾害风险具备监测能力，不能应对多灾种集聚和灾害链产生的重大风险。四是灾害风险预警服务能力不足。各单灾种预警主要通过监测数据分析结果，实现对致灾危险性进行分级预警，而对灾害可能导致生产生活秩序的破坏程度和影响后果，缺乏综合性的分析研判，不能对多灾种集聚和灾害链的极端情况形成针对性、差异化的有效防范。五是灾害监测预警信息共享不畅。各专业监测预警系统分属不同的主管部门，不可避免地形成系统的"数据壁垒"。市城运中心虽然基本上实现了防汛防台、气象先知等系统的集成与数据汇聚，但主要侧重于"观"的层面，并不能替代专业部门的"管"和"防"。因此，自然灾害综合监测预警信息的跨部门共享机制还不健全，动态数据汇聚共享融合的实现途径尚未打通。六是缺乏行之有效的风险管控机制。城市风险具有系统性、复杂性、突发性、连锁性等特点，风险防控需要跨系统、跨行业、跨部门的专业合作与统筹协调。目前，城市安全管理工作仍然存在各自为政、条块分割等碎片化、单方化的问题，系统性和协调性不足，影响了城市安全风险管理的效率和能力。

（三）"一网统管"与自然灾害韧性建设路径

一是建立自然灾害综合风险与减灾能力数据库。借助2020—2022年第一次全国自然灾害综合风险普查，各涉灾部门协同完成本市洪涝、台风、地震、森林防火、地质塌陷以及海洋灾害、农林生物灾害等多灾种风险普查任务，全面掌握本市致灾孕灾要素、承灾体、历史灾害事件、重点隐患清单及综合减灾资源能力等情况，并由应急管理部门牵头编制自然灾害综合风险区划和自然灾害综合防治区划，建立自然灾害综合风险与减灾能力数据库，为灾害风险综合防控提供数据支撑。二是建立健全自然灾害风险监测预警体系。完善构建气象灾害、海洋灾害、地震地质灾害、农林有害生物灾害等监测预警体系，进一步加强感知终端设备布点建设，提高监测覆盖率，健全监测指标体系。重点聚焦社区、公众聚集场所、大型城市综合体、城市交通、港口航道、危险化学品生产储存等重点场所和区域，不断提升空天地、海陆空全域覆盖的自然灾害综合监测预警能力，为城市重点防范洪水内涝、大风大雾、雨雪冰冻、海洋和生物灾害等提供有力支撑。三是健全自然灾害信息资源获取和共享机制。应急管理部门协同有关部门做好灾害信息传输渠道的规划和布局，依托市大数据中心和市城运中心，汇聚融合气象、水务、地震、规划、农业等多部门单灾种风险监测预警数据及城市运行基础数据、社会感知网络数据等动态信息，统一多源数据标准，形成自然灾害综合防控专题数据库，与自然灾害综合风险及减灾能力数据库共同构成本市应急管理大数据平台的数据应用支撑。四是加强多灾害耦合风险的综合分析研究。分析上海面临的主要灾害风险类型和特征，以及多灾害耦合风险，如台风洪涝耦合风险、地震次生火灾风险、多灾种下重大工程安全风险等，开展重点防控研究，明确灾害对象和防灾减灾救灾的核心业务需求。针对多灾害耦合风险，基于大数据分析和人工智能方法，构建多灾害综合风险评估模型。通过分析评估结果和数据可视化等手段，实现自然灾害风险趋势分析、自然灾害损失评估等，为灾害风险综合防控提供科学决策依据。五是建设防灾减灾救灾综合智能应用系统。依托"一网统管"等信息化建设基础设施，由应急管理部门牵头建设市区联动、部门互通的防灾减灾救灾智能应用系统。系统聚焦多灾害耦合和城市运行安全等重大风险，运用大数据、云计算、人工智能、物联网、知识图谱等现代信息技术，实现自然灾害综合监测预警、自然灾害综合风险评估、多灾害情景推演与决策辅助，并构建全市多灾害综合风险与监测预警"一张图"、灾害综合风险防控"一体化"，提升自然灾害防治日常管理和救灾指挥调度能力。六是建设自然灾害综合预警信息共享发布平台。依托现有市突发事件预警信息发布中心，建设精准化、标准化、直通式、智慧型的，与各涉灾部门对接的综合预警信息共享发布平台，并运用新兴技术拓展智慧型发布渠道，如面向薄弱地区、重点地域的直通式预警信息发布渠道、面向广大公众基于所处位置的精准化预警发布渠道等，为政府决策部署、部门应急联动、社会公众防灾避灾提供重要支撑。七是共同构建自然灾害联防联控工作格局。充分发挥市自然灾害防治委员会的平台作用，指导协调各成员单位强化部门灾害风险管理职能，完善部门灾害风险控制机制，共同推进本市防灾减灾救灾现代化、信息化、智能化建设，完善城市安全运行风险管理体系。既要高度警惕"黑天鹅"事件，也要防范"灰犀牛"事件，切实守好城市安全底线，推进建设能应对各种自然灾害风险、有快速修复能力的上海韧性城市。

第六章

上海超大城市精细化治理与韧性建设

党的十九大报告明确提出：新时代我国社会主要矛盾已经转化为人民日益增长的美好生活需要和不平衡不充分的发展之间的矛盾。在城市管理中如何体现人民对美好生活的向往，对城市治理水平提出了更高要求。2014年上海市委"一号课题"推出以后，上海在城市精细化治理方面进行了许多有益探索，初步确立了"全覆盖、全天候、全过程，法治化、社会化、标准化和智慧化"（"三全四化"）的城市精细化治理目标，积累了许多优秀做法和先进经验，值得系统梳理和分析总结。

本章聚焦典型案例与政策规律，从城市精细化治理更有序、更安全、更干净三重核心目标的视角选取当前上海城市精细化治理当中的7个典型案例进行分析和梳理，分别是城市秩序领域的奉贤区道路"交通法治示范区"建设、上海市家庭医生签约服务与分级诊疗制度建设，城市安全领域的长宁区"四医联动"社会救助、上海市建筑玻璃幕墙安全管理，城市风貌领域的嘉定区马陆镇北管村美丽家园建设、徐汇区田林十二村住宅小区综合治理、闵行区城市老旧小区燃气安全管理。通过对典型案例实践的梳理、经验启示的总结和问题的分析，提炼了相关方面继续完善和提高城市精细化治理的政策建议。

第一节 上海超大城市精细化治理与韧性建设的背景与内涵

城市精细化治理是一个实践先于理论的创新领域。精细化治理源自泰勒（Taylor）的科学管理理论，早期主要运用于商业领域。20世纪初，美国首先发生了市政研究运动，美国市政经理协会与锡拉丘兹大学麦克斯韦尔学院合作开展市政经理培训项目，将市政研究推广到了全世界，成为研究城市精细化治理的滥觞。虽然欧美国家已经较为普遍地将高科技信息技术作为现代城市管理的重要方法和创新尝试，在城市管理和公共服务中，由G（government，政府）、B（business，企业）、C（community，公众或者社区）组成的GBC电子政务公共管理服务模式也得到普遍运用。学界对于精细化治理的研究大致经历了概念界定、路径探索、案例分析、困境迷思等方面。一是城市精细化治理的概念讨论与背景研究。仇保兴较早提出了城市精细化治理的概念，认为中国正处于向追求质量的城镇化转变的关键时期，意味着城市精细化治理面临着极好的发展机遇。[①]彭勃提出精细化治理不只是面对难题的暂时应对策略，而是国家治理现代化的关键内容。从"抓亮点"到"补短板"的治理转向，反映出城市治理面临深刻转型的历史背景。[②]二是路径探索方面，诸大建将城市精细化治理视作思维革命，提升城市精细化治理水平需做好顶层设计。[③]吴建南认为城市的精细化治理是科学管理，是基于精密、细致的研究、规划来实施的管理。[④]李友梅认为上海积极探索符合超大城市特点和规律的社会治理新路，通过"补短板"，不断推进城市管理与社会治理创新的深入，需要"绣花式"的精细化。构建以人口管理服务为重点的精细化社会治理模式；以化解矛盾为重点，构建政府与社会分工协作的社会治理方式；形成以应对社会风险为重点的政府主导型治理方式。[⑤]三是案例分析方面，傅小随以深圳为例分析了城市精细化治理的深度转型。[⑥]严军等专家认为上海城市精细化治理的目的是为城市运行提供精准化保障和为公众生活提供精准化服务，城市精细化治理是网络化、智能化、标准化、法制化的系统性管理。[⑦]四是迷思困境方面。唐皇凤对城市精细化治理进行了反思，认为城市精细化治理对于秩序和确定性的偏爱与渴求，以及对于数据治理和指标治理的迷信，使城市治理容易陷入秩序唯美主义、数据崇拜和技术决定论的迷思，其中蕴含着独特的内生性风险。[⑧]吴志华指出城市精细化治理的应有之义不宜扩大化，不能把现阶段城市管理和城市治理几乎所有的工作都装进精细化治理的"篮子"里。[⑦]以上研究为上海城市精细化治理的实践提供了重要的理论支撑。但我们也发现，目前国际上关于城市精细化治理方面的系统研究并不多，对于城市精细化治理的具体实践和典型案例的总结更是寥寥无几。因此，我们认为在各地大力推进、积极探索城市精细化治理的大背景下，有必要就上海城市精细化治理的最佳实践案例进行系统的梳理和总结，这不仅能够促进上海城市精细化治理水平，对于推进我国城市精细化治理的整体发展也具有示范意义。

2017年全国"两会"期间，习近平总书记在上海代表团审议时提出：希望上海在推进社会治理创新上有新作为，做好超大城市精细化治理，走出一条符合超大城市特点和规律的社会治理新路子。时任上海市委书记李强在徐汇区调研时提出："要进一步提升城市服务管理水平，关注每个细节、关注一草一木，努力把精细化治理做到最好。"将城市精细化治理作为建设卓越全球城市的重要抓手和突破口，对上海继续探索绣花一

---

① 仇保兴.中国城镇化发展与数字城市建设[J].城市发展研究，2011，18（8）：1-5.
② 彭勃.从"抓亮点"到"补短板"：整体性城市治理的障碍与路径[J].社会科学，2017（1）：3-10.
③ 诸大建.提升城市精细化管理水平需做好顶层设计[J].城乡建设，2017（13）：23-24.
④ 吴建南.我国城市精细化管理刚起步[N].经济日报，2017-6-14.
⑤ 李友梅.我国特大城市基层社会治理创新分析[J].中共中央党校学报，2016，20（2）：5-12.
⑥ 傅小随.论深度城市化发展与治理转型——以深圳市为例[J].北京行政学院学报，2013（1）：24-28.
⑦ 城市精细化管理：行政管理学者如何看[EB/OL].https：//ciug.sjtu.edu.cn/Cn/Show?w=38&p=3&f=2202.
⑧ 唐皇凤.我国城市治理精细化的困境与迷思[J].探索与争鸣，2017（9）：92-99.

样的城市管理模式，努力解决好精细化治理超大城市的世界级难题具有重要的意义。理念是实践的先导，本章从问题导向、需求导向和效果导向出发，梳理上海城市精细化治理的最佳实践案例及其规律，结合上海城市精细化治理的工作实际，追踪本市城市精细化治理的最佳案例，完成两个方面的目的：一是通过对城市秩序领域的奉贤区道路"交通法治示范区"建设、上海市家庭医生签约服务与分级诊疗制度建设，城市安全领域的长宁区"四医联动"社会救助、上海市建筑玻璃幕墙安全管理，城市风貌领域的嘉定区马陆镇北管村美丽家园建设、徐汇区田林十二村住宅小区综合治理等城市精细化治理优秀实践案例进行剖析，挖掘上海城市精细化治理工作中的制度特征与政策经验；二是对上海城市精细化治理典型案例经验的一般性规律及政策启示进行总结，为继续提高上海城市精细化治理水平提供参考和依据。

从城市精细化治理的内涵与特征来看，精细化治理源于发达国家的一种企业管理理念，主要提倡精益求精的工作态度、创新务实的工作精神和科学高效的管理理念。自20世纪50年代以来，精细化治理思想经历了泰勒的科学管理、戴明的为质量而管理和丰田的精益生产方式3个发展阶段，由工人现场操作管理扩大到质量管理的每一根神经末梢，再延伸到企业的生产系统管理，如今已运用到公共管理领域，并向社会治理范畴深度拓展。精细化治理概念并不是简单的经验概括，而是新公共管理理论的实践结果。20世纪80年代以来，西方国家，特别是澳大利亚、新西兰和英国等国，掀起了以新公共管理为标志的大规模政府改革运动。其改革的主要内容是国家管理模式向公共管理模式的转变，标志性特征是强调市场的主导作用，崇尚科学的企业管理模式，强调量化数字的企业管理技术，以提升政府的社会管理能力。城市治理的理论背景是治理理论。"治理"是对单向度的"管理"理论的超越，其特征可以概括为治理主体多元化、权力关系网络化、治理方式多样化、治理领域公共化，其要素是权力主体的多中心化、回应性、互动性、公开性、透明度、公正、法治、效率等。城市精细化治理，就是将精细化理念引入城市管理中，综合应用现代管理理论和现代信息技术，实现城市各主体共同参与管理城市公共事务的过程。城市治理精细化强调将城市管理工作做精、做细，对城市管理的各个工作环节实施信息化指挥、精量化定责和精准化操作，要求各城市管理参与者在日常管理中做好每一个步骤和环节，从整体上提高城市管理水平，改善城市生活质量，有效解决城市发展过程中出现的问题，维护市民权利。精细化的城市管理方式相对于粗放式的城市管理方式，具有规范化、数字化、协同化、精益化的特点。结合上海的政策实践，可以将城市精细化治理的内涵界定为：政府围绕让城市更有序、更安全、更干净的目标，通过体制机制创新，围绕城市管理能力的全覆盖、法治化、智能化、标准化方面所进行的系统性设计与精细化治理。

目前，上海正在紧锣密鼓地推进城市精细化治理，提高城市精细化治理水平应该围绕"让城市更有序、更安全、更干净"三大领域进行系统的政策实践、案例分析与经验提炼。城市精细化治理的最佳实践案例则是政府在实施方案过程中围绕目标所进行的具有可比性、兼容性、创新性的具体改革与政策。如何做好城市精细化治理的最佳实践案例的选择、分析与提炼，是本研究关心的核心问题。城市精细化治理的最佳实践案例怎么选？具体标准包括：① 与市委、市政府关于城市精细化治理的重点、难点工作相结合，围绕如何使得城市管理精细化的理念落地，更具有可操作性和可推广性的案例；② 从全国范围来看，具有创新性、示范性、先进性的具体实务工作和部门经验；③ 从城市治理和社会治理的角度看，对各区在强化城市精细化治理和创新社会治理方面有特色的具体做法进行阐述和介绍。依据以上标准，结合《贯彻落实〈中共上海市委、上海市人民政府关于加强本市城市管理精细化工作的实施意见〉三年行动计划（2018—2020年）》中明确提出的上海在城市设施、环境、交通、应急（安全）等方面的常态长效管理水平全面提升，市民对城市管理的满意度明显提高，城市更加有序安全干净、宜居宜业宜游，生活更加方便舒心美好的城市精细化治理目标，从更加关注细节、更注重人的感受角度，选取7个致力于满足人民群众对美好生活期待的实践案例。

第二节 上海超大城市精细化治理与韧性建设实践案例

一、更有序：城市秩序精细化治理最佳实践案例

（一）奉贤区道路"交通法治示范区"建设案例

2016年3月25日，上海道路交通违法行为大整治拉开序幕。与以往不同的是，这场交通大整治没有采取依靠"人海战术"维持秩序的做法，而是定位在整治交通违法行为上，聚焦乱鸣号、乱停车、乱变道、逆向行驶、闯红灯等各类突出交通违法行为。在交通大整治中，上海警方将全市划分为97个交通执法管理责任区，每个责任区设立一个交警大队，对应若干街镇和派出所，分别建立队所联动、队社联动机制。同时，从大整治的第一天起，上海警方就全警动员，打破各警种之间的界限，交警是主力军，其他警种结合本职工作参与大整治。以交通大整治为契机，上海警方推动交通管理勤务机制改革，以盘活警力，机制上的改革创新为整治行动注入了持久向前的强大动力。

聚焦违法行为整治交通是一项治本之策，全社会遵法守法是城市文明的充分体现。2015年9月，奉贤区以"法治交通、文明驾驶、平安出行"为主题，在全国率先提出"交通法治示范区"（以下简称"示范区"）创建。多年来，奉贤区积极深入贯彻落实市委"1+6"文件精神和《上海市道路交通违法行为大整治行动工作方案》的相关要求，逐步形成了"示范区"建设新格局。全区上下联动、全员参与，形成了"知法、执法、懂法、护法"的良好氛围，为上海深化交通违法大整治工作，建立交通治理常态化、精细化制度探索了一些可复制、可推广的做法。具体做法如下。

1. 建立健全交通执法执勤增效机制

（1）执法执勤"专常结合"。为此，区公安分局创建了一条"严格执法、严格管理"示范线（S4望园路出口—望园/解放—解放/环东—南奉/环东—南奉/人民），加强"示范区"内的执法氛围。2016年更是结合交通违法大整治行动，依托队所联勤机制，深化警种联动，以每周4次的频率组织交警及金海所、江海所，以路口驻点与路段巡逻相结合的方式，围绕作为违法查处示范岗的解放路望园路路口及望园路、南奉公路、解放路等重点路段，共同开展违法停车、"五类车"、"僵尸车"、行人非机动车违法等突出交通违法行为整治查处，在"示范区"内持续形成严管氛围，强化路面警力覆盖，切实提升了各类交通违法行为的查堵和纠违力度。南桥镇配合执法、强化管理，组织百联商圈巡防队、平安志愿者协助配合公安交警部门在"示范区"内的道路加强日常执法管理，尤其是加大了对违法停车、行人和非机动车乱穿马路等突出交通违法行为的整治力度。交警部门强化日常交通执法执勤工作，专门成立了两支交通执法小分队，每周4次开展专项交通整治行动，2015年以来已查处各类交通违法行为1 900余起。同时形成了上（放）学校门口交通引导机制，保障该区域内的3所学校门口及周边区域交通秩序良好。

调整勤务模式，狠抓执法实效。区内各城管中队结合工作实际，加大执法力度，合理安排勤务模式，采取了日常管控与专项整治相结合的方式，全力推进"示范区"创建工作。日常管控中采取每日车巡、步巡的形式，密切关注示范道路两侧的各类动态性违章；同时，针对特殊时段、季节特点、问题突出区域、投诉集中的点位，开展专项整治行动，并采取错时管控的手段，加大长效管理。各中队分别成立了"示范区"创建整治工作组，由中队长担任组长，负责整个创建活动的指挥协调工作；由副中队长担任副组长，负责创建期间的外场管理和执法；将"示范区"划分责任区域，明确各分队的职责范围，负责区域内日常管理；机动中队则以配合开展工作为主，增援各直属、镇中队组织开展集中专项整治活动，起到增强城管执法工作的震慑作用。各中队对于一些违章现象，根据不同特点开展了具有针对性的、有效的专题治理工作：

一是针对"示范区"周边工地较多，超载运输、车容不洁、道路污染等渣土类问题，为有效消除违法行为，中队通过开展早、中、晚不同时间段的车巡执法，以灵活的勤务模式弥补了特殊时间段的管理真空，严查渣土运输车辆，取得了较好的成效。二是针对"示范区"道路两侧的商铺因门面装修现象较为频繁，在人行道堆放装潢垃圾的情况时有发生，装修时也没有尽到设置围栏的义务，各中队加大巡查力度，及时掌握动态，采取上门告知和事后监管的措施，快速、及时地消除违章行为，市容面貌得到了有效改善。三是针对"示范区"沿街商铺跨门经营、占道堆物、各类乱设摊妨碍交通等顽症问题，此前也组织过多次整治，但整治过后没多久又故态复萌。为切实巩固好前期整治成果，各中队专门落实一组队员负责街面巡视，对商铺、设摊者的违法行为进行宣传整改，同时，在宣传中注重发挥女队员亲和力强的优势，消除执法对象的抵触情绪，效果显著。四是针对乱拉横幅、违规设置户外广告等妨碍道路交通视线的行为,中队加大车巡力度,做到及时发现,及时处置,有效遏制此类交通安全隐患的产生。

(2)执法执勤"刚柔并济"。良好的交通秩序是严管出来的,通过加强路面警力布置、加大"电子警察"设备投入等方式,强化对各类机动车、非机动车以及行人交通违法的执法力度,通过贯彻严格执法,重新在交通行为参与人心中树立对法律的敬畏之心,进而自觉遵守交通法规,从根本上消除"交通顽症"。例如,奉贤海湾旅游区在整治非法客运技防建设上加大资金投入,对视频监控探头进行了维护和升级,视频取证图像的清晰度得到了保证,在人员配备上有专人负责视频抓拍。在综治科的牵头下,海湾所、边防所、高校所采取不定时、不定点,突击整治的模式,时刻保持对镇区、景区、校区主要点位非法客运整治的高压态势。集中警力投入路面管理,严格管控,海湾派出所95%以上的警力安排在路面,并调整白天和夜间的不同时段的警力安排,做到24小时不失控。加大重点车辆、重点交通违法行为的管理和处罚力度。专项行动期间,共出动警力6 000余人次、警车1 000余辆次,查处违法停车3万余辆次、机动车闯红灯与违法变道行为1 523起、出租车违法行为2 136起、公交车违法行为113起、机动车涉牌涉证违法行为156起、酒后驾驶行为13起,残疾人代步车31辆、渣土车12辆。四团镇及时化解大整治矛盾,如答复大联动、信访办反映投诉不满交通大整治执法的信访事项有30多起。切实考虑到群众停车难的问题,采用疏堵结合的方式,在加大整治力度的同时,派出所、社稳办积极思考静态交通建设,已完成重新漆划辖区街面道路临时停车位,已协调开放社区、机关的内部停车资源,有效地缓解镇区停车供需矛盾。

(3)执法执勤"人机协同"。针对创建工作启动前区域内机动车路口违法及重点区域乱停车比较突出的情况,分局积极向科技要警力,在上级部门的支持和帮助下,完成了"示范区"内10个电子警察探头的安装并投入使用,其中,有3个为非现场违停抓拍探头,7个为路口闯红灯等违法行为抓拍探头。"电子警察"设备投入使用后,区域内路口秩序和重点区域的违停现象得到显著改善。南桥镇调动和发挥平安志愿者的作用,开展经常性的检查和巡查工作,争取在第一时间发现创建工作中存在的问题和缺陷,不断完善"示范区"创建工作;继续做好志愿者参与交通引导和交通保序,工作日早晚在重要路段、路口协助交警维护交通秩序,并于每月5日集中开展交通秩序宣传服务活动。平安志愿者定期与派出所民警、交警共同参与路段宣传执勤,增强市民的交通法治意识,让辖区居民共同参与到"示范区"创建工作中来,共同营造文明和谐的交通环境。同时,在积极组织全镇村(居)民群众、"平安马甲"志愿者在"示范区"内重点路段、重要路口参与交通执勤巡守中,南桥镇与南桥司法所一起引导矫正人员共同参与"示范区"创建,既依法落实了帮教管控措施,也提高了广大群众对矫正人员的认同感,激发了矫正人员回归社会的积极性和责任感。让矫正人员共同参与到"示范区"创建工作中来,能营造文明和谐的交通环境。

2. 建立健全基础设施动态升级机制

改进和完善交通基础设施，既方便了人车通行，也改善了人居环境。健全巡查机制，通过定期对道路路面、标志标线、护栏等开展巡查，确保道路路政设施安全美观。在"示范区"内建立道路巡查机制，及时修复路面破损坑洼、标线淡化、标志残破缺失等问题，规范路口设置，完善道路设施，确保"示范区"内道路标志标线醒目、设施完好和公共交通出行安全畅通。例如，奉城镇在资金极度紧张的情况下，投入750万元，在全镇范围内安装"电子警察"抓拍探头。经过细致的排摸，"示范区"内计划投入资金220万元，安装22套机动车闯红灯、非法滞留路口、乱停车等"电子警察"抓拍探头，提升"示范区"内非现场执法的应用率和威慑力。

（1）优化道路设置，最大限度地提升车辆通行效率。优化出行方式，科学布局公交线路、站点和出租车临时扬招点，并积极推行公共自行车绿色环保出行方式，在"示范区"内设定4个各100辆自行车规模的点位，让市民群众方便、绿色出行。奉城镇社稳中心联合规划部门对"示范区"内的道路进行全面排摸，发现路面坑洼的及时登记备案，规划部门周密计划、合理安排，以先主干路后次干路、先重点地区道路后一般地区道路、先车行道后人行道的维修养护方式，有序推进创建区域道路路面的养护维修。海湾镇在2016年的创建过程中，道路规范化基本设施新装和补装等共投入40万元左右，自动抓拍技防设备30万元左右，各类宣传内容制作等5万元左右，"平安马甲"服饰补充和补贴5万元左右。2017年投资500万元用于"示范区"的各类创建，其中，违停自动抓拍机再安装4个，在主要道口安装自动抓拍闯红灯等设备2套，海滨街两侧隔离栏重新安装等。金海社区加强公益广告的宣传投放，投入3万余元在各小区绿化带、嘉园路两侧、南郊商业街步行区域、金齐路北侧建筑工地围墙设置交通文明宣传公益广告，切实增强居民群众的法治意识、安全意识和文明意识。针对辖区在道路交通出行硬件设施上的不足，制定专门改造方案，安排专项资金投入改造，确保辖区交通环境得到有效改善，如投入2万余元完成嘉园路（金齐路至广丰路）的道路交通划线工作，进一步规范交通标线标牌，最大限度地保障人、车安全。在"示范区"内大力推进文化共建工作，如投入60余万元完成恒盛居民区"法治文化苑"的建设，在小区内设置与创建主题相呼应的文化元素，不断延伸交通法治宣传的触角和领地，在潜移默化中逐步提升居民群众的交通文明素养。

（2）优化路面状况，最大限度地保证路面安全和交通标志醒目完好。创建期间，区交通委进一步规范交通设施，合理布局公交线路，给市民提供安全、舒适的交通出行环境，进一步加大对"示范区"内道路设施及标志标线等的日常养护巡查力度，加强对道路设施运行状况的检查，及时消除道路坑塘、沉陷、裂缝等道路病害，确保通行安全；对护栏、红白杆等设施进行检查，对于损坏的及时进行更换，对于歪斜的及时进行扶正，确保道路内附属设施运行完好。各街镇邀请区路政、规划、交警大队、设计部门等单位实地查看创建区域内的交通标志标线损毁情况，并对创建区域内现有道路交通标志标线与设施提意见和建议，以便进行修补、更新与完善。奉浦街道由交警专业部门负责排摸确定"示范区"内道路的交通标志、标牌和电子抓拍系统安装点位，护栏、隔离栏安装范围，静态交通点位等，由广告公司负责"示范区"内交通安全宣传氛围的营造，确保将创建工作落到实处、看到实效。

（3）优化交通环境，最大限度地保障道路通畅、人行便捷。针对"示范区"内道路、小区及商业区的特点，落实市容环境管理措施，加强建筑工地渣土管理，制止乱扔乱倒垃圾行为，完善道路及小区绿化，积极清扫道路地面，及时清除垃圾，确保"示范区"内道路整洁、绿化美观。奉城交警大队联合辖区派出所每周2次在"示范区"进行联合执法，对"示范区"内闯红灯、酒后驾车、违法停车、行人和非机动车乱穿马路、车内乱抛物等现象进行集中整治，保障群众安全出行。结合文明城区创建工作，对"示范区"内的沿街商铺、摊点，职能部门联合执法单位加大检查力度，发现占道经营、跨门经营、乱晾晒、乱张贴等不文明行为的，及时制止和取缔，并及时清扫道路地面，清除垃圾，提升"示范区"的整体形象。

3. 建立健全创建活动民情反馈机制

（1）在设置"示范区"前，依托社区居委会征集民意，听取沿街商铺、私家车主诉求；强化城市综合管理。对"示范区"内的沿街商铺、单位等加强检查，及时取缔占道经营、乱设摊、乱晾晒等不文明行为，制止和查处户外非法小广告，提升城市形象。市场监管部门在"示范区"内设置多个消费维权联络站。将居委联系落实到人，固定相关联络人，并根据职能调整情况，定期开展培训。依托三级监管网络，以便能够更加及时地发现创建区域内的无照无证等违法行为，做到早发现、早处置。2016年10月，奉贤"联动贤城"微信公众号正式推出，同时增设微信案件上报奖励功能。市民只要关注微信公众号，按相关流程简单点击界面便可上报城市管理问题至网格中心平台，反映的城市管理问题一旦符合要求并被受理，该市民便可获取一定金额的奖励。通过这种有奖上报的方式，不仅提升了市民参与城市管理的热情，还有效地增强了市民的交通法治观念。司法局加强依法行政交通法治培训，强化广大干部的交通法治教育，促使全体干部牢固树立"交通守法·生命至上"的理念，助力"示范区"的创建和深化。加强广大群众学法守法工作，推进形成办事依法、解决问题用法、化解矛盾靠法的法治环境，切实提高运用法治思维和法治方式推进"示范区"创建工作以及治理能力现代化。

（2）在"示范区"创建中，以奉贤人民广播电台为载体，做好"959"阳光热线直播栏目。引导市民利用"12345"市民服务热线、"22132213"奉贤城建热线、"联动贤城"微信公众号等网络新媒体的第三方监督渠道举报、投诉各类道路交通问题，从而增强公众的交通法治意识、文明出行意识等，充分发挥广大市民的力量，共同参与"示范区"的创建。借助市民寻访团、居民代表发现问题、提供建议。例如，南桥镇针对"示范区"内停车难、乱停车现象，积极创新思想、开拓思路，联合区综治办、公安交警、区交通委及南方国际等相关单位，对百联附近的场地进行错时开放、停车位规划、路面翻新、新增标识，以缓解停车压力，真正做到优化配置、资源共享。

（3）在执法过程中，注重协商协调、人民调解。积极配合公安部门开展的交通大整治行动。积极动员社会各方力量，组建起"平安马甲"志愿者队伍、义务交通协管员、"小学生交警队"等走上街头，协助公安机关开展说服教育和纠违工作，最大限度地教育、劝阻、制止各类交通违法行为，引导市民正确通行、文明走路。注重协调整合，提高违法处置的成效。市场监管局将创建工作与"五违"整治、"卫生城区创建"、"城市文明进步指数测评"等重点工作有机结合，加强沟通联系，做好协同配合。在无照经营排摸整治中与社区拆违办、公安、城管等部门密切合作，形成监管工作合力。多次开展无证无照经营的专项整治，并因势利导，积极开展创建宣传，结合各经营户的实际情况，向其宣传现在整治的严厉态势，积极引导其自行搬离。对有条件办照的违法经营户，主动为其规范办照，提供对口服务。

4. 建立健全交通隐患精细化处置机制

（1）网格化管理。确保及时发现和消除交通安全隐患。区网格中心结合自身权责范围，依托城市网格化管理系统，及时受理、派遣市民反映的各类影响道路交通安全、环境的案件，严格把控案件办理的时效性，积极督促处置单位及时处置。两年时间内，区网格中心在"交通法治"相关案件方面的上报情况为：机动车乱停放、非机动车乱停放类案件7 493件，结案率99.8%；交通道路破损类案件4 564件，结案率98%；其他道路交通类案件2 396件，结案率100%。2016年下半年，区网格中心为公安奉贤分局、区司法局、区规土局、区市场监管局、区房管局及区水务局等受理平台增加了"双管单位"派单功能，使区属处置部门和镇级平台都能将案件派遣至相关条线部门进行处置，有效地提高了平台操作和案件处置效率，切实为创建"示范区"提供了有力的技术支撑和保障。

（2）常态化督导。成员单位主要领导定期到"示范区"实地开展督导检查，主动发现问题，制定改进措施。完善巡查机制。发动平安志愿者、市民巡访员定期对"示范区"内的道路路面、标志、停车线、护栏等开展巡查，及时修复破损路面、标线淡化、标志损毁等突出问题，确保出行安全畅通。金海社区为保证创建工作的有效推进，将创建工作列为年度考核的重要内容，积极发挥党政监督、舆论监督、群众监督的作用，着力加强监督检查，及时掌握创建动态，确保各项工作落到实处。除党政领导经常带队参与交通违法行为整治外，社区还组建了一支由20余名基层群众代表组成的市民巡防队伍，重点围绕创建过程中存在的问题进行巡防，对发现的问题提出合理化建议，督促解决落实。认真组织各成员单位对创建活动开展情况进行定期检查和督导，对创建过程中出现的各种问题及时分析研究，及时督促改进。

（3）定向式通报。对一些涉及单位少、情况较紧急的问题，采用打电话、上门等方式，及时通报情况、传递信息，保证了有问题可以及时改进。对于一些单一职能部门难以采取有效管理措施的"疑难杂症"，通过深化职能部门之间的联动合作，能够进行有效治理。比如，经过区公安分局与区城管部门、区交通行政执法大队联合开展的一系列巡逻管控以及整治行动，"示范区"内违法设摊的情况大有改善。认真落实本部门工作责任，各成员单位之间做到互通信息、互相配合、互相支持，形成整体工作合力，确保创建活动取得实效。

奉贤区的案例有以下5个特色：

（1）强化组织领导，构建改革机制。注重顶层设计，确立了由区委、区政府牵头，党政一体化运作的创建模式。由区委常委、政法委书记担任创建活动领导小组组长，副区长、公安分局局长担任副组长，专设"创建办"全面负责创建活动的开展。建立了创建工作联席会议制度，各职能部门和街镇全部参与并成立创建活动领导机构，从组织领导层面为创建工作的有序推进和有效落实提供保障。

（2）大力宣传发动，营造浓厚氛围。交通行为涉及每个人，且内在意识重于外部管理。为了使"交通安全事关人人，维护交通安全人人有责"的理念深入人心，奉贤区开展了多元化、立体式的交通法治宣传工作。一是宣传平台更贴市民空间。利用电台、电视台、奉贤报、微信、短信、居民区电子显示屏、村居宣传公告栏、大型户外广告牌、建筑工地围挡、道路两侧招风旗等多渠道开展交通法治宣传，最大限度地扩大宣传覆盖面。二是宣传方式更贴百姓需求。宣传方式由"灌输"向"引导"转变，以保障群众安全为目的，以劝说式口吻开展宣传，增强群众对交通管理的认同，减少排斥心理，提升宣传效果。部分群众从创建开始时的不理解（"不整也是走路，整了也是走路"），到认同、点赞、有获得感（"以前500米走了27分钟，打'12345'热线3次没有解决问题，现在上班敢开车了，路上时间可以把握"）。三是宣传内容更贴群众生活。专门选取发生在奉贤的交通事故作为反面典型案例，让居民群众直观地感受到交通危险随时在身边，充分认识到遵守交通法律的必要性。利用"三校一堂"（170多所村民学校、69所市民学校、46所职工学校、2 299个宅基课堂），开展百场法治文艺进宅基、街镇交通宣传大篷车、交通安全法律知识竞赛等各类活动，进行精准宣传。

（3）加强交通执法，完善设施建设。一是着眼法理情兼容，健全交通执法执勤增效机制。执法执勤"专常结合""刚柔并济""人机协同"，提高了执法效率，既保证了法律威严，又增强了群众的接受度。二是补好设施短板，建立"动态化"硬件升级机制。针对"示范区"创建中的设施短板问题，开展"道路设施、路面状况、交通环境"三优化工程，提升车辆通行效率，保证路面安全和交通标志醒目完好，最大限度地优化交通环境。三是畅通民情反馈，健全交通隐患精细化处置机制。在设置"示范区"前，依托社区居委会征集民意，听取沿街商铺、私家车主诉求；在"示范区"创建中，借助市民寻访团、居民代表发现问题、提供建议；在执法过程中，注重协商协调、人民调解。借助网格化管理平台开展常态化督导，对发现的问题进行定向式通报，及时发现、及时改进。

（4）科学配置力量，整治突出问题。借助大数据分析，梳理了"示范区"存在的五大类问题：一是部分快速路区段、地面区域、交叉口的常发性拥堵；二是学校周边上下学的时段性拥堵;三是南桥百联商圈的导入型拥堵;四是部分道路和小区"僵尸车"问题;五是机动车乱停车、乱占道、乱变道、乱鸣号、涉牌违法、路口违法,机动车逆向行驶、非机动车乱骑行、行人乱穿马路、非法客运、渣土车车容不整、污染道路等突出问题。对这些问题逐一研究、逐一解决。例如,针对校园周边道路上(放)学时拥堵的问题,实行"一校一方案"进行专项整治,通过划定临时停车位和非机动车停车位,疏导结合。针对群众反映强烈的"僵尸车"问题,由镇社稳办、社建办、网格中心、社区、房管中心、城管、派出所、交警大队等相关职能部门组成联合整治小组进行联合整治,对排摸的135辆"僵尸车"逐一清理,总计实施拖移机动车74辆,车主自行清理61辆,同时依托"12345"热线及网络平台,鼓励广大市民举报,交警、城管等部门加强路面、小区巡逻,发现一辆清移一辆,形成长效工作机制,还路于民,取得了良好的效果。

(5)整合社会资源,参与示范共建。针对"示范区"创建涉及单位多和社会面广的特点,整合社会资源参与创建工作。金汇镇创建"小警察实训基地",其他街镇充分发挥乡村少年宫的阵地优势,开展以"我是小小志愿者,我当交通指挥员"为主题的交通指挥手势培训。围绕"小手牵大手,安全记心中"的主题,开展亲子活动,让家长也积极参与其中,使"示范区"创建活动通过孩子传递给家长,辐射全社会。南桥镇组织社区矫正人员参与路口文明交通志愿服务,弘扬"奉献他人、提升自己"的志愿服务精神,增强矫正人员的服务意识和社会责任感,先后有140余人次辅助交警维护交通秩序,树立其积极矫正、重拾工作和生活的信心,凸显了"全民参与,全民共建"的良好效果。通过近两年的"示范区"创建工作,基本上实现了"示范区"内车辆和行人遵守交通法规、文明出行的比例明显提高、交通指示标志趋于完善、交通安全宣传氛围日益浓厚、道路交通有序畅通的预期目标,取得了阶段性成效。一是交通违法行为显著降低。自创建活动开展以来,"示范区"内的交通事故数同比下降10.39%,交通死亡事故数、死亡人数均为0,交通类"110"接警总数同比下降19.01%。二是道路交通通行能力显著提高。新修了8条市政道路,优化了4条公交线路,完成"示范区"内34个公交站点的港湾式建设,完善公共自行车网点布局18个。三是市民遵法守法意识明显增强。通过对闯红灯、酒后驾驶、违法停车、行人乱穿马路、机动车内乱抛物等不文明现象的集中整治,形成了长效机制,交通参与者遵法守法的意识得到了明显增强。

尽管"示范区"创建活动成效初显,但交通法治建设不可能"毕其功于一役",必须一以贯之、坚持不懈;"法治奉贤"建设也不可能"囿于一隅",必须把握大势、着力全局,为深化全市交通违法大整治提供经验参考。

第一,"示范区"的创建需严格执法作支撑。近两年的"示范区"创建工作有效地证明了良好的交通秩序是严管出来的,通过严格执法,能有效地消除"交通顽症"。通过加强路面警力配置、加大"电子警察"设备投入等方式,强化对各类机动车、非机动车以及行人交通违法的执法力度，重新在交通行为参与人心中树立起对法律的敬畏之心，进而自觉遵守交通法律法规，从根本上消除交通顽症。从交通大整治出现"回潮"的情况看，建议有关部门深化研究健全交通管理和执法的长效机制建设的措施，努力营造出行者"不想违法、不敢违法、不愿违法"的社会氛围。

第二，"示范区"创建需法治文化作引领。"示范区"创建工作开展以来，奉贤区始终把加强法治文化建设作为重要的基础性工程，通过交通法治宣传教育来提高居民群众对"示范区"创建工作的知晓率。通过打造"法治文化苑"、宣传街和交通法治宣传标牌，使居民群众能够就近学习到法治知识，在潜移默化中增强自觉遵守交通法律法规、安全文明出行的意识。针对社区基层目前开展交通安全宣传培训的专业力量及水平还不够等问题，区交警部门建立向各镇、街道、社区、开发区派驻交通安全宣讲员的制度，定期到基层上课，指导基层组织开展多种形式的交通安全宣传教育活动，要求相关部门践行"谁执法、谁普法"，确保了法治教育的权威性。

第三，"示范区"推进需立体宣传作铺垫。要创新体制机制、创新工作方法，重点抓牢6类交通行为重点人群宣传，不断增强其自觉自律意识。一是围绕机关、事业单位领导干部，带头学法普法，发挥模范宣传作用；二是围绕学生群体，开展交通法治教育制度化、常态化、课程化、实践化，增强学生的交通安全知识和意识。三是围绕新驾驶员，设置驾驶安全特别是心理教育课程，切实克服"路怒"等不良心理状态，避免出现危险驾驶等情况。四是围绕运输企业，定期安排交警到出租车、渣土运输等重点企业对驾驶员开展安全宣传，协助完善内部安全生产制度，有效提高其内部交通安全管理水平。五是围绕中老年人群体，以居委为单位开展"交通安全在行动"活动，加深社区老人对交通违章的认识，直至遵法守法成为广大市民的自觉行动。六是围绕外来常住人口和流动人口，开展"贤文化"教育，促使其"入乡随俗"、遵法守法。

第四，"示范区"创建需群众参与作基础。实践证明，"示范区"创建工作离不开广大居民群众的支持和参与，无论是重要道口上下班高峰期间的平安志愿服务，还是交通安全问题的巡查发现整治，仅仅依靠机关、单位和村（居）委干部是远远不够的，必须发动广大居民群众，特别是志愿者的参与。由于志愿者参与活动都是没有报酬和补贴的，因此，建议相关部门予以协调，建立相应的机制，如对发现和报告交通安全突出问题的人员给予一定的奖励，对参加执勤或整治的志愿者给予交通、误餐补贴等，以保护和调动积极性。

第五，"示范区"创建需政府协同作保障。各条线部门和街镇的联动配合、协同合作最大程度上保证了"示范区"创建工作的推进。相关部门为街镇的创建工作提供了专业指导和支撑。在部门指导下，街镇对于"示范区"创建工作有了更深入的了解和认识；各个街镇积极投入"示范区"建设，结合区域实情，探索了许多具有可操作性、可复制性的治理项目和方法，丰富了"示范区"的内涵和做法。上下齐心，同频共振，未来，奉贤将结合"雪亮工程"的建设继续完善交通法治，使得奉贤"示范区"成为上海乃至国家可复制、可推广的模式。

（二）上海市家庭医生签约服务与分级诊疗制度建设案例

党的十九大报告明确提出了实施健康中国战略，要求完善国民健康政策，为人民群众提供全方位、全周期的健康服务。深化医药卫生体制改革，全面建立中国特色的基本医疗卫生制度、医疗保障制度和优质高效的医疗卫生服务体系，只有在真正坚持"三医联动"改革的基础上才能实现。其中，"三医联动"背景下的家庭医生制度是推进新一轮综合医改向纵深发展的重要方向和基础支撑。

1."三医联动"与上海家庭医生制度的政策背景

"三医联动"是指导我国医改发展和方向的基本方略，早在2000年，党中央、国务院就正式制定了"三医联动"配套改革的前瞻决策。实践证明，深化医药卫生体制改革的复杂性和艰巨性使得"三医联动"改革"牵一发而动全身"，成为当前实施健康中国战略的内在要求。"三医联动"下的家庭医生制度是指在医保和医药改革配合支撑下，以居民健康为中心，以家庭医生为主体，以契约服务为形式，以家庭为单位，为社区居民提供基本卫生服务的制度。在这一关键性制度中，作为基层责任主体的家庭医生承担着在社区卫生服务中心平台下，整合各类资源，以服务团队为支撑，以适宜技术与基本药物为手段，对社区居民与家庭提供全程健康管理服务，引导居民梯度利用医疗资源，合理控制与使用卫生经费的职能。家庭医生已成为居民健康与卫生费用的"双重守门人"。

作为综合医改试点省市之一，为了实现"人民群众得实惠、医务人员受鼓舞、财政保障可持续"的目标，推动医改向纵深发展，上海市政府出台了《关于进一步推进本市社区卫生服务综合改革与发展的指导意见》（沪府办发〔2015〕6号）及8个配套文件，开始了新一轮社区卫生服务综合改革。本轮改革以家庭医生制度建设为主线，目的是通过社区卫生服务机制调整与制度设计，夯实与健全社区卫生服务网底，打造社区卫生服务平台功能，实现家庭医生制度，从而推动整个医疗卫生服务体系的高效与有序。本次改革的特色在于医保、医药政策配套下深入探索了"三医联动"下的家庭医生"1+1+1"签约服务。2016年6月，原国务院医改办、国家卫计委等七部门联合出台《关于推进家庭医生签约服务的指导意见》（国医改办发〔2016〕1号），为家庭医生签约服务发展明确了目标，家庭医生签约服务上升到国家战略层面。2017年4月，原国家卫计委在上海召开全国家庭医生签约服务现场推进会，要求总结推进家庭医生签约服务工作取得的进展和成效，并推广上海等地区的典型经验和有效做法。

2.上海家庭医生"1+1+1"签约服务改革探索

2015年11月起，在家庭医生签约的基础上，上海市启动"1+1+1"医疗机构组合签约试点，居民可自愿选择一名家庭医生签约，并可再从全市范围内选择一家区级医疗机构、一家市级医疗机构进行签约，政策优先满足本市60岁以上的老年人、慢性病居民、孕产妇、儿童等重点人群签约需求，着力打造上海家庭医生制度2.0版。"1+1+1"签约后，居民可在签约医疗机构组合内就诊，或通过家庭医生转诊至其他医疗机构，在就诊流程、预约等待、配药种类、配药数量等方面均可享有优惠服务政策。"1+1+1"签约居民可获得优先预约专家、便捷转诊、慢性病"长处方"、健康管理等改革红利。

一是市级优先预约号源信息化平台，实现预约优先转诊。三级医院拿出50%的专科和专家门诊预约号源，提前50%的时间优先向家庭医生与签约居民开放，目前已接入平台的35家市级医院、7 700余名专科医生，每天有超过1万个门诊号源优先预留给家庭医生，实现签约居民优先转诊。二是为签约居民提供改革红利，实现慢性病用药"长处方"。对于服务依从性好、病情稳定的慢性病签约居民，家庭医生可一次性开具1~2个月的药量，并通过多种形式对签约居民进行用药后的跟踪随访，在保证医疗安全与效果的基础上，减轻往返医疗机构的次数。三是为转诊病人提供政策便利，沿用上级医院处方。经家庭医生转诊至上级医院的签约居民，再回到社区就诊时，家庭医生可沿用上级医院专科医生所开具处方中同样的药品（包括社区本地药库中没有的非基本药品），并通过第三方物流免费配送至社区卫生服务中心、服务站、居民就近药房或居民家里，满足社区居民针对性的用药需求。四是为签约居民提供健康咨询，实现个性化针对性健康管理。家庭医生接受居民多种形式的健康咨询，为居民健康出谋划策，对签约居民进行定期健康评估。根据健康评估结果，按照签约居民的不同健康需求，制定符合其个体情况的有针对性的健康管理方案，并予以跟踪实施。

3. 上海家庭医生"1+1+1"签约服务政策成效

近几年来，上海通过"1+1+1"签约服务落实家庭医生制度与分级诊疗，不断完善配套政策，取得了显著的阶段性成效。预约就诊、便捷分诊、慢病"长处方"、延伸处方等"大礼包"受到签约居民的欢迎，已经转化为改革的"获得感"。第三方的调查显示，家庭医生"1+1+1"签约服务后，上海居民对家庭医生的知晓率近九成，92.1%的居民表示找家庭医生就诊很方便，对家庭医生服务态度、服务效果的满意度分别达到95.5%和89.1%。在上海公立医疗机构的病人满意度测评中，社区卫生服务中心门诊连续4年高于三、二级医院。

一是家庭医生"1+1+1"签约人数持续增长，签约服务逐步落实。截至2018年8月底，"1+1+1"医疗机构组合签约人数已超480万，其中，60岁及以上的老年人达315万，已签约居民中的72%在"1+1+1"签约医疗机构组合内就诊，在签约社区卫生服务中心就诊达到50%（见表6-1）。三级医疗机构与区域二级医院根据实际需求，预留"两个50%"的专科/专家（非特需）门诊号源向家庭医生开放，对预留资源的管理采取提前预留、动态跟踪、按需调整的方式，以满足"1+1+1"签约居民优先就诊与转诊需求。在基本药物方面，上海自2012版基本药物目录实施后，基本药物达844种，基本上涵盖常见病、多发病。此外，各区根据自身的实际情况，可额外增加常用的慢性病药品，基层医疗机构可配备的药品范围进一步扩大，社区患者的用药需求基本能得到满足。

表6-1 上海市家庭医生"1+1+1"签约服务情况

截止时间	2017年8月	2017年11月	2018年5月	2018年8月	2020年12月	2021年12月
签约人数（万人）	235	300	408	480	800	860
60岁以上的老人签约人数（万人）	202	227	285	315	330	355
签约医疗组合内就诊率（%）	77	80	74	72	72	73
社区卫生服务中心就诊率（%）	58	60	53	50	57	60

数据来源：作者根据上海市卫健委公布的信息自行整理。

二是签约居民就诊下沉，家庭医生的分级诊疗格局初步形成。上海推进家庭医生"1+1+1"签约服务后，广大居民对于家庭医生制度的依从度明显改善，签约居民下沉社区就诊的比例逐年提高。原上海市卫计委的统计数据显示，2017年度，上海门急诊达25 728.22万人次，较上年增加3.16%，其中，急诊病人1 782.94万人次，占门急诊总量的6.93%。从医疗机构等级来看，三级医院的门急诊人次占37.39%；二级医院和其他医院的门急诊人次占29.61%，社区卫生服务中心的门急诊人次占33.00%。上海市社区卫生服务中心的门急诊服务量占全市的三分之一，与市级医院、区级医院成三足鼎立之势，以家庭医生为基础的分级诊疗格局初步形成。其中，国家首批社区卫生服务综合改革试点区长宁区的家庭医生与分级诊疗成效更为突出，社区门急诊就诊人次逐年上升，体现了家庭医生制度在分级诊疗格局构建中的服务托底作用。截至2020年年底，上海全市家庭医生"1+1+1"签约超过800万人，常住居民签约率超过30%，72%的签约居民年内门诊就诊在签约医疗机构组合内，57%在社区卫生服务中心内。2021年全年，上海市社区门诊量达7 628万人次，占全市门诊总量的1/3。截至2021年年底，家庭医生"1+1+1"医疗机构组合累计签约居民超过860万人，居民在签约医疗机构组合内就诊率超过70%。

三是医保政策协同助推，老年人和慢性病签约患者受益明显。上海医保部门已在全市社区卫生服务中心推出慢病"长处方"政策，即"诊断明确、病情稳定、需要长期服用治疗性药物"的参保慢性病人，可由家庭医生开具满足1~2个月的药物用量。为了赋予家庭医生更多的资源，参保人员要享受更加优惠的慢性病"长处方"政策，须先与家庭医生签约，并统一纳入家庭医生的慢性病管理。据测算，在上海二、三级医院中，单纯为了配药的门诊量占全年门诊总量的25%~30%。通过"1+1+1"试点中的延伸处方以及慢病"长处方"政策，越来越多签约居民的用药需求在社区就能得到针对性的满足,不用再单纯为了配药往返奔波医院,原先前往上级医院单纯配药的稳定期慢性病患者人数明显减少。对于老人和慢性病患者来说,这不仅意味着减少去大医院排队的辛苦奔波,而且社区卫生服务中心门诊诊查费减免,药品全部实行零差率供应,医保报销比例更高,药费支出显著降低(见表6-2)。

表6-2 上海市城镇职工医保退休人员门急诊报销比例

类别	门急诊医疗费用				
	账户名	自负段	共负段		
			医院	医保(%)	个人(%)
退休至69岁	用完个人账户当年计入金额	700元	一级	80	20
			二级	75	25
			三级	70	30
70岁以上,原"中一"退休人员		700元	一级	85	15
			二级	80	20
			三级	75	25
2000年12月31日前退休		300元	一级	90	10
			二级	85	15
			三级	80	20

注:原"中一"退休人员是指在1966年12月31日前出生、2000年12月31日前参加工作并于2001年1月1日后办理退休手续的人员。

4. 家庭医生制度的发展瓶颈与政策建议

家庭医生制度的发展瓶颈主要表现在以下5个方面:

(1)资源协同与技术支撑不完善。从居民的角度看,部分居民对"1+1+1"签约服务有顾虑。部分签约居民反映,签约后转诊到三级医院依然流转在各个科室之间,没有觉得更便捷高效。转诊后的专家建议去别的科室看,往往存在令患者白跑一趟的问题。从家庭医生的角度看,部分家庭医生反映,门诊预约优质资源不足,造成居民签约意愿不强。转诊时,有的病人点名道姓要某位专家的号,并且要求立即转诊、立即能看,但平台上可能暂时没有。部分居民签约后不管什么原因,就是希望上门服务,随叫随到。短时间要熟悉并实现精准分诊难度很大,很难了解不同三甲医院不同科室专家的技术专长,因此,很多医生不敢贸然转诊。从医疗机构的角度看,社区医院反映缺少技术支撑。社区医院转上去以后,三级医院的接收和后续服务情况、信息很难掌握。专家门诊预约号源是非常稀缺和珍贵的资源,社区医院转不上来病人或转诊不精准,会对医院的工作带来一定的影响，也可能一定程度上造成医疗资源浪费。由此可见，家庭医生签约服务的政策供给与政策利用之间仍然存在一定程度的政策阻滞，并有可能造成签而不约的现象，因此，在发展中需要考虑其产生的政策情境与结构因素。

（2）社区首诊与有序管理难度大。虽然《关于本市推进分级诊疗制度建设的实施意见》（沪府办发〔2016〕59号）已颁布实施，但从目前运行的效果来看，"社区中心能力、三甲医院动力"两头弱的现象依然突出。一方面，部分家庭医生的服务能力有待优化。调查数据显示，大部分家庭医生能够提供签约服务包中的部分内容，但仍有部分有困难（13.8%）或在提供基本医疗时经常遇到技术问题（12.4%）。另一方面，三级医疗机构本身业务比较繁忙，对于社区家庭医生的配合方式和响应程度仍有待进一步加强。原上海市医改办的监测数据显示，2016年1—11月，全市平均就诊人次是7.05次，签约家庭医生人口的平均就诊人次高达28.1次，公共资源使用不尽合理。签约后首诊不在社区，大医院依然人满为患，"签得到，管不好"的窘境依然存在。

（3）政策矛盾与目标导向不匹配。部分既有政策存在相互矛盾或抵触的现象。比如，实行基本药物制度后，社区卫生服务机构配备的药品品种与规格比较有限，居民反映"配不到药"。有些签约居民特别是慢性病患者去三级医院专科就诊后，无法在社区购买到同样的药品，直接影响到他们的满意度与获得感，继而不愿意续签。同时，对公立医院的绩效考核、体系考核内容主要是门急诊人次、次均费用等指标，且占较大比重，也没有引导三级医院回归学术和诊治疑难杂症的定位，政策异化导致三级医院的"虹吸现象"越来越明显，不利于基层医疗机构水平的提高，降低了医疗机构服务百姓的能力。

（4）对家庭医生的激励不充分。理论上一名家庭医生签约2 500人左右，然而，目前签约居民多以慢性病患者为主，实践中家庭医生签约到800名左右时，开展个性化疾病干预与管理就已带来较大的工作负荷与压力。签约未饱和但签约居民患病结构复杂带来的大工作量、绩效考核机制使得家庭医生拿不"满"绩效奖励、捆绑式绩效奖励削弱家庭医生收入等原因造成对家庭医生的激励不充分。调查数据显示，80%的家庭医生对收入感到非常不满意或比较不满意，82%的家庭医生认为收入与付出不匹配，95%的家庭医生认为与专科医生相比，其存在收入不公平的问题。

（5）信息共享与健康共建不深入。由于机构之间的围墙和各专业之间的边界，当前家庭医生签约服务与分级诊疗中的信息共享存在瓶颈，家庭医生专业化、个性化、便捷化、互动式的健康管理尚缺乏信息和技术的支撑。目前，家庭医生难以掌握签约居民到二、三级医院的就诊信息。对于已经积累的家庭医生分级诊疗数据，尚未得到充分重视和深入发掘，未能及时转化为领导决策的信息宝库。此外，还存在社区居民健康自我管理主体地位重视不够，未能充分调动居民健康自我管理的积极性与深度参与等问题。

从完善制度建设、提升城市诊疗服务体系和服务韧性的角度看，家庭医生制度改革绝非社区医疗机构一家之事，如何让改革成果深入持久、真正让居民受益，这有赖于"三医联动"下的多部门配合和协同性治理，需要在政策、行政体制乃至治理结构层面深度改革。例如，社区卫生服务如按人头支付费用，医保部门在支付制度上应给予支持；三级医院应在社区业务辅导、转诊绿色通道等方面进行资源支撑；医药部门在药物配送上应给予充分保障；人社部门在调动家庭医生积极性、财政部门对绩效工资的制定等方面应给予政策配套和制度支撑。

（1）完善分级诊疗服务体系，细化资源协同双向转诊路径机制。只有家庭医生有了资源和平台，社区卫生服务中心才能有"底气"，才当得起百姓的"健康守门人"。要让患者在社区卫生服务中心就医有获得感，就要给家庭医生拿资源、建平台。建议：一是深化"1+1+1"协同服务模式，辅以"全科—专科""全科—全科"协同服务模式。通过在三级医院设立专病联合门诊或由高年资全科医生进行二次分诊，接待由家庭医生转诊的患者，建立就诊、检查与住院的绿色通道，方便签约居民就医。二是加大三级医院预约号源优先预留力度，提高对居民签约的吸引力。优化转诊预约平台建设，强化对家庭医生转诊的技术支撑。三是通过政策设计鼓励二、三级医院及区域性医疗资源共享平台等全力支持基层医疗机构，帮助社区卫生服务中心由低水平专科向高水平全科转变。

（2）明确家庭医生服务包，从百姓健康需求出发做实签约服务。为了推进家庭医生签约服务，必须考虑对签约的居民和家庭如何回报，让居民签约后能得到实实在在的好处。目前，"1+1+1"家庭医生签约服务后，居民只要选择社区首诊，就享有优先预约就诊、便捷分诊、慢病"长处方"、延伸处方等"大礼包"。这些政策已经受到居民欢迎，转化为改革的"获得感"。建议在政府财政和服务机构供给能力范围内，继续做细做实社区诊断，以百姓的健康需求为立足点，明确家庭医生服务包的项目和内容，对家庭医生进行专项培训。加大对"1+1+1"签约服务政策宣传的力度和准确度，依靠政策引导与红利释放，吸引百姓主动与家庭医生签约，在着力提升家庭医生签约服务质量与内涵的同时，逐步规范居民就医行为，将"软签约"向"硬绑定"过渡，以落实对百姓全生命周期的健康管理服务。

（3）梳理政策之间的矛盾或抵触部分，助推家庭医生与分级诊疗。正确认识部分医改政策异化和走样的不良影响，以及绩效考核、财政拨款和医保资源分配方式对分级诊疗的重要导向作用。从资源投入、制度框架、政策执行的嵌入性维度来考量政府职能与修正。例如，新医改以来推行的基本药物制度，背离了原来的政策内涵。应当是政府对于特别困难人群低价或免费提供一些基本药物，但执行中变成限制基层医疗只能使用这些药物。为此，一是要梳理各级医疗机构的药品使用品规，按照促进分级诊疗的政策目标对基层社区卫生服务中心用药进行适当调整与接续。二是按照各级医疗机构的职能定位来确立其考核指标与导向，限制三级医院对常见病、慢性病、多发病患者的"虹吸效应"。三是加大对家庭医生签约服务深层内涵的宣传，提升全科医生职业荣誉感与社会美誉度。努力形成全科医生与专科医生只有分工不同、没有层次高低的良好氛围，帮助缺乏专业知识的患者提升理性就医的意识。

（4）重视发挥医保引导作用，加大对家庭医生与分级诊疗的激励。一是借助医保杠杆推动家庭医生制度改革，医保有必要跨前一步，探索开展家庭医生对签约居民医保费用的管理改革，进一步调动家庭医生的积极性，推动其成为医保费用的"守门人"。二是从制度上确保家庭医生在服务提供、平台资源、团队管理、考核分配上的自主权利。支持家庭医生通过提供优质服务取得合理收入，鼓励政府购买服务，探索家庭医生减负增效的措施，激励家庭医生提供更多的健康服务，为他们搭建"留得住、能发展、有保障"的职业平台。三是实施促进优质医疗资源上下贯通的考核和激励机制，鼓励三级公立医院全部参与到分级诊疗制度建构中并发挥引领作用。

（5）提高信息共享能力，构建社区健康管理"共建共享"新格局。一是进一步完善社区卫生服务中心与三级医疗机构在信息系统方面的对接，做实互联互通的居民健康管理信息系统，实现预约门诊、双向转诊、远程医疗等诊疗信息的及时共享和传输。二是建立社区卫生服务综合管理、家庭医生管理医保费用、分级诊疗支持的信息化平台。深入研究已有家庭医生签约服务与分级诊疗的历史数据，挖掘促进家庭医生签约服务与分级诊疗的技术路径与决策依据。三是通过整合家庭医生、健康自我管理小组组长、社区退休医务人员、热心志愿者等资源，建立兼职社区健康指导员队伍。加大对居民健康自我管理小组的支持力度，鼓励基层社区医务人员尤其是家庭医生面向社区、企业与学校开展健康公共服务。促进签约对象、服务人群和社区居民积极参与健康自我管理。动员全市力量共同推进"健康上海"建设，提高全体市民的健康素养，将"期望寿命"提升转向"健康寿命"提升。

二、更安全：上海城市精细化治理最佳实践案例

（一）长宁区"四医联动"社会救助案例

面对医疗需求呼声不断高涨和日益突出的"支出型贫困"引发的社会性问题，2010年，长宁区打破政策壁垒，加强制度创新，在全市首推医疗救助新模式，即"基本医疗保险+基本医疗服务+政府医疗救助+社会组织医疗帮扶"的一站式服务模式（以下简称"四医联动"），努力使困难群体看得上病、看得起病、看得好病，让人民有更多获得感。长宁区"四医联动"创新模式的经验和做法成为提升城市管理精细化，提高市民尤其是低收入市民在就医保障安全感方面的典型案例。

1. 政策出台的现实背景和当时面临的问题

一直以来，长宁区坚持围绕创新驱动发展，高度重视惠民工程，在切实提升公共服务水平、全面提升民生福利方面取得了长足的进步。在社会建设的新形势下，如何更好地关注困难群体，使他们更好地共享改革发展成果，是区委、区政府高度重视和关注的问题。自2001年以来，长宁区已建立并逐步完善以最低生活保障为基础，医疗、教育等专项救助为配套的综合性社会救助体系，最大范围地满足困难群体多方面、多层次的

需求。自医疗保险制度改革以后，长宁区根据区域经济发展状况和财政增长水平，又相继出台了医疗季度、医疗"三定"和临时救助等医疗相关的填补低谷措施。市、区两级双管齐下，互为补充，一定程度上缓解了低保、低收入困难群体的就医负担，但面对不断增长的救助需求和日益突出的"支出型贫困"问题，原有的政策已经相对疲软乏力，存在诸多局限性。

一是"吃药与吃饭"矛盾。对于困难群体来说，日常救助只负责其基本生活，即解决"吃饭"的问题。他们一旦生病，就势必拿"吃饭"的钱来"吃药"，原本不多的救助款显得更加紧张，难以为继。社会上普遍存在的因病致贫和因病返贫现象，本质上也是因为大重病的支出而挤占了正常的生活支出，造成"不敢看病、看不起病"。二是救助力度有限。当时大部分政策只涵盖低保、低收入群体，没有涉及因病致贫等政策边缘群体；只针对大重病、慢性病患者实施救助，将小毛小病排除在救助范围之外；当时市级的医疗救助政策只针对住院发生的医疗费用，不涉及门急诊费用。同时，市级医疗救助政策对医保支付范围内的个人自负部分，救助比例不高；区内医疗季度政策给予季度性救助，医疗"三定"给予慢性病封顶每月50元，救助力度还有待进一步加大。三是救助方式烦琐。大部分政策均为事后救助，从申请到发放到手长则一个多月，困难群体需要首付医药费，救助缺乏时效性；临时性救助作为一次性救助，用于解燃眉之急，不具有长效性。而且事后报销医疗费用，需要困难人员把完整的单据拿到民政部门进行审查报销，民政部门的工作人员面对各类不同疾病的证明、收据等材料，缺乏必要的专业知识，导致审查困难；由于材料众多，过程烦琐，也给困难人员造成麻烦。原有政策的局限性已经不能简单地通过增加政府救助资金投入来弥补，而应当从创新工作机制、提高救助资金使用效率上入手。

2. 主要做法和成效

（1）突破传统救助模式，力度加大关口前移。①拓展救助范围，扩大困难群体受益面。一方面，救助人群放宽。"四医联动"突破传统救助政策以原保障对象的局限，涵盖区内民政特殊救济对象、低保人员、因病致贫人员、重残无业等困难群体。自实施以来，累计为近1.3万人办理"四医联动"保障资格，困难对象覆盖率达99%。与2010年政策实施初期相比，保障人次增加了1 677.1%，有限资源发挥了放大级的社会效益。另一方面，救助内涵扩大。对门急诊、家庭病床、急诊留院观察、住院等不分疾病类型和就医形式进行一揽子保障，使受助对象的范围和项目都得到扩展。②提高救助标准，增大困难救助的有效性。在定点医疗机构就医结算时，取消各类医保的起付线，个人自负部分直接进入医保共付段，医保支付范围内由个人自负的部分，社区卫生服务中心就医享受95%，区属二级医院就医享受90%的保障（除门急诊配药）。举例来说，若个人自付100元，原事后医疗救助只能享受50%即50元的保障，而享受"四医联动"医疗救助的个人在社区卫生服务中心就医，只需当场支付自负部分的5%即2.5元（100元中50%即50元为自负部分，其中，个人只需支付5%，即2.5元）；在区属二级医院就医只需当场支付自负部分的10%即5元。困难人员绝大部分费用由医保基金和救助资金承担，减免力度达95%~97.5%，救助水平大大提高。③调整救助程序，增强政策实施的便利性。"四医联动"保障对象手持保障专用卡在社区卫生服务中心就医，接受全科团队医生治疗，或根据需要转诊至区属二级定点医疗机构就医，均实行实时结算，除去医疗保险支付费用外，民政救助资金承担部分当场减免，由医疗机构记账。困难人员无须事后申请医疗救助，救助关口从事后向事前与事中转变，由静态向动态转变，提高了救助功能的时效性，实现了一站式救助服务，从而避免困难人员缺乏首付资金而不敢就医的问题，也从源头上预防和减少各类矛盾的产生。

（2）部门联动职责明确，分级诊疗推进有序。多方联动，强化部门合力。通过打破保障政策各自为政的格局，转变多龙治水的工作模式，由区民政局、区卫健委、区人力资源和社会保障局（医保办）、区财政局等有关部门协同合作参与医疗救助"一站式"服务工作。卫生部门与医疗机构提供基本医疗服务，是实现事中救助的载体；医保部门做好困难人员的参保工作，为居民抵御疾病风险、主动就医提供基本保障；民政部门做好"一站式"服务的统筹协调工作，为困难人员提供进一步医疗救助保障；财政部门落实救助资金与定点医疗机构的预拨款，确保医疗机构的资金周转；综治、司法、公安部门指导街镇相关条线，对社区中戒毒、康复人员、刑释人员及就医异常人员加强教育引导，保证"四医联动"在相关医疗机构、救助机构的有序开展；10个街镇配合贯彻落实，把好保障对象入口关。各部门主动承担，积极参与，通力合作，各司其职，取得了一定的成效。

长宁区将家庭医生制度试点工作与"四医联动"工作相结合：一是定点医疗。"四医联动"对象和所属社区卫生服务中心家庭医生签订服务协议，享受定点医疗优惠政策；家庭医生向辖区内的救助对象提供价廉质优的基本医疗服务，并引导救助对象实现定点医疗、有序就诊。二是社区首诊。"四医联动"对象到所属的社区卫生服务中心就诊，由家庭医生接诊，并根据患者病情予以预约门诊、家庭病床、住院治疗及区域定点医疗机构转诊。三是梯度就诊。健全区域卫生协同服务体系，完善区域内医疗机构和社区卫生服务中心联动机制和双向转诊制度，强化对双向转诊专门通道的管理。"四医联动"对象如需转诊，由家庭医生负责从所属社区卫生服务中心转至区属定点二级医疗机构继续诊治，实现梯度就诊。

（3）多元利用保障资源，发挥社会均衡效益。"四医联动"将医保基金、救助资金、慈善资金进行统筹，利用现有医疗机构的服务载体，发挥资金使用的合力，减轻困难人员的就医负担。针对困难人员因起付线缺乏参加居保动力的问题，采取临时救助资助其参保。纳入各类医保的困难人员在就医时首先享受医保基金支付，再由民政医疗救助和临时救助支付相应比例的自付费用。对一部分医疗费负担较重的困难人员，通过慈善基金会、红十字会等社会组织实施个案帮扶，进一步提供保障。"四医联动"作为创新医疗救助模式的有益探索，将事后救助向事前、事中转移，建立起长效机制，在预防化解社会矛盾与冲突中起到了一定作用。"四医联动"推行之后,保障对象不再需要垫付首付资金,不用再因病提出临时救助,看病贵、看病难的矛盾得到缓解,工作人员的工作量大幅减少,压力减轻,同时避免吸毒人员将救助金变为毒资、部分困难人员因缺乏就医首付资金索取救助金的问题,社会矛盾得到预防化解。通过资助纳保,调动医保基金的保障作用,困难人员个体的救助资金承担部分减少,使扩大救助范围、提高救助水平成为可能。以2016年为例,当年财政投入2300多万元,投入比改革前增加了2.7倍,而受益人次增加到改革前的14倍,惠及面大大拓宽,资金效能得到明显提高。"四医联动"充分发挥家庭医生制服务的作用,实现服务对象常见病和多发病的规范诊治、合理用药,为社区居民的健康和谐保驾护航。

"四医联动"模式的运作形成了"一机制二凸显三降低",即从单一救助基金扩展为救助资金、服务体系和社会医疗保障制度三要素的联动机制;凸显政府保障和改善民生的职能,凸显社区卫生服务机构作为政府为社会公众提供健康服务的平台,家庭医生制服务成为承载主体;降低了困难群体的医疗经济负担、医保资源过度利用现象以及政府财政的不合理支出。通过创新医疗救助模式,优化民生制度,激发社会的创造力,使改革红利深入社会最基层,抵达最广泛的人群之中。

一是"四医联动"创建全社会共同干预新模式。当前社会,贫富差距的问题呈动态发展的趋势,快速的社会变迁、制度变迁导致个体能力的不适应,体现在对社会角色、职位等价值认识和身份认同感的转变上。因此,解决贫富差距问题,需要从制度上加强顶层设计,需要全社会来共同干预,需要从达到公共政策目的、稳定社会秩序、维护政府形象等方面辩证地考虑。社会救助就是构筑家庭幸福、社会和谐稳定的最后一道防线,这也是"四医联动"救助模式的核心价值和创新示范作用之一。二是"四医联动"引领医疗救助权益保障新发展。目前的医疗救助大致已走过3个阶段,从救急救难到大病救治再到基本医疗。"四医联动"救助模式走向了第四个阶段——权益保障,它的目标是"保障人人享有基本医疗卫生服务的权利",这也是新医改精神的重要体现。在政策理念上体现了3个重要的转变:第一,从解决疾病负担转向基本医疗权益保障;第二,从社会关爱转向社会福利的最大化;第三,从关怀式的末端救助模式转向发展式的源头救助模式。三是"四医联动"建立均衡利益协同探索新思路。当代社会建设和管理的核心问题分为两大类:一类是如何均衡各方利益,另一类是如何构筑政府、社会、市场共强模式。"四医联动"正是在这两个方面做出了积极的探索。首先,其最大特点在于降低困难人员看病的门槛,提供基本的医疗保障,通过改善这部分人群的福利水平来提高整体的社会福利水平,从而实现公共财政的绩效优化。其次,"四医联动"救助模式与有效率的社区卫生服务体系结合,发挥其公益性,利用全科医生责任制这一"守门人"制度,使得有限的公共财政能够发挥出最大效用。

(二)上海市建筑玻璃幕墙安全管理案例

自1983年上海联谊大厦诞生之后,上海市大批建筑开始大面积使用玻璃幕墙。

2016年，据上海市玻璃幕墙协会初步统计，本市既有玻璃幕墙建筑总数至少有12 000栋。截至2017年年底，本市既有玻璃幕墙保有量为13 000～14 000栋。2017年，上海市玻璃幕墙协会对全市玻璃幕墙进行抽查，在检查的1 100栋楼宇中，有问题的占35.28%，其中，玻璃问题占13.41%，开启窗问题占8.55%，渗漏占4.32%，密封材料问题占6.3%，构件表面锈蚀占1.17%，受力构件有缺陷占1.53%。据不完全统计，本市现有的玻璃幕墙约80%过了质保期，亟待专业机构检查，约50%到了必须维护保养的时候。

上海是我国最早开展既有建筑幕墙检查的城市之一。早在2002年，上海市装饰装修行业协会向上海市建设和管理委员会提出了《关于开展对上海市在用玻璃幕墙安全性能检查、检测、维修的建议》，指出了上海市既有玻璃幕墙存在的质量问题，建议落实既有建筑幕墙的检查、检测、维修制度和措施。2004年，根据上海市建设和交通委员会、上海市房屋土地资源管理局联合印发的《关于开展本市玻璃幕墙建筑普查工作的通知》（沪建建〔2004〕834号）精神，上海市装饰装修行业协会建筑幕墙专业委员会开展了玻璃幕墙建筑的自查和专业巡查等普查工作，普查内容为2004年12月31日前竣工的玻璃、金属和石材组合幕墙，重点是8层以上高层、8层以下人流密集区域和青少年或幼儿活动公共场所。截至2005年4月底，上海市共对2 239栋既有玻璃幕墙建筑进行了普查。2006年，上海市建设和交通委员会、上海市房屋土地资源管理局向各区（县）建设交通委（建设局）、房地局，各有关单位下发了《关于开展本市既有玻璃幕墙建筑专项整治工作的通知》（沪建交联〔2006〕553号），通知决定在2006年8月—2007年5月期间在本市范围内组织开展既有玻璃幕墙建筑专项整治工作。此次专项整治的重点范围是：未使用安全玻璃的既有玻璃幕墙建筑；投入使用10年以上的既有玻璃幕墙建筑；存在部分安全质量隐患的既有玻璃幕墙建筑。2011年，出台《上海市建筑玻璃幕墙管理办法》（市政府第77号令）。2012年，《上海市建设工程质量和安全管理条例》正式施行，对设立建筑幕墙专项维修资金也做了相应规定。2014年，出台《上海市既有建筑幕墙维修工程技术规程》（DG/TJ 08-2147-2014）。2016年，下发《关于在本市开展新增玻璃幕墙专项应急维修资金收缴工作的通知》。2018年，上海市政府办公厅向各区人民政府、市政府各委办局以及各有关单位下发了《上海市人民政府办公厅关于全面开展空中坠物安全隐患专项检查的通知》（沪府办明电〔2018〕7号），要求各单位全面深入开展专项检查，突出重点区域和重点部位的检查，依法严格落实责任，完善长效管理机制，强化主体责任、属地化管理、分级分类管理，运用大数据和信息化手段，提升城市安全管理的法制化、精细化水平。

上海市建筑玻璃幕墙安全的突出问题表现为以下4个方面：

一是安全隐患多，伤人事故时有发生。玻璃幕墙建筑的设计年限标准是25年，目前上海约有20%的楼宇的玻璃幕墙已超过15年。本市玻璃幕墙安全管理形势十分严峻，加上近几年来安全事故时有发生，给本市城市运行安全带来很大的压力。其中，影响较大的安全事故有：2011年5月18日，上海一天内三下"玻璃雨"。12时50分，陆家嘴时代金融中心大厦外墙玻璃突然坠落，楼下停放的50多辆车被砸，损失惨重；13时许，延安西路昭化东路口一幢高层居民楼的12楼有玻璃砸落，所幸未造成伤害；17时许，科恩国际中心大楼发生了外墙玻璃坠落事件，两辆途经的机动车被砸中。2016年5月9日，在更换上海中心大厦破损玻璃时，因工人操作不当，造成76层一片玻璃坠落，碎玻璃伤及路人。2018年8月12日，普陀区绿地威科国际商业广场玻璃幕墙突然掉落，砸中一名过路男子，并造成该男子受伤。

二是养护不专业，主体责任意识淡薄。幕墙责任方对幕墙安全使用维护重要性的认知度不够，一些责任方（业主或受委托物业管理单位）的主体意识淡薄，自觉履行责任意愿不强，不熟悉当前玻璃幕墙相关的法律法规。特别是多业主的楼宇，责任主体不明确，导致主体责任分散，产权责任方互相推诿，管理缺失，措施落实不到位。管理办法中规定了房屋的业主负责对建筑幕墙的维护、保养、安全检测，但在实践操作中很难做到这一点。比如建筑幕墙大部分使用于酒店、写字楼这样的商用楼，特别是写字楼，产权关系复杂，让业主负责幕墙的安全检测并非易事，且各扫门前雪，无法形成完整的楼宇幕墙检测。目前玻璃幕墙的维护基本上是由受委托物业管理单位承担，但物业承担的维护同样存在诸多问题：缺乏专业的维护技术知识，所谓的维护基本上就是定期的日常保洁；缺乏必要的维护资金，定期的安全检测基本无法落实。

三是管理缺抓手，监管合力尚未形成。玻璃幕墙建筑管理涉及多个部门，源头上涉及规土、环保，建设中涉及建设管理，使用中涉及房屋管理、安全监管等。《上海市建筑玻璃幕墙管理办法》要求各部门按照各自职责，协同实施本办法，但并未对各部门的职责进一步明确，仅在规划建设中明确了规土、环保和建设部门的职责。最为长远且任务最重的使用过程监管阶段，缺乏部门之间的职责规定。各区的监管力量总体较为薄弱，各区建设管理部门一般只有1～2名管理人员且并非专职人员，还需要兼顾其他工作，难以实现对辖区玻璃幕墙建筑监管的全覆盖和精细化治理。对于消极应对的业主，政府部门只能反复通知、催告，最多也是约谈（约谈启动后，业主还存在不积极配合的情况）和发处罚通知，缺乏执行抓手，无有力制约手段。此外，建筑玻璃幕墙信息管理平台的数据尚未实现全覆盖，相关业主信息、幕墙信息不完整，"一楼一档"的规定并未执行到位。

四是追责赔偿难，保障机制不够健全。目前关于幕墙脱落造成损失的风险，尚未有普惠性保险项目覆盖，多为业主自行投保商业保险进行保障，存在诸多保险空白地带，特别是对于引发幕墙脱落的两大原因，现有保险均为除外责任，即：对于发生不可抗力（自然灾害）导致幕墙脱落造成第三方人身伤害、财产损失事故，属于商业保险（公众责任险）除外责任范畴，保险公司不予赔付。在发生建筑幕墙事故后，受害人会面临追责难的局面：受害人向业主追责，业主可能表示不知道建筑幕墙归其管理，会推到开发商或物业管理公司，而开发商则可能表示房屋交付后应由施工方在保质期内维修，超过保质期后由业主自主管理,和开发商完全没有关系。受害人可能会面临业主、开发商、施工单位、物业管理公司四方相互推诿的局面,难以快速、有效地维护自身利益。

为了更好地推进上海市建筑玻璃幕墙的安全管理,从工作实践和实施细节上为韧性城市建设提供抓手,提出如下4点建议:

一是清理历史欠账,建立"一楼一档"。针对进博会的安全保障要求,对相关场馆玻璃幕墙的安全进行系统排查,并分阶段开展全市范围的玻璃幕墙安全隐患排查治理,市政府明确牵头部门,会同各区政府、各专门区域管委会对全市既有玻璃幕墙建筑全面排查,督促业主单位落实专项资金开展玻璃幕墙检查、检测,更换问题玻璃以及受损部件。通过一次全面的专项治理,推动建立"一楼一档"制度,即建立既有玻璃幕墙建筑定期检测的档案。在此基础上,推动建立"玻璃幕墙定期检查信息标识牌"制度,在每栋楼宇的显著位置张贴,公示责任主体和检测周期,接受公众监督和便于执法部门检查。

二是明确责任主体,提升专业管理水平。建议修改相关规定,进一步明确业主主体责任,特别是对于分割出售的情况,要明确小业主的出资或者投保责任,同时明确受委托管理的物业公司的责任,确保"单一建筑,单一责任主体",防止推诿扯皮。出台相应的扶持政策,鼓励有能力的企业开展类似无人机的监拍检测设备研发,利用高科技手段及时发现并处理玻璃幕墙的安全隐患,对建筑玻璃幕墙外立面进行数字化坐标定位,共享数据平台。在既有建筑玻璃幕墙信息管理平台的基础上,尽快把石材幕墙、金属幕墙等高空坠物风险点纳入前述统一的信息管理系统,升级打造本市既有建筑安全维护管理平台,建立本市既有建筑动态维护维修应用数据库,服务于城市公共安全管理。

三是细化处罚条款,构建协同监管合力。进一步细化玻璃幕墙安全管理行为规定,制定与之相对应的处罚条款,尤其是对于拒不配合的责任主体,要有强制执行条款,使建筑幕墙管理更加有序、高效完善。进一步明确使用阶段相关主管部门的监管责任,建议引入多部门联动协调机制,包括建设、房管、市场监督、街道社区等,形成联合协同监管机制,共同推动玻璃幕墙建筑责任主体履行好主体责任。在此基础上修订《上海市建筑玻璃幕墙管理办法》,建议将其上升为《上海市建筑幕墙管理条例》,提升法律地位,增强威慑力。

四是完善赔偿机制,探索责任保险模式。建议政府、业主、保险公司多方面配合,建立建筑玻璃幕墙综合保障金制度,通过物业保修金、幕墙专项维修基金、财政补助等多方出资的方式筹集资金,通过与保险公司合作的方式制定玻璃幕墙责任保险,如公共安全险、幕墙维护赔付险等,为建筑玻璃幕墙提供专业检查、维护、保养和责任保险服务,降低玻璃幕墙的维修成本,提高玻璃幕墙的赔偿保障能力。

三、更干净:上海城乡韧性社区建设最佳实践案例

(一)嘉定区马陆镇北管村美丽家园建设案例

韧性社区作为城市安全和社会建设的一个基本单元,既是国家应急管理思维结构转

变的一个支点，也是韧性城市建设的一个有效尺度。①韧性社区就是以社区共同行动为基础，能链接内外资源、有效抵御灾害与风险，并从有害影响中恢复、保持弹性的学习能力，形成可持续发展的能动社区。②上海市委、市政府一直以来高度重视上海乡村韧性社区建设工作，特别是《上海市乡村振兴战略规划（2018—2022年）》《上海市乡村振兴战略实施方案（2018—2022年）》的出台，为落实乡村韧性建设工作打下了较为坚实的基础，但沪郊在推进乡村韧性社区建设的过程中依然存在问题意识、发展规划和实施路径等方面的困惑。

1. 上海乡村振兴与韧性建设实施面临的问题

2018年进博会期间，习近平总书记视察上海并对上海乡村振兴战略做出了重要指示，特别强调指出了上海乡村振兴动力不足的问题，他用了一句很形象的比喻："有的时候大树底下也不是好乘凉，而是大树底下寸草不生。"总书记高瞻远瞩、洞察秋毫，对上海乡村振兴面临的难题把脉很准、要求明确。如何紧密结合上海超大城市的特点，创新实践和落实好总书记关于"三农"工作的重要指示是上海的当务之急。调研发现，当前落实上海乡村振兴战略的困惑集中在以下3个方面：一是路径方向争议不明。目前不少基层干部群众对乡村振兴依然存在一定的认识误区。有人说："大树底下根本就长不了草，上海都要建'卓越全球城市'了，还搞什么乡村振兴呢？干脆农民全部上楼就行了。"也有人认为："上海乡村振兴主要是补短板，建一建房子、搞一搞环境就行了。"二是关键难点突破不足。市里提出打造"三园"的乡村振兴规划（美丽家园、绿色田园、幸福乐园），强调规划引领、规划先行。但在具体的规划过程中，对于农民集中居住等问题的难点突破依然不足，各个部门在政策系统集成上协同不够。例如，农民集中建房过程中就面临着是否能够安装电梯、是否能够建设储物的地下室以及房屋产权证能否及时办理等多方面的关键难点问题，这些问题没有形成解决机制，阻碍了乡村振兴实施方案落地。三是制度创新落实不够。当前各乡村振兴示范村建设正在制定相关规划和推进落实中。如何做到既要突出"农村更像农村"，不能让"小草"和"大树"长成一个样，又要让农民享受城区同质化的公共服务，考验着基层的创新力度。否则，图纸画一大堆，也落不了地。部分基层干部认为上海不像苏浙等地的农村有山有水，"农字号"规划恐怕很难做下去。这些问题的核心就是乡村发展创新问题。其实，大树底下不仅要长草，而且还要长一些和城市花园洋房里不一样的"郊野花草"。

2. 北管"三聚焦""四个百园"乡村振兴韧性社区建设创新实践

北管村地处上海市嘉定区马陆镇东南角，村域面积2.65平方千米，户籍人口2 410人，外来人口12 250人，共有11个村民组。20世纪80年代，村民仅靠种植水稻、棉花等农作物谋生，连电费都付不起，是马陆地区最穷的村子。北管村过去曾是有名的"落

---

① 吴晓林.城市社区如何变得更有韧性［J］.人民论坛，2020（29）：19-21.
② 吴晓林，谢伊云.基于城市公共安全的韧性社区研究［J］.天津社会科学，2018（3）：87-92.

后村",后来经济上去了,但一度环境变脏、治安变乱、人心变散,老百姓"骂声"不断。2014年以来,北管村认真贯彻落实市委"1+6"文件精神,始终坚持党建引领基层自治共治,努力做到村里的事情"百家管、百姓管、管百事、管百年",村级治理取得明显成效。

一是"绣花式"管理村容村貌。贫困村的"穷帽子"彻底摘掉后,随之而来的是外来人口急剧增加带来的社会治理压力,一定程度上影响了老百姓的正常生活秩序。村里户籍人口约2 400人,外来新村民12 000人左右,最多时达17 000人,人口"倒挂"是北管村的最大特点。流动人口多、无序出租多、违法搭建多……北管村的工作重心也从"治穷"转为"治乱"。村里4 800多间出租房、130多家企业、100余家商户、700多辆私家车,要怎样加强社会治理?2012—2015年,根据村民提出的49个民生问题,北管村实行了道路黑化工程、车辆管控、小作坊整治等43项为民办实事工程。"乱没有治好,钱包再鼓也没用。"为此,村里出资为每个村民组安装变压器,还陆续把自来水管"小管换大管",通过购买服务增加垃圾清运的频率,并利用村里空地停车场,在马路上划停车区。如此一来,北管村的日常运作逐渐步入正轨。在治安方面,北管村实行24小时全天候治安监控。村里最源头的问题,通过监控第一时间发现,第一时间处理。全村有30个城管通,发现问题就通过统一的指挥出动,两三分钟就能到达现场。在北管村村务治理队伍中,有村干部、党员,还有村民代表、志愿者、外来新村民,甚至村里的商铺业主也参与进来,加强村组巡逻,让治安、卫生等隐患得到治理。只有村民自己动起来了,乡村精细化治理才能真正落实。

二是翻看户口簿,找能人帮村里脱贫。30多年前,位置偏僻的北管村还是一个远近闻名的"烂河泥底板"穷村。全村只有农业,集体收支是倒挂的,常常拖欠电费,村卫生站连基本药品都进不来,当务之急是想办法帮助村民脱贫。北管村的村干部们通过逐一翻看户口簿,将所有在外发展得不错的"北管籍"村民及其亲属名单列出来,建了一份"备忘录"。村干部们挨家挨户拜访,请他们为家乡脱贫献计出力。一时间,这批"北管籍"老乡中的能人有的介绍项目,有的开模具,北管村第一批村办企业就这样办了起来。30多年间,北管村从只有一家衬衫厂起步,逐渐发展成为拥有130多家企业的自然村,村级年可支配资金达2 400万元,至今全村固定资产达到7 500万元。

三是建4个"中心",解社会治理难题。1996—2002年,是北管村经济发展最快的时期,大批企业进来,大量外来人口也随之进驻村里。村级经济收入大幅度增加,但新问题、新矛盾也日益凸显。2002年起,村里建起了4个"中心"。其中,文化活动中心有门球、舞蹈、戏曲等项目,尽可能地为村民提供更多的文化服务内容,充实他们的精神文化生活;会议培训中心每月开展村干部、组长、党员、新村民之间的思想交流,就村级事务、百姓大小事进行双向互动;物业保障中心以水电维修、生活保障为主,由卫生专管员牵头,将村集体资产、百姓个人财产维护好;社区服务管理中心发挥前沿监控、新村民服务、联勤联动的安防功能,依靠24小时监控、实时对讲,5分钟内解决

"牛皮癣"问题,夯实问题"即发现、即处置"的基础。同时,建立新村民办证、房屋租赁等六大项新村民服务统一窗口,受到新村民的交口称赞。

四是定时、定人、定责,时刻紧绷一根弦。在"定时、定人、定责"的工作机制下,北管村相继修订了整治违法搭建等方面的村规民约,"杂七杂八"的事都有规矩可循。村里还创新推出无证餐饮备案纳管制度。在北管村有一批完全符合餐饮业要求的商户,因没有房产证等历史遗留问题而暂时办不出经营许可证,若"一刀切"全部赶走,造成商铺空置未免有些可惜。北管村先"瘦身"再"塑身",与验收合格的经营户签约,加强日常管理,21家餐饮单位由此获得镇食安办发放的备案登记证。这些有"温度"的公约,让治理有了人情味。

上海市实施乡村振兴战略领导小组工作会议要求,全面促进沪郊乡村农业强、农村美、农民富。对照上海市委、市政府关于乡村振兴战略的最新要求,嘉定区北管村提出了"三聚焦"(聚焦产业怎么兴、农民怎么富、乡村怎么美)、"四个百园"(百企产业新园、百花生态公园、百姓宜居家园、百管文化乐园)建设模式来推动乡村振兴示范村建设早见成效。

在问题梳理上主要聚焦以下3个方面:

一是产业怎么兴。近年来,北管村面临后拆违时代的经济转型"阵痛期",共计拆除村内存量违章30万平方米,其中不乏村集体资产厂房,直接导致村集体经济的土地、厂房等租金收益下降约400万元。为此,北管村紧紧围绕产业振兴,通过走出去、请进来,多措并举促进村级经济转型升级。例如,村委会经过数次沟通协调,引进一家服务于高铁行业的电商企业,将老旧生产工厂改造为集商品展示和客服中心于一体的功能区,既优化了厂房环境,又使得村集体收益显著提升,区域厂房租金从原来的68万元上升到130万元。另外,通过淘汰落后企业,盘活厂房资源,先后和4家落后企业解约,并完成企业收购2家。这样的做法保留了资产价值,维护了厂房质量,实现了企业与村集体的共赢。

二是农民怎么富。北管村通过建立"基本生活保障+物业出租+本村就业+资产增值分红"的多层次村民收入体系,实现了村级经济增长与农民收入增长的挂钩。在基本生活保障方面,村民考取大学补贴1 000元、村民过世发放800元慰问金、婚丧嫁娶的餐厅使用不需要餐桌费等便民福利都已纳入村规民约;在物业出租方面,全村居民房屋出租收益为2 000余万元,以4 200间出租房计算,每户平均租金收益有4 700多元;在本村就业方面,由于村里工厂和企业较多,本村就业相对有优势,村民基本上在本村就业;村级资产分红方面,村民按照一个农龄18元计算收入,按照平均50个农龄计算,每月收入有900元。除此之外,对老人的照护和福利尤其重视,长者照护全年支出40余万元。参加长者照护的老人人均支出2 500元,个人只要支付1 200元。女55周岁、男60周岁均享受老年补贴,标准为120元/人,两年一次旅游补贴300元/人,当前共覆盖1 060人。

三是乡村怎么美。作为没有动迁的自然村，北管村都是30多年前的老宅，村里5年时间共计投入约3 000万元进行村级环境治理。首先，清理了几百车垃圾，实现了宅前屋后没有乱堆物，通过每年墙面粉刷、小厨房整治、电线规整、晾衣架统一制作、下水道扩容等一系列措施，确保了雨季没有积水，常态路面整洁干爽。其次，鉴于老龄化程度较严重，建设了村组健身点、议事点、绿化小公园、塑胶健身步道等基础设施，满足老年人日常散步、学习、健身的需求。再次，通过家家户户河道周边计划，几个村民组在河道治理后生态环境大为改善。

在实施路径上通过规划引领，北管村将分步实现"四个百园"建设：

一是建设百花生态公园。为实现乡村振兴战略的生态宜居目标，村集体计划拨出500万元对现有生态公园进行专业设计升级，布置道路、桥梁、河道，配置合适的苗木品种，打通从浏翔公路到科盛路的绿化廊道，形成自然村生态公园，辐射周边6个村，满足百姓生活漫步所需。结合美丽乡村规划，计划使北管村绿化占地面积由现有的35%提升至45%。以村级河道走廊、村级道路走廊、农居庭院走廊"三廊"为架构，开展美丽庭院建设，种植以紫藤、樱花等为主的花卉，着力打造河林田草生命共同体，努力保护水清地绿的生态空间。以200亩左右的生态公园为核心，以10个村民小组的公共绿地（约400亩）为支撑，用3～5年时间建设完善北管百花生态公园，建成"家家养花、户户有绿、人人参与"的北管生态公园。

二是打造百企产业新园。围绕产业新园建设，聚焦高质量发展，通过"五违四必整治"、物流园区整顿，淘汰劣质企业，对村级资产进行腾笼换鸟，共清理台资企业6家、各类小企业30多家，仓储物流企业整治99家。依托入驻在村里的100多家企业，以化妆美容、汽车展示、先进制造为导向进行转型升级，统一引进优质项目，努力打造集约高效的生产空间。通过收购壮大村级集体经济，耗资1.1亿元，回购2处红证企业厂房，对外总购置4万平方米厂房。通过统一思想、服务企业，实现招商引商、以商稳商。北管村独创的"村规企约"系统地解决了企业外围的卫生、交通、环境等问题，让企业家吃"定心丸"，成为企业真正背靠背、心贴心的优秀"店小二"。也让企业家明白，企业负责内部生产运作，其他的服务村里一定会鼎力相助并落实到位。

三是构建百姓宜居家园。通过党建引领村级治理，大力推行小组"机构"实体化、村民组长专职化、压实责任制度化、网格成员梯队化"四化"建设，做实做强村级治理网络。独创"村规店约"，引导企业和商户"履约"参与村级治理。将商户"门前三包"与店铺租金优惠、备案纳管等挂钩，实现激励和约束相结合。为业主架设晾衣设施、统一店招店牌、完善停车配套、做好水电扩容。2013年，在全市率先开展食品备案纳管一条街建设。企业积极配合村里开展防火、防盗、防企业违建、防乱倒垃圾、防工业污染"五防"联治，将村里安全和环保方面的负面事件降到最低程度。在全区率先试点农村地区垃圾分类工作，配备专项资金用于垃圾房改造、垃圾桶配备、垃圾分拣员队伍以及监督志愿者队伍建设，通过强化培训、考核，垃圾分类工作正在向村组、商业、公寓区域全面铺开。推动全村650多户归并宅基地，统一集中建设新住宅，将保护原生田园风光、保持原本乡风乡愁和保障原有肌理开发结合起来，营造百姓宜居适度的生活家园。

四是创建百管文化乐园。以"四个百管"（创新共治百家管，村民自治百姓管，为民造福管百事，长效机制管百年）为核心，打造"党建引领、百姓主唱、文化搭台、百管支撑、乡愁彰显、乡风文明"的乡村特色文化乐园，努力构筑陶冶情操的精神空间。一方面，依托市级资源，开展送戏下乡，承接全国曲艺名城示范基地建设，邀请曲艺名家（如王汝刚、陈靓、顾竹君等）为乡村百姓送上高质量的曲艺演出。另一方面，依托百姓舞台，大力推进文化队伍建设。扶持好现有的门球、戏曲、新老村民舞蹈队伍；依托镇级、区级联盟体、社会组织等媒介，借力丰富村域文化；依托文化走亲，培育挖掘新鲜血液，搭建更多文化队伍。计划与上海音乐学院合作，设立"上音艺术进乡村"实践基地，定期开展音乐剧、歌剧等演出，满足辖区企业、百姓的文化生活需求，使村民足不出户就可享受高雅文化、海派文化，真正实现家门口文化服务。

3."三聚焦""四个百园"乡村韧性社区建设模式的政策启示

北管村乡村振兴实践已经探索推行了"四个百管"。尽管乡村振兴典型示范村建设的成效初显，但乡村振兴不可能"毕其功于一役"。北管村一以贯之、坚持不懈，从"四个百管"到"三聚焦""四个百园"的建设为促进沪郊乡村振兴落地见效提供了可借鉴、可推广的经验，其政策启示在于以下4个方面：

（1）聚焦新时代村民美好生活的新需求。北管村的乡村治理经验表明，居民的衣食住行、百姓生活的获得感来自生活环境的改变、生活需求的便利、生活品质的提升。依托美丽乡村总体规划，首先需要聚焦新时代村民美好生活的新需求，通过乡村产业振兴，带领农民富起来，为农村美好的生活环境奠定坚实的经济基础。

（2）凝聚新时代基层党建引领的新力量。乡村振兴战略落地见效需要强有力的党建引领。北管村通过党建引领社会治理，将青年党员配置到村组、到窗口、到村委，传承工作作风，用新青年的思维，带动新的管理。通过党员示范岗、党员先锋岗建设，使村域各个角落都有红色正能量。

（3）打造新时代干部一线工作的新方法。北管村建立了"定时、定人、定责"的一线工作法。通过老书记课堂、众分享、青年成才课堂等形式统一精神，明确方向。运用百管堂平台实地了解干部工作短板，集思广益，实现分工不分家。建立连心汇平台，通过学习外头、盘活里头、啃硬骨头的方式，让干部冲在一线，实现工作有方向、有斗志、有成就感。

（4）培育新时代企业共建共享的新动力。通过企业月度座谈、年度交流以及实地参观北管村社会运作情况的方式，让企业参与村级治理。分批次开展业主座谈——谈对村发展的意见和建议、谈企业发展的瓶颈难题、谈全村规划的发展方向，让企业吃"定心丸"。同时总结经验，稳定投入，让企业有信心、有动力参与乡村振兴，共建共享。

（二）徐汇区田林十二村住宅小区综合治理案例

韧性社区建设是城市安全与社会建设的一个单元，是国家应急管理的一个支点，也是韧性城市建设的有效尺度。社区容易遭受各种危机和灾害，公共卫生事件使得社区居民对社会风险有了更直观的感知。我国推动的"综合减灾示范社区"工作取得了长足的进步，但仍然存在一些需要完善之处。有必要将建设韧性城市和韧性社区纳入"十四五"规划，推动"综合减灾示范社区"向韧性社区升级。通过建好社区生活圈提升社区的空间韧性、完善治理体系提升社区的制度韧性，以及筑牢自我服务基础提升社区的自治韧性，建设高质量的韧性社区。[①]

作为城市老旧社区典型代表的田林十二村，始建于1985年，至今已有30多年的历史。田林十二村建筑面积9.4万平方米，共有2 067户人家，户籍人口4 524人，常住人口6 019人，其中60岁以上的老人有1 385人，居委会社工仅7人。随着小区"年岁渐长"，公共设施老化陈旧，雨天有路面积水，晴天有马路菜场，加上绿化长期无人修剪，不仅看起来脏乱差，每年还会发生入室盗窃案等。同时，由于田林十二村作为售后公房小区，物业费价格低、小区面积小、停车位少，物业公司的工作积极性一直不高，使得小区成为城市基层社会治理的短板。为了让群众看到变化、得到实惠，田林十二村坚持目标导向、问题导向、基层导向，组织协调动员各方力量、多种资源，充分创新社会治理，加强基层建设的工作成果，大力推进住宅小区综合治理，并在治理的过程中开展了一系列面向群众、措施扎实的补短板举措，以实实在在的成效提升了群众的满意度和获得感。探索了"党建引领，顺民情；搭建平台，听民意；组建团队，聚民力"的城市住宅小区精细化治理新模式。

一是针对原来物业不作为的现状，通过业委会改选实现业委会与物业的平等对话。2012年4月，小区迎来业委会改选，怎样引导新一届业委会团结起来真正代表广大居民，成了居民区党总支书记赵国庆反复思考的问题。此时，他想到了小区里的党员，他以为居民着想为基本标准，一家一家地说服党员业主参选业委会。"今天我不得罪物业，我就要得罪业主"的精神打动了社区居民党员，最终当选的7名业委会委员中，有6人是党员，业委会主任也由居民区党总支委员兼任。

二是建立起由党员兼任的"三驾马车"新集体，集中精力为居民解决现实问题。2013年9月，小区迎来第二个转折点，居民们投票决定撤换物业，售后公房小区炒掉十几年老物业在当年算是一桩大新闻。新上任的物业经理虽然干劲足，但缺乏经验，小区的维修、管道更新工作却迫在眉睫。于是，居委会做出了一项大胆决定——向物业公司推荐小区物业经理。2015年元旦，曾在一家自行车生产企业担任销售主管的王顺生，就这样通过公开招聘程序，成为田林十二村历史上首个居民举荐的物业经理，此前他已是居民区的党总支委员。由此，小区的居委会主任、业委会主任和物业经理都由居民区

---

① 吴晓林.城市社区如何变得更有韧性［J］.人民论坛，2020（29）：19-21.

党组织委员兼任,"三驾马车"的"车夫"都是党员,无论谁遇到问题,第一想到的应该是解决,而不是推诿扯皮。

三是从居民需求的轻重缓急出发,改造小区的道路和基础设施。2014年,以党建为引领,由街道党工委、办事处重点扶持,投入1700万元对小区进行了综合改造。2015年年初,经过"三驾马车"多次联席会议讨论决定,其他工程暂缓,必须先拓宽道路。原来6.8米宽的小区主干道拓宽至8.1米,平均宽度为3.8米的支路拓宽到5.2米,解决了小区道路拥挤、连救护车都开不进的问题。接着升级小区的"内循环系统"。将全部85扇居民楼大门升级为智能防盗门,大门内外安装红外线探头,并实行智能门禁卡实名登记,监控室就设在居委会办公室。当改造污水管道、铺设沥青路面、改建居民楼门洞和报箱等细碎却必要的基础工程全部就绪后,这才轮到"面子工程"。

四是建立住宅小区综合治理的新格局,重塑小区公共家园的记忆。小区周围有不少机关事业机构,居委会每年夏天都会邀请地铁工务公司、环科院、市八医院、区城管执法局、田林三中等共建单位参与小区的"纳凉晚会",现在已经成了居民们每年三伏天最期待的事。在田林十二村,还有3个设在不同居民楼的"公共家园",满足的正是居民们更高一层的精神文化需求。"温馨家园"是老年人活动室和爱心就餐点,每周还有附近理发店的年轻店员们来为居民们免费理发;"快乐家园"是居民们的学习天地,英语课、编织课、唱歌跳舞样样有,老师和学生都是小区居民;"记忆家园"收藏着居民们从家中拿来的各类藏品,有居民获全国劳动模范受颁的奖章,有20世纪七八十年代的粮油票证,有荷兰木鞋、海南椰雕等旅游纪念品,也有身为市书法家协会会员的居民自己手书的书画作品,不少藏品的价格并不便宜,制作也颇费心思。

从城市韧性社区建设与精细化治理的政策成效看:一是治理结构完善,"三驾马车"运转顺畅。居民区党总支抓好队伍建设,建立每周工作例会制度,通过每周工作例会进行一周工作小结,并对工作中的特殊案例进行分析,不断提高居委干部解决实际问题的能力。通过居委会"三会"制度,加强队伍建设,牢固树立居民区党总支的领导核心作用。通过党员设岗定责和承诺践诺制度,使报到党员、在册党员在楼道内挂牌公示,亮明身份,发挥好党员作用。采用1:2:9:85的树形结构充分发挥党员、楼组长、志愿者的作用,扎实开展居民区党建和自治。同时,把党组织打造成党员之家,及时关心帮助困难党员,关键时刻党员都能一呼百应。通过交叉任职制度,由党总支委员兼任物业公司经理和业委会主任,驾驭好"三驾马车",提高了党总支总揽全局、协调各方的作用。近年来,小区已先后创成区级和市级优秀物业小区。

二是硬件升级改造,居民安全感得到保障。从2013年起,街道借着住宅小区综合治理的契机,开始对小区进行全方位的综合治理。85个门栋统一安装新的门头,信箱统一规范设置,打造统一新形象。同时,提高技防设备功能,小区室外安装64个摄像头,确保公共区域全覆盖。室内85个门栋安装智能型电子门,楼道门外安装2个摄像头,确保无死角监控。所有摄像头在后台终端都可实现实时监控,居民们都感到生活在田林十二村变得更安全放心了。技术到位只是第一步，在管理上，田林十二村也做了很多工作。众所周知，上海的老龄化程度越来越高，田林十二村也是老龄化程度很高的一个小区，要靠7位社工轮流上门查看独居、失智老人的情况，操作难度很大。田林十二村居委在技术公司的支持下，推出了将门禁卡与智能手环结合的措施，为老人佩戴智能手环。这样做有两个作用：其一，出入开门确保安全；其二，万一老人在外走失走散，通过手环上的智能信息就能确定老人的身份。独居老人如果2天以上没有刷卡信息，居委老龄干部就能立刻上门查看。田林十二村建成于1985年，小区道路比较狭窄。这些年随着私家车的增多，道路愈发捉襟见肘。居民不无担心：万一发生意外，消防车、救护车开得进来吗？正是听到了这种民意，田林十二村将道路进行了拓宽与修护。小区的主要通道通过适度退绿，腾出了宝贵的2米空间，能顺利容纳两辆车通过。在小区内部，所有的马路拓宽至5.2米，此举不仅为小区增添了140余个车位，消防车、救护车也可以顺利地到达所有85个门栋楼前。

三是社区项目精彩纷呈，居民满意度显著提高。2012年年初，经过广泛征集意见，"我们共同的记忆家园"这一取材于居民、展示大家生活点滴、面向全体居民开放的自治项目诞生了，至今已举办了14期。前几期的展览主要集中在挖掘身边人、身边事，让居民互相认识，所以，当居民们在第一期展览中看到了十二村有10多位老劳模，那些泛黄的奖状、与国家领导人的合影、先进工作者光荣事迹的剪报时，大家纷纷感慨，原来自己身边有这么多先进人物。这些荣誉证书因展览不再单单是每一个荣誉获得者珍贵的记忆，而是变成了所有十二村居民的记忆与荣耀。随后几期不同主题、不同形式的展览，还让居民们看到了小区里的"能工巧匠""道德模范""摄影高手""书画能手""党员先锋"。人气聚起来了，自治小组成员干劲更足了，"童年记忆""编织情节""舌尖上的记忆"等接地气的展览一个接一个，使"记忆家园"成了十二村老少皆宜的活动项目，服务人群实现了"老、中、青"全覆盖。此外，在街道的支持下，居民区党总支发挥牵引作用，拆除了徐房物业在小区的集中违章建筑，增加了三房一院、100多平方米的居民活动室。针对独居老人用餐不便等情况，改造了助餐点。建成能就餐、能打乒乓、能娱乐、能理发、能展示风采、能参加各种兴趣小组活动、能进行医疗和法律咨询的"温馨家园""快乐家园""记忆家园"等多功能活动室。人口管理精细化了，小区安全等级提高了，居民满意度显著提升。

从城市韧性社区建设与精细化治理的经验启示看，在推进市委"一号课题"创新社会治理新作为的过程中，为进一步补齐城市管理短板，深化住宅小区综合治理，徐汇区田林街道田林十二村居委以提升小区居民的感受度、获得感为目标，结合小区的实际情况，充分调动居民的积极性，多措并举地推进小区综合治理。实践证明，田林十二村住宅小区综合治理的探索具有较强的前瞻性和系统性，较好地体现了新形势下城市基层社会治理的时代特征，把握了城市住宅小区综合治理的内在规律，对全面加强城市基层社会治理、推进城市社会治理新作为具有重要的示范借鉴意义。住宅小区综合治理面临的各类顽疾往往是多年问题的积累,其中有居民自身不规范行为带来的环境变化问题,有各式各样因素导致的历史遗留问题,也有执法难延伸出的焦点问题。做好住宅小区综合治理工作,必须由各部门密切配合、分工合作、履职到位。不但要在整治时期支援"造血",更要发挥业主、居委、物业"三驾马车"的作用,引导小区提升自己的"造血"功能,促进住宅小区各治理主体之间的相互合作,建立稳定的信任生长机制,促进小区治理的良性循环。要在推进社会治理创新上有新作为。积极探索符合特大城市特点和规律的社会治理创新之路,把握关键是体制机制、核心是人、重心在城乡社区,注重系统治理、依法治理、源头治理,综合施策,持续推进城市从管理向治理的根本转变。要强化依法治理和智能化管理,加快补好短板,聚焦突出问题,加强综合整治,形成常态长效管理机制。田林十二村"党总支统领,'三驾马车'更默契;'三会制度'搭平台,听民意汇民智;居民热情参与,共建共享有活力"的住宅小区综合治理模式,是创新社会治理新作为的鲜活实践,其主要经验启示体现在以下3个方面:

一是党建引领,顺民情。为进一步理顺居委会、业委会及物业的关系,使"三驾马车"跑得更稳、更快,田林十二村在2015年完成综合改造后,居委会向物业公司举荐了"有能力,负责任,敢担当"的总支委员。通过公司招聘程序成功应聘为物业经理,使得田林十二村居委会主任、业委会主任、物业经理都由党总支成员兼任,提高了党总支统揽全局及协调工作的能力。

二是搭建平台,听民意。通过"三会"制度搭建平台,推进工作。综合治理是一项系统工程,为使政府资金用在刀刃上,管理制度更具操作性,协调治理推进过程中的各类矛盾,居委会成立了以党总支、居委会、业委会、物业、民警及居民代表等为成员的居民区综合治理管理小组。工作方案好不好,评议会上评一评;遇到难题要解决,听证会上辩一辩;碰到矛盾要化解,协调会上谈一谈。通过"三会"能更多地听取居民意见,找准问题、找对方案,从而使各项工作开展更贴近民意,更得人心。

三是组建团队,聚民力。以"自治家园"项目为抓手,通过"记忆家园"展示小区改造前后的变化、改造过程中各方付出的努力,提升居民的认同感,激发居民爱家园的责任感。宽敞的小区道路、绿树成荫的小区花园、智能型电子门……综合改造使得老式公房的田林十二村在硬件设施上"脱胎换骨"。居民们在得实惠的同时,有更多机会参与小区治理,提升社区"软实力"。居民志愿者巡查小组、特色楼组等居民自发参与治理的自治组织应运而生,蓬勃发展,"我的家园,我参与;我的家园,我珍惜"的自治理念正在小区生根发芽。

(三)闵行区城市老旧小区燃气安全管理案例

闵行区鹤北新村是拥有近3 000户居民的大型社区,住房建成年代约为1990年。当时的房产开发商为了美观,将燃气管道埋在墙内铺设,但随着时间的推移,这样的暗装方式让管道老化、破损、断裂的问题难察觉、难处理,成了埋在居民心中的一颗"不定时炸弹"。陆续有居民反映,装修过程中听见燃气管道有"呲呲"声,居民向燃气公司反映和投诉之后也不了了之。为帮助居民解决安全隐患,鹤北一居民区党总支践行"我为群众办实事",牵头推进解决墙内铺设的燃气管道老化导致的安全问题,提高居民生活安全指数。

一是高度关注,用数据说话。鹤北一居民区党总支牵头,第一时间召集居委会、物业、业委会"三驾马车"碰头会,商量下来一致决定先进行动态追踪,会同燃气公司开展全覆盖安全检查,连续两周走访了将近240户居民,上门记录燃气泄漏发生的时间、方位和情况,摸清泄漏管道的数量,做到底数清、情况明。同时,居民区党总支依托"约请"制度,请相关职能部门助力,呼吁燃气公司以维修数据作为科学研判依据,以保护居民生命财产安全为目的,做出统一更换管道的决定。

二是加强联动,用智慧破解。面对"小区房龄年限未到达燃气公司统一更换管道时间要求"的实际困难,街道职能部门会同居民区党总支形成合力,主动对接燃气公司,多次协调,灵活沟通,转换思路,直击问题,破例达成"一次性旧管改造"方案,缩小燃气公司统一更换管道的常规施工范围,不更换地下燃气管道,仅对小区内地上架空的燃气管线进行更新改造、户表外移等,并同步更换新的燃气表、燃气表箱、燃气报警器和紧急切断阀,实现日常排查、检修、更换一步到位。按照"谁供气、谁负责"的原则,由燃气公司组织对鹤北新村的燃气设施改造工程进行统一设计、分批施工。整个工程做到有计划、有监督、有协调,有序推进。当居民们得知消息后纷纷表示:"还是共产党的政策好啊!"

三是扩大宣传,用真心服务。改造费用由燃气公司承担,居民不出钱。按说大家都应该支持,但还是有一些意想不到的情况发生了。由于整个小区的燃气管道老化仍处于萌芽状态,还未严重到户户爆发的局面,因此,经常有刚装修完不久的居民或"没时间"的双职工上班族,一听要在室内打孔,就抱着侥幸心理不愿配合。类似个性化的困难和需求还有很多。居民区党总支充分发挥党员干部的带头作用,引导社区党员、楼组长、居委干部带头响应改造,党总支班子成员分片包干,分组带领社区党员、楼组长、居委干部不厌其烦地入户走访,积极解释此次燃气管道改造的原因、目的,宣传用气安全知识、消防知识,打消居民的侥幸心理,提高居民的安全意识,逐渐做通思想工作。最终,历时一年的改造工程全户顺利完成。至今,小区再未发生一起燃气管道报修案件,大大节省了燃气公司的人力。

四是总结经验,提炼启示。① 党建引领是关键。"火车跑得快,全靠车头带",坚持党的领导是社区开展各项工作的必要条件,党总支主动牵头,充分发挥党的前瞻性和进取性的优势,主动发现问题,积极开拓资源,形成工作合力,为提高居民的幸福指数而共同努力。② 党员骨干是抓手。社区工作做得好,不能仅靠居委干部单打独斗,社区治理离不开党员、"三长"骨干的支持。这次煤气改造,党总支班子成员分片包干,挨家挨户实地走访,为顺利推进改造工程打下了扎实的工作基础。社区服务需要党员带头,党建工作更需要居民支持,相辅相成才能砥砺前行。③ 服务群众是初心。坚持党建引领社区治理，从居民的实际出发，以需求为导向，切实解决老百姓的急难愁盼问题。检验社区治理做得好不好、到不到位的是群众，群众认可了、满意了、有获得感了，才说明党建工作落到了实处，取得了成效。

第三节　上海超大城市精细化治理与韧性建设的政策取向与经验反思

2014年以来，城市治理精细化在中国形成了一股浪潮，几乎成为所有中国城市的创新目标。城市治理精细化也是上海发展到一个新阶段提出的一种现实需要，一些问题迫使我们必须改变发展的路径和方向。因此，2018年年初，上海市政府发布了关于加强城市治理精细化工作的三年行动计划（2018—2020年）。这三年成为上海发展转型的一个重要拐点。

城市治理精细化包含两个目标。一是要提升政府对城市生活细节的治理能力。过去40年，城市快速发展，规模快速扩张，高楼大厦建立起来了，道路拓宽了，但是一些局部的细节性的问题越来越凸显，影响了人们对城市的观感以及城市运转的顺畅，所以，城市治理精细化要求解决城市发展中的一些细节问题。另一个是要为市民提供更加个性化、差异化、智能化的公共服务。首先是树立服务为先的治理理念，从注重管理、注重建设转向以服务为主。其次是治理主体要实现从政府一家主管走向政府和企业、非营利组织的协同。在治理手段上更加注重适应数字化、智能化的手段，各种信息收集设备被有效地运用到城市治理的方方面面。再次是治理标准要规范化，更加突出城市运转中的规则作用。城市治理精细化无疑涉及复杂的政策组合，但是我们仍然需要从整体上做出判断。城市治理精细化追求的价值取向是不是明确？呈现在有关政策实践中的行动趋向是不是有差别？现实的政策实践在多大程度上是有助于或者不利于达成城市治理精细化的价值目标的？制度环境和现实政策以及价值追求之间是不是匹配？这些是我们面临的宏观问题。

上海在过去非常注重城市发展的速度，像由涉及动拆迁的利益补偿问题造成的矛盾需要一段时间消化，由此也积累了一些利益问题。再加上过去重建设、轻管理，导致管理方式比较粗放，对于城市的突发事故、安全事故反应比较迟缓，这些问题开始凸显出来，影响上海的形象以及市民的生活。上海市政府开始有意识地追求城市的发展质量，由此对城市有了一个新定义。如果我们过去更加注重硬件设施的话，那么现在更加强调城市的核心是人。上海要建设卓越的全球城市，创新之城、人文之城、生态之城是标志性的3个目标。

有了城市发展新目标，就需要充实城市发展的内涵。上海市政府已经确定要由注重城市发展的经济绩效转向更加注重满足市民的需求，同时也要追求可持续性，为超大城市可持续发展树立典范，这是上海的新发展思维。在已经制订的三年行动计划中，核心目标就是提高城市生活的品质。围绕着这个核心目标又分两个方面：一个是提高城市管理的水平，要改善城市的设施、环境、交通、安全状况，让城市更加有序、安全、干净；另一个是提高市民的生活质量，特别是促进城市的居住、就业、休闲功能相互融合，让市民生活更加方便、舒心、美好。贯彻的价值内涵就是强调以市民为中心，推进城市治理的精细化，具体可以从3个方面着手：一是在理念上强调服务优先，关注人的主观感受；二是在技术上强调关注细节，改善人的生活体验；三是在效果上强调精准对接，有效满足人的需求。基于这个价值内涵的三年行动计划有一个原则性的要求，即精细化治理要覆盖各个空间、各个领域、各个环节，其效益要分享到所有的人群。重点任务主要是两个方面：一个是改善城市生活环境，另一个是加强交通的管理。

上海的住宅区大多数是有围墙的，有独立的空间。我们要建设美丽家园，城乡还要建设美丽乡村，通过小的空间单元把改善城市生活环境的多种措施综合起来，在小的空间里面实施综合整治，同时也让这些措施和市民的生活紧密结合。

三年行动计划提出了4种工作方式：第一种是法制化，例如推进垃圾处理、保证城市环境整洁、拆除违章建筑，这些都需要讲规则意识，要加强执法；第二种是社会化，政府要动员市民参与，并且让企业主体和社会组织、非营利机构都能够参与进来；第三种是智能化，即用现代技术加强信息的收集和处理；第四种是标准化，这是比较技术性的概念，政府推进的一系列工作需要考核，这就需要统一标准。

基于调研与实践观察，本研究认为城乡韧性社区建设与精细化治理存在一定程度的偏差。一是政府绩效优先。政府渴求治理绩效，强调问题解决的效率，更多关注那些具有显著性和能见度高的问题，而忽视系统性、趋势性的重大问题，特别是集中在硬件设施的细节上整治，其实对于城市中存在的系统性、隐蔽性、趋势性的问题，需要一些宏观的视野。二是过度简约主义。政府需要效率，目前的主体却只有一家，于是就抓住一些关键问题，希望这些关键问题的解决能够达到整体性的治理效果。实际上，关键问题的解决很难达到精细化的效果，而且往往忽视了关键问题后面有复杂的社会关系。三是走向技术依赖。互联网、大数据、人工智能等技术手段，提高了政府监控能力和反应效率，也导致权力的重新集中。通过政府公共资源的投入建立社区大脑，可以把整个街区方方面面的数据迅速、全面地收集起来，这些数据可以在一个大屏幕上显示出来，政府决策很方便。但是这样也导致了大数据带来的权力结构的转向，这个转向其实是往回走的，因为在制度改革的过程中强调的是去中心化，希望市场和社会的各种组织能够参与进来。四是回避社会动员。用技术创新替代社会动员，忽视了社会资本培育，搁置了治理体系现代化的改革目标。社会动员比较缓慢，各种利益的博弈会占用时间，所以，我们有时会回避社会动员。五是中产阶级偏好。用统一标准处理复杂问题，无法容忍灰色现象、非规范行为和特殊个案，导致社会多元特征和包容性大大降低，反而妨碍了社会公平和公众的获得感。

如何从社会政策的角度对这些问题做出解释？首先，政策设计存在多重张力，为选择性执行提供了空间。其次，我们的制度创新还在进行中，对于集权式的治理模式是有依赖的。信息技术缓解了城市管理中的信息不对称问题，这让全能型政府改革的压力变小了。最后，从传统社会向现代社会迈进的过程中，居民的自治能力不足，参与的意愿也不强。

从以上这几方面来看，必须高度重视执行过程中的价值取向和政策设计中的价值取向的偏离问题，重点处理好4对关系：一是行政执法和市民需求的关系。执法很重要，但是要满足市民的需求。市民不是中性的，而是分阶层的，满足哪个阶层市民的需求是要思考的，当然全部市民都应该看到。二是政府主导和社会参与的关系。越是注重细节，越是强调市民获得更好的感受，就越需要市民发表意见，而且是各个阶层的市民发表意见。三是社会效益与经济效益的关系。要考虑社会效益和经济效益的平衡，避免造成政府的负担过重，增加公共资源开支压力。四是技术创新与制度创新的关系。在制度创新的过程中，有很多现代化手段可以帮助解决细节问题，时刻需要借助技术创新来推进治理能力现代化的大目标。

第七章

上海韧性城市建设与托底制度设计

第一节 上海韧性城市建设的顶层设计政策建议

建设韧性城市、提升城市治理能力是全力保障超大城市安全有序运行的基础。面向2035年，国内7个超大城市均提出了建设韧性城市的目标。对正在奋力建设具有世界影响力的社会主义现代化国际大都市的上海而言，迫切需要加快推进韧性城市建设，健全城市安全预防体系，强化极端情况下功能运转、生产维持、生活保供、就医服务等城市基本运行保障体系，提高综合防灾减灾救灾能力。韧性城市是应对"黑天鹅式"风险的必然选择，其韧性体现在结构韧性、过程韧性和系统韧性3个层面。城市的新不确定性来源可概括为极端气候、科技革命、冠状病毒和突发袭击4个方面。

一、上海推进韧性城市建设存在的问题

习近平总书记高度重视韧性城市建设工作，做出一系列重要指示，为上海建设韧性城市指明了方向。当前，上海正围绕强化系统性、整体性、协同性，加快构建统一指挥、专常兼备、反应灵敏、上下联动的应急管理体系而努力。与其他国际大都市相比，上海韧性城市建设起步相对较晚，还存在一些问题，需要积极借鉴国内外先进的发展经验。

一是对韧性城市的认识不深。韧性城市作为一种全新的城市规划理念，在实践过程中我们对其概念、内涵没有足够的认识，造成相关概念的混淆及实施的盲目性。在汲取国外经验的同时，尚未发展出适合上海城市情况的韧性城市理论框架体系，包括其基本理论、指标体系、规划方法等。尚未形成有效的韧性城市测度指标体系，并据此对上海韧性城市建设进行顶层设计。根据国际经验，对韧性城市测度方法的研究非常重要。中国工程院院士谢礼立认为："韧性城市是一个非常复杂的系统，国内外目前还都处于韧性城市建设的初级阶段，当务之急是要搭建一个框架。"对于上海而言，需要更加注重规划建设的长期性，研究把握城市长周期发展规律，将韧性城市的理念、目标、标准、要求等贯穿上海城市规划建设管理的全过程、各方面。

二是韧性城市资源配置效率不高。党的二十大报告提出："以新安全格局保障新发展格局。"城市韧性建设是统筹新发展格局与新安全格局的必然要求。城市本身就是一个不断适应变化、持续调节完善的复杂巨系统，功能融合、安全冗余的理念已经潜移默化地融入城市规划和建设当中，既有的开敞空间、公共服务设施以及各类社会资源，具备较大的灾时应急服务和保障潜力。各专业领域防灾减灾工作按照专防专治的思路，长期致力于构建相对独立的专业防灾减灾体系，为城市建设和经济社会发展提供了较强的安全保障，但由于顶层设计缺位、平战转化规则不完善、配套体制机制不成熟，城市空间资源的防灾减灾潜力尚未得到足够的重视和挖掘，防灾减灾设施空间布局有待完善，因此出现了一定的信息隔阂、重复建设、资源浪费的现象。

三是城市综合防灾规划协同实施不强。防灾规划对韧性城市建设影响深远，虽由市应急管理部门负责编制、审批，但其涉及金融、保险、城市建设等多方面的对策措施，实施过程中需要多部门、各行业共同合作。在目前的架构下，尚没有一个部门能完全监督相关措施的实施或充分协调各部门之间的配合，导致防灾规划的实施缺少监督管理、资金投入效果不明显、缺少专业人员等问题，进而造成了韧性城市建设安全保障体系化"散"、责任体系规范化"弱"、基层韧性能力精细化"粗"、重要风险防控系统化"浅"等问题。

二、推进上海韧性城市顶层设计的政策建议

"极端气候、现代城市的高机动性、新技术的快速涌现、全球化、互联网时代'万物互联'的科技风险以及烈性传染疾病等事件已经成为威胁城市安全的'黑天鹅'式风险的主要来源。现代城市是一个动态的复杂巨系统，传统的方法已不能有效破解这些不确定因素，因此需要通过提升城市的韧性，使城市能够有效应对各种风险，在面临各类'不确定性'事件时具有韧性，且能够迅速恢复功能。"[①] 韧性城市建设是一个漫长而艰巨的过程，需要持之以恒地关注与投入。上海不仅要抓住城市更新的契机来提升基础设施设备的硬实力，更要瞄准全球韧性典范城市目标，完善顶层设计，尽快明确建设韧性城市的战略目标及实施路径，在精准施策、强化治理、源头防控等软实力上下功夫，体现超大城市韧性建设的前瞻视野与创新实践。

一是推动韧性城市建设融入社会主义现代化国际大都市战略。参照纽约等全球标杆城市把韧性城市纳为城市发展原则的做法和经验，将韧性城市建设作为上海城市规划、建设与管理的指导性原则，融入具有世界影响力的社会主义现代化国际大都市建设这一长期发展战略。学习北京经验，加快研究出台推进韧性城市建设的指导性意见。建立韧性城市建设组织领导协调工作机制。成立工作专班，明确牵头单位，研究制定工作计划，统筹协调有关部门开展韧性城市建设，推动各项任务落地落实。在"多规合一"的

---

① 仇保兴."韧性"——未来城市设计的要点［J］.未来城市设计与运营，2022（1）：7-14.

策略指引下，将韧性城市理念的内涵、指标体系、目标等分解融入城市综合防灾规划及其他的法定或非法定规划中，把韧性城市建设扩展到与生态、社会、经济、基础设施等相关的城市各个领域和各大体系。在上海城市建设的长期规划、中期行动方案、滚动式工作计划和年度项目安排中，明确纳入韧性城市建设的指导原则与总体要求，部署韧性城市建设内容与实施项目，形成上海推进韧性城市建设的整体合力和方案体系。

二是加快形成上海韧性城市指标体系。不少国际组织和研究机构从不同的角度构建了韧性城市评价体系，涉及基础设施、社会组织、经济保障等多个维度。上海推进韧性城市建设，不但需要树立广义韧性城市理念和确立以城市韧性为重点的任务指引，还需要把理念和指引细化为韧性城市指标，优选设计指标体系，为韧性城市建设提供实施层面的操作指南。以定性与定量相结合的方式，简明直观地反映韧性城市建设的重点难点，指标化地呈现城市韧性提升策略和行动计划，为上海建设韧性城市确立推进路径和策略导向。围绕提高防灾减灾救灾和急难险重突发公共事件处置保障能力开展精准评估，根据城市发展战略和发展水平及时调整修订韧性城市指标体系，动态化地纳入城市规划部署与执行体系中。基于评测结果，发现薄弱点，提出提升城市韧性的方法、技术指引及建议等，并反馈到城市规划中。

三是切实构建城市空间分区分类韧性治理体系。衔接应急管理层级体系，综合考虑本市自然灾害和事故风险时空特点、国土空间规划建设布局安排、城镇网络运行特征等因素，按照集约节约、资源整合、共建共享的原则，聚焦城市防灾安全韧性关键能力建设，完善综合防灾减灾设施布局。增强城市基础设施韧性，推行分布式、模块化、小型化、并联式城市生命线系统新模式。推进城市空间资源"综合、复合、融合、结合"集约高效利用，以增强功能韧性、过程韧性、系统韧性为导向，多维度提升城市经济、空间、工程、管理和社会韧性建设，探索编制城市生命线工程的分组团化改造方案，夯实超大城市应对不确定性挑战的核心保障能力。加强应急避难场所的信息化建设和管理，建立完整数据库，并通过线上地图等方式供市民查询使用，确保一旦发生灾害，市民能快速找到并进入应急避难场所。

四是开拓创新推进韧性城市建设。多措并举地打造全球韧性典范城市。夯实数字化，依托本市"一网统管"数字化平台，用好各部门现有的数字技术设施，打破数据孤岛，优化应用场景的开发落地，协同实体空间改造与智慧城市硬件设施融合提升，将信息技术与建筑、景观、交通、基础设施等实体要素充分整合，提升城市监测预警、风险评估和信息服务等功能，使得城市成为有"生命"的"人"，实现在灾难面前科学、及时、有效地响应。强化多元化，创新多元共治韧性建设机制，构建全面覆盖、多元便捷、治理高效的韧性空间资源体系。立足上海在新一代信息技术、数字治理、金融等方面的产业优势，鼓励金融机构、社会资本、优质企业等参与韧性城市建设工作。引导各领域专家、全社会力量支撑韧性城市建设，形成具有超大城市特色的多元共建共治共享的韧性城市建设新模式。通过韧性城市新兴产业社区建设和引进一批平台型加速器，吸纳韧性城市高精尖企业，孵化一批瞪羚企业和独角兽企业。深化产城融合模式，打造韧性城市科技成果转化和产业集聚中心，培育韧性城市相关领域创新创业示范基地和国家高新技术企业。提升网络化，形成多中心、节点城市网络化的空间结构，提升上海内部联结与韧性程度，增强城市空间发展韧性。举办领导干部"韧性城市建设与风险防范"专题研讨班，助力上海韧性城市建设迈上新台阶。更加重视基层社区建设，加强基层管理人员的能力培训，弥补社区管理短板，推动韧性社区建设，构建韧性社区网络。充分发挥基层全过程人民民主，让每个居民都能成为韧性社区建设的参与者、推动者，共同筑牢城市安全的防线。

第二节　上海韧性城市建设的巨灾保险制度构建

加快构建本市巨灾保险制度、服务韧性城市建设的专题调研发现：本市各级政府及有关部门高度重视以人民为中心的发展理念，树立底线思维，增强忧患意识，有力守住了城市安全底线。但上海作为超大城市和口岸城市，城市灾害事故风险防范工作始终面临着人口规模大、密度大、流动量大，高层和超高层建筑多，化工企业多，地下空间和城市生命线系统复杂的现实挑战。体量巨大的高层建筑防火、超大客流量的轨道交通、危化物品生产存储运输环节等安全风险依然突出，传统和新型风险交织，可能引发巨灾的风险因素多、牵涉面广、防控难度大，灾害事故防范工作形势依然严峻。上海亟待加快构建超大城市巨灾保险制度，从源头上分担城市突发巨灾风险，提升韧性城市保障水平。

（1）本市巨灾保险制度进展缓慢。目前，本市应对灾害事故风险的保险安排主要有两种：一是黄浦区巨灾保险试点。黄浦区巨灾保险试点自2018年开始实施，是上海市特大城市综合风险治理的一项配套管理试点，保险方案设计的出发点聚焦于非常规、低频高损、易造成群体性损失的自然灾害和突发事件风险，对核心城区带来的潜在意外损失进行保障。二是各街镇自主安排的社区综合保险。街镇社区综合保险更加关注辖区内的高频低损风险和基层管理组织主体责任风险，保额和保障内容不完全相同，一般覆盖整个辖区，帮助辖区居民群众缓解日常风险，保险需求和处理比较灵活，是深入城市毛细血管的普惠型保险。上述两类保险都是以灾害事故民生保障为聚焦点，难以真正意义上应对和抵御巨灾发生时所造成的重大损失，也不能满足全市层面系统性巨灾保险制度设计的要求。从实践来看，目前在本市各类巨灾防范中并没有充分发挥其应有作用，近年来，多起自然灾害和事故灾害的保险理赔补偿占比不到5%，远低于36%的全球平均水平。因而，亟待在两类保险实践基础上加快探索，建立一套针对本市灾害事故风险特点的巨灾保险制度，进一步提高保险覆盖面和保障程度，发挥保险在面对巨灾时的托底保障作用。

（2）超大城市风险要素集聚凸显。上海作为我国的经济中心，产业结构复杂，现代化程度较高，人口和经济要素、高大建筑、城市生命线系统等高度密集。第七次人口普查的数据显示，截至2020年年底，本市常住人口为2 487.09万人，面积为6 340平方千米，每平方千米人口密度约为3 810人，中心城区人口密度超2.4万人，户籍60岁及以上老年人口为518.12万人，占户籍总人口的35.2%；本市房屋建筑总占地面积为639.40平方千米，超百米建筑有930座，超200米建筑有59座；城市燃气普及率为100%，燃气管道总长度超3万千米，供气总量近百亿立方米；有两大化工园区，从事危化物品生产存储运输等环节的企业约1.1万家；文旅场所众多，会展业发达，大型群众性活动数量多、规模大，年均3 000场以上；作为国家交通、物流枢纽，拥有中国最大的港口，以及旅客吞吐量排名全国前十的两座机场和我国最复杂的城市交通网络，其中，地铁线路18条、车站459座、运营里程771千米，2020年全年日均客流1 037万人次。因此，本市面临的各类灾害事故风险量大面广，各种风险要素集聚，城市承载体暴露度、脆弱性高。伴随着城市快速发展，上海正在进入风险凸显期和多发期，2010年11月，静安区胶州路一栋教师公寓起火，导致58人死亡，70余人重伤；2011年9月，上海地铁10号线发生追尾事故，造成271人到医院就诊检查，70人住院和留院观察；2013年8月，宝山区的上海翁牌冷藏实业有限公司发生液氨泄漏事故，造成15人死亡，25人受伤；2014年12月，黄浦区发生外滩拥挤踩踏事件，造成36人死亡，49人受伤；2019年5月，长宁区昭化路一幢厂房坍塌，造成12人死亡，10人重伤，3人轻伤。每一次公共安全事件都极易造成难以估量的损失，并且容易产生放大效应，进而带来极为恶劣的负面影响。

（3）自然灾害巨灾风险不容小觑。上海濒江临海、地势低平、河网密布，随着全球气候变暖和海平面上升，台风风暴潮、暴雨内涝、高温热浪等自然灾害发生的频次增加，每年汛期防汛防台任务较重。海洋灾害、地震灾害、地质灾害、农业生物灾害等风险隐患也不容忽视，给上海城市持续安全发展带来较大的挑战。2005年8月，台风"麦莎"造成4.66万户居民家中进水，受灾人数约133万人，因灾害次生、衍生死亡7人、受伤149人，农作物受灾面积5.69万公顷，直接经济损失约13.4亿元。2018年7月，台风"安比"在崇明岛沿海登陆（近70年来直接登陆上海的第三个台风），对崇明岛造成了巨大影响，全市转移安置近20万人。2019年8月，台风"利奇马"造成本市3.6万亩农田受淹，3.2万株树木发生倒伏，485条（段）道路、70处下立交、603个小区积水，194条电力线路中断，70个店招店牌坠落。据统计，2009年以来，本市因各类自然灾害受灾人数86.2万人，因灾死亡人数19人，紧急转移安置人数69万人，直接经济损失约6.4亿元。

（4）巨灾风险保障能力有待提高。虽然《上海市城市总体规划（2017—2035年）》已经明确提出"更可持续的韧性生态之城"发展目标，但在思想认识上，各部门对灾害事故风险防控尤其是突发巨灾风险的重要性认识不一致、不到位。公众对城市巨灾风险的认知程度还不高，风险保障的参与意识还不强，城市安全宣传、教育、培训的效果还不明显。在管理体制上，条块之间、部门之间的职责需要进一步理顺、统筹协调需要进一步强化、各方合力需要进一步增强；在工作机制上，除了防汛防台等常规工作之外，一些非传统突发巨灾风险隐患的早期发现和处置机制还不够健全；在法治保障上，相关法律法规还较为原则、操作性还不够强，甚至还存在制度空白。为了减轻政府应对巨灾的压力，国家"十四五"规划提出的"发展巨灾保险，提高防灾、减灾、抗灾、救灾能力"，以及《中共上海市委、市政府关于提高我市自然灾害防治能力的意见》要求的"加快巨灾保险制度建设，鼓励结合自然灾害特点，探索巨灾风险有效保障模式，逐步形成财政支持下的多层次巨灾风险分散机制"，既十分迫切，又恰逢其时。

为加快构建本市巨灾保险制度，提出以下4点建议：

（1）明确巨灾保险制度设计思路。一是政府主导，政策支持。结合宁波、深圳等地巨灾保险试点实践经验，本市巨灾保险制度建设应当以政府为主导，将其作为城市风险危机管理体系的一部分，针对无责任主体或责任主体无赔偿能力的巨灾进行补助性补偿，突出政府以人民为中心的理念和托底保障职能。通过政府在组织推动、财政支持、税收优惠、防灾减灾等方面给予政策引导，加快推动巨灾保险制度整体建设。二是市场运作，统筹协调。在巨灾保险制度的设计和运行过程中，应当充分利用市场配置资源的作用，发挥商业保险公司在风险管理、损失评估、理赔服务及防灾减损等方面的优势，统筹协调政府和商业保险公司的应急救灾功能，借助巨灾保险提升社会救援的动员能力。三是广泛覆盖，各尽其责。本市巨灾保险制度设计应和本市民生工程紧密结合，在政府引导下建立广泛覆盖的巨灾保险制度，充分调动各级政府、商业保险公司、再保险人等各方的积极性，建立全方位、多层次的风险防范体系和反应及时、协调有效的风险化解机制，切实为城市运行提供全覆盖、全领域、全周期的巨灾风险保障。

（2）构建巨灾保险多元保障体系。将人民群众的切身利益放在首位，结合超大城市灾害事故风险管理特征，以打造韧性城市为目标，探索以多元化保障来构建本市巨灾保险的产品体系。结合已有试点经验，将因巨灾直接造成的居民人身死亡抚恤和家庭财产损失补助作为基础保障；加强巨灾灾害链风险管控，对因次生灾害所造成的损失进行补助；将巨灾应急费用，如转移安置、紧急救援和善后处置等费用一并纳入保险覆盖范围。同时，通过建立巨灾保险制度，打造一套强化灾前预防能力、完善灾中救援机制、提升灾后救助水平的全流程现代化政府灾害风险管理体系。逐步建立以居民个人商业保险、街镇综合保险、全市层面巨灾保险为主的多元保障体系。

（3）建立巨灾保险多层次分散机制。第一层是商业保险公司，借鉴深圳由市级财政全额出资购买巨灾保险，保障深圳行政区域内所有自然人在遭遇"天灾"侵害后得到灾害救助保险服务的经验，由市政府出资购买商业保险公司承担风险的巨灾保险产品，提供覆盖全市的巨灾风险基本保障。第二层是再保险，通过比例再保险，提升直保公司的承保能力，放大保障限额。第三层是巨灾预防服务，主要用于相关数据平台建立、专家资源库设立、灾前风险查勘防控等防灾减损事项，其来源拟按照年保费10%的比例提取。第四层是巨灾风险准备金，通过保费盈余积累，用于覆盖超巨灾保险赔偿限额的部分或抵御超巨灾风险。在国家层面尚未实施城市巨灾保险准备金制度之前，上海可以先行先试，用以下方式实现抵御超巨灾风险目的：在首年保单累计赔偿限额之外设立"公共保额"，以每年保费盈余的75%左右确立"公共保额"数字，并逐年累积，实现巨灾保障能力的可持续提升。同时，因上海各区面临的巨灾风险（包括但不限于人口、财产密度、产业分布、经济水平等）不同，建议适时探索建立巨灾保险市、区两级协同机制。由上海市政府牵头，各区财政支持协同，共同承担巨灾保险保费。

（4）完善巨灾保险多部门协同服务机制。将承保信息、定损金额、理赔服务、风险巡查、人员疏散等信息录入数据平台，以便相关单位及时掌握信息，更好地应对巨灾风险和完善防灾减灾救灾工作。在市应急管理局等部门的指导下，商业保险公司结合本市城市和灾害事故风险特点，制定防灾减损工作计划，并组织开展工作。工作内容包括但不限于：协助配合相关单位共同进行安全生产和防灾减灾宣传；配合应急、水务等部门在雨季汛期来临前走访检查重点区域防台防汛设施；配合应急部门在"全国防灾减灾宣传周""安全生产月"等时间段开展相关科普宣传教育活动；连同其他社会专业力量进行防灾减损相关专题研究；协同市政府合作交流办、市应急管理局与全国其他地区相关部门就韧性城市建设、巨灾保险运营等内容定期交流，共享减少灾害损失和防灾减灾救灾工作经验等。进一步改革创新，强化依法治理、科技赋能、社会共治，全面提升超大城市风险的综合防控能力，不断提升城市安全水平。

第三节 上海韧性城市建设的化工园区安全管理

化工园区的安全管理是城市安全运行和风险防控的重要环节，天津"8.12"特大火灾爆炸事故、江苏响水"3.21"特大爆炸事故教训惨重、发人深省。"十四五"时期是巩固上海市化工产业结构调整升级成果、深化产城融合发展的提升期，也是强化风险管控、提升安全生产和应急管理能力的攻坚期。探索一套科学有效的化工园区安全管理模式，对推进上海超大城市治理体系和治理能力现代化具有基础性、保障性的重要作用。

一、上海化学工业区基本概况

上海化学工业区（以下简称化工区）位于杭州湾北岸，规划面积29.4平方千米，是国家级经济技术开发区、国家首批新型工业化示范基地、国家生态工业示范园区、循环经济示范园区。2002年，化工区成为我国改革开放以来第一个获得国家批准的石油和精细化工开发区，化工区的建设被正式纳入国家产业发展战略布局。自1996年以来，化工区以建设具有国际竞争力的世界级石化基地和循环经济示范基地为目标，坚持创新和"五个一体化"开发建设理念，已成为全国集聚国际知名跨国化工企业最多、循环经济水平最先进、产业能级最高端、安全环保管理最严格的化工园区之一，连续7年蝉联中国化工园区30强首位。化工区投产运行企业61家，危化品年生产和使用总量约2 000万吨，日常储存总量约120万吨，规模化生产和使用的危化品共计140余种，危化品重大危险源126个，涉及易制毒化学品、易制爆化学品、剧毒化学品和重点监管化学品。

二、当前化工区安全管理面临的形势和挑战

近年来，化工区安全生产形势平稳有序。但是，安全隐患和险肇事件时有发生，安全生产形势仍然十分严峻，表现在以下5个方面：一是安全管理水平与应急管理能力还需强化。化工区管委会作为市政府派出机构，部分安全监管与应急管理体制机制亟待进一步建立健全。化工区应对大型事故、复合型事故的应急处置能力和危化品专业救援训练水平有待进一步提升，应急处置联动机制有待进一步完善。二是安全风险和事故隐患客观存在。随着产业发展和企业扩产扩建，危化品存储量和周转量不断增加，园区内危险化工工艺装置密集，危险有害因素增多，风险点位相对集聚。部分装置设备逐渐步入运行"疲劳期"，设备故障率呈现增加趋势，检修维护量增多，难度提高，潜在风险隐患日趋增多。三是企业安全生产主体责任落实不到位。部分企业仍存在安全意识不够高、安全管理制度执行落实不到位、承包商管理存在漏洞等问题，导致事故苗头有抬头的趋势。四是技术发展和新业态给安全管理带来新挑战。新技术、新工艺、新装备、新材料的产生、应用和化工新材料科创中心、电子化学品专区等新业态的培育发展，不可避免地带来新的安全风险和管理挑战。五是安全保障能力还需进一步提升。随着重大化工项目的推进，上下游物料供给转输能力有待强化，消防救援能力、消防基础配套设施和公用工程配套设施仍需进一步完善。重大危化品事故专业救援装备和社会化联动应急保障体系需继续加强。

三、完善化工区安全管理的政策建议

（一）健全完善安全应急管理体制机制

按照"党政同责、一岗双责、齐抓共管、失职追责"和"管行业必须管安全、管业务必须管安全、管生产经营必须管安全"的要求，深化化工区应急管理体制改革，完善安全监管责任体系。提升安全生产监管能力，坚持以法治思维推进安全生产和应急管理工作，推动安全应急管理机构建立，强化安全监管和执法检查队伍建设，推动安全监管的法治化、规范化和信息化。

（二）全面落实企业安全生产主体责任

健全企业安全生产责任体系，落实全员安全生产责任制。强化企业法定代表人、实

际控制人的第一责任人法定责任，落实危化品企业建立安全技术和管理团队工作要求，落实安全承诺公示制度，做到安全责任、安全管理、安全投入、安全培训、应急救援"五到位"。推动企业安全管理人员、重点岗位、班组和一线从业人员严格履行自身安全生产职责，建立"层层负责、人人有责、各负其责"的安全生产责任体系。督促企业加强对承包商作业的现场安全管理，落实安全防护措施。健全事故通报、负责人警示约谈、安全不良记录公告、承包商安全"黑名单"等一票否决制度。

（三）细化提升企业安全生产风险管控水平

健全完善企业安全风险辨识评估和风险管控制度，强化企业风险辨识，全面落实企业、车间、班组和岗位的风险管控责任。注重运营状况以及危险源变化后的风险状况，动态评估、调整风险等级和管控措施，确保安全风险始终处于可控范围内。持续推进危化品企业自动化控制水平提升，完善"两重点一重大"（重点监管危化品、重点监管化工工艺和重大危险源）生产装置、储存设施可燃气体和有毒气体泄漏检测报警装置、紧急切断装置、自动化控制系统的建设。强化作业安全管理，重点加强对动火、进入受限空间等特殊作业的培训教育和作业安全管理。强化企业从业人员培训教育，加强对企业主要负责人的警示教育和考核。加强企业应急救援能力建设，优化企业专职消防队伍人员结构和装备配置，加强企业专业应急救援力量与政府综合性消防救援队伍之间的应急联动。

（四）进一步提升化工风险防范化解能力

结合化工区产业规划和空间布局，划定化工区周边土地规划安全控制线。坚持源头管控，优化新建项目在园区内的空间布局，严把项目准入和建设项目安全条件审查，制定实施项目安全准入和装置安全设防标准。健全化工区与周边区域风险联动联控机制。完善危化品运输道路安全基础设施建设，优化封闭管理和视频监控系统建设，对危险货物和危险废弃物、人员、车辆进出实施全过程监管，强化危险货物装卸作业安全监管。巩固和完善供热、供电、给排水等公用工程设施和事故废水排放设施配套。进一步强化道路交通、公共安全、建筑施工、职业健康与食品安全、特种设备、口岸码头、水上交通、应急救援等重点领域的安全监管，通过数字化、网络化和智慧化手段强化各领域间信息共享。

（五）鼓励科技创新升级、探索制度长效化管理

运用现代科技和信息化手段，推动企业开展本质安全提升的工艺改造和创新，积极推广应用机械化、自动化生产设备设施，实现机械化减人、自动化换人，降低高危岗位现场作业人员的数量。优先发展风险较小、技术先进、安全标准高的高端产品。借力化工行业科技创新，鼓励企业开展全方位的科技创新和智能化管理，依托跨国化工集团的全球研发优势，吸引国际化工研发机构和专业人才集聚，提升区域研发能级。坚持问题导向、规范导向，探索制度长效化管理，梳理园区在准入布局、重点设施安全、园区安全生产管理、企业HSE（健康、安全和环境）体系评估和企业安全生产管理等方面的

管理制度和经验,总结提炼,编制成可复制、可推广的化工区安全生产管理规范和HSE管理指南,推动园区安全治理现代化。

(六)持续提升应急救援与处置能力

进一步完善水、陆、空立体化应急救援体系,强化以综合性应急救援队伍为主体、专业应急救援队伍为辅助、专家队伍为支撑、医疗卫生等多部门联勤配合为保障的应急救援力量体系建设,加强消防职业化、专业化管理,提升针对化工区灾害特点的应急救援能力水平,拓展应急救援资源,加强应急救援和抢险救灾物资储备。健全应急预案体系,提升应急预案的有效性和可操作性,做好预案评估、演练和修订工作。

(七)加强信息化、智能化建设和安全文化建设

结合城市数字化转型,建设智慧安全型园区,全面构建化工园区安全应急智能化系统,建立安全生产大数据平台和各监管部门数据信息共享机制。多渠道开展安全生产宣传教育,借助新媒体推广安全政策和重点工作等宣传,推动建立一批安全文化和健康文化示范企业,推进安全文化和健康文化建设。

参考资料

[1] Holling C S. Resilience and stability of ecological systems[J]. *Annual Review of Ecology & Systematics*, 1973, 4(1): 1-23.

[2] Safa M, Jorge R, Eugenia K, et al. Modeling sustainability: Population, inequality, consumption, and bidirectional coupling of the earth and human systems[J]. *National Science Review*, 2016(4): 470-494.

[3] Godschalk D R. Urban hazard mitigation: Creating resilient cities［J］. *Nature Hazards Review*, 2003, 4(3): 136-143.

[4] Wilbanks T J, Sathaye J. Integrating mitigation and adaptation as responses to climate change: A synthesis[J]. *Mitigation and Adaptation Strategies for Global Change*, 2007, 12(5): 957-962.

[5] Bruneau M, Chang S E, Eguchi R T, et al. A framework to quantitatively assess and enhance the seismic resilience of communities[J]. *Earthquake Spectra*, 2003, 19(4): 733-752.

[6] Ahern J. From fail-safe to safe-to-fail: Sustainability and resilience in the new urban world[J]. *Landscape and Urban Planning*, 2011, 100(4): 341-343.

[7] 仇保兴,姚永玲,刘治彦,等.构建面向未来的韧性城市［J］.区域经济评论,2020（6）：1-11.

[8] 孙建平.超大城市关键基础设施韧性评估与精细化提升研究［R］.同济大学城市风险管理研究院，2022.

[9] 陶希东.上海全面建设安全韧性城市：经验、问题与策略［J］.科学发展,2023（1）：66-74.

[10] 高恩新.防御性、脆弱性与韧性：城市安全管理的三重变奏［J］.中国行政管理,2016（11）：105-110.

[11] 彭勃,刘旭.迈向安全韧性城市：重大突发公共事件的治理挑战与应对［J］.宁夏党校学报,2021,23（3）：16-26+2.

[12] 诸大建,孙辉.用人民城市理念引领上海社区更新微基建［J］.党政论坛,2021（2）：24-27.

[13] 荆林波.韧性城市的理论内涵、运行逻辑及其在数字经济背景下的新机遇[J].贵州社会科学,2021(1):108-115.

[14] 陶希东.韧性城市:内涵认知、国际经验与中国策略[J].人民论坛·学术前沿,2022(Z1):79-89.

[15] 孙亚南,尤晓彤.城市韧性的水平测度及其时空演化规律——以江苏省为例[J].南京社会科学,2021(7):31-40+48.

[16] 朱正威,刘莹莹,杨洋.韧性治理:中国韧性城市建设的实践与探索[J].公共管理与政策评论,2021,10(3):22-31.

[17] 黄宏伟,曾群.补强公共卫生体系 建设安全韧性城市[EB/OL].http://news.xinmin.cn/2023/01/11/32295369.html.

[18] 刘能.城市韧性和整体论视野下的应急体系建设[J].人民论坛·学术前沿,2022(Z1):46-55.

[19] 钟开斌,林炜炜,要鹏韬.中国城市风险治理国际研究述评(1979—2018年)——基于Web of Science的文献可视化分析[J].治理研究,2019,35(5):33-41+2.

[20] 习近平.高举中国特色社会主义伟大旗帜 为全面建设社会主义现代化国家而团结奋斗——在中国共产党第二十次全国代表大会上的报告[R].2022.

[21] 国家发展和改革委员会.中华人民共和国国民经济和社会发展第十四个五年规划和2035年远景目标纲要[R].2021.

[22] 上海市人民政府.上海市城市总体规划(2017—2035年)[EB/OL].https://www.shanghai.gov.cn/newshanghai/xxgkfj/2035001.pdf.

[23] 潘闻闻.上海范式:要素市场全球资源配置的引领性[J].探索与争鸣,2021(10):130-139+179.

[24] 王少.科技创新策源地:概念、内涵与建设路径[J].科学管理研究,2021,39(2):17-21.

[25] 曹永琴,李泽祥.上海产业结构调整的路径选择研究[J].上海经济,2018(6):5-15.

[26] 李锋,陆丽萍.聚焦薄弱环节,精准强化上海开放枢纽门户功能[J].科学发展,2021(1):33-41.

[27] 李国庆.韧性城市的建设理念与实践路径[J].人民论坛,2021(25):86-89.

[28] 仇保兴.迈向韧性城市的十个步骤[J].中国名城,2021,35(1):1-8.

[29] 王鹭,肖文涛.刚性管制—弹性管理—韧性治理:城市风险防控的逻辑转向及启示[J].福建论坛(人文社会科学版),2021(5):167-175.

[30] 伍爱群,郭文炯,韩佳.加强上海韧性城市建设提升防抗风险能力的建议[J].华东科技,2022(9):98-103.

[31] 颜文涛,任婕,张尚武,等.上海韧性城市规划:关键议题、总体框架和规划策

略［J］.城市规划学刊，2022（3）：19-28.

［32］于水，杨杨.重大风险应对中的城市复合韧性建设——基于上海疫情防控行动的考察［J］.南京社会科学，2022（8）：67-74.

［33］洪银兴.长三角一体化新趋势——在同城化基础上推进长三角区域一体化［J］.上海经济，2018（3）：122-148.

［34］习近平.践行新发展理念 深化改革开放 加快建设现代化国际大都市［EB/OL］.http://cpc.people.com.cn/n1/2017/0306/c64094-29124943.html.

［35］张良.风险治理视角下城市风险事件预警响应框架构建研究［J］.华东理工大学学报（社会科学版），2020，35（3）：112-125.

［36］杨宏山，邱鹏.城市运行管理的行动逻辑与组织模式［J］.北京航空航天大学学报（社会科学版），2022，35（6）：81-89.

［37］丁志刚，李天云.迈向高效能治理：理论认知、困境预判与因应之道［J］.学术交流，2022（1）：5-16+191.

［38］陈振明，李德国.以高效能治理引领公共服务高质量发展［J］.人民论坛，2020（29）：61-63.

［39］申建林.高效能治理的逻辑、困境与出路［J］.人民论坛，2020（20）：14-16.

［40］李强.弘扬伟大建党精神 践行人民城市理念 加快建设具有世界影响力的社会主义现代化国际大都市——在中国共产党上海市第十二次代表大会上的报告［EB/OL］.https://www.shanghai.gov.cn/nw12344/20220630/ef438de7a0e1434aa13f6822bd49e3af.html.

［41］上海市人民政府办公厅.上海市推动生活性服务业补短板上水平提高人民生活品质行动方案.沪府办发〔2022〕23号.

［42］陶希东.韧性体系建设：全球大城市风险化趋势下的应对策略［J］.南京社会科学，2022（10）：46-53+62.

［43］吴晓林，覃雯.特大城市风险防控"一策多制"的选择机制［J］.上海行政学院学报，2022，23（4）：47-58.

［44］何艳玲，周寒.基础设施风险：城市风险的空间化［J］.学海，2021（5）：64-71.

［45］周寒，何艳玲.嵌套结构中的治理偏差：中国城市风险的危机转化［J］.南京社会科学，2021（2）：83-92.

［46］原珂，陈醉，王雨.中国城市风险治理研究述评（1998—2018）——基于CSSCI期刊文献的可视化分析［J］.兰州学刊，2020（12）：101-115.

［47］李友梅.城市发展周期与特大型城市风险的系统治理［J］.探索与争鸣，2015（3）：19-20.

［48］董幼鸿.社会组织参与城市公共安全风险治理的困境与优化路径——以上海联合减灾与应急管理促进中心为例［J］.上海师范大学学报（哲学社会科学版），

2018, 47（4）：50-57.

［49］刘伟俊，杨丹.城市巨灾风险协同治理机制及其优化路径研究——基于SFIC模型的视角［J］.城市发展研究，2022，29（3）：12-16.

［50］陶鹏，童星.灾害概念的再认识——兼论灾害社会科学研究流派及整合趋势［J］.浙江大学学报（人文社会科学版），2012，42（2）：108-120.

［51］陈进华.中国城市风险化：空间与治理［J］.中国社会科学，2017（8）：43-60+204-205.

［52］李智超.从突发事件到系统风险：城市级联灾害的形成与治理［J］.行政论坛，2022，29（6）：94-101.

［53］冯占春，张剑，肖伟丽.论卫生中介组织在突发公共卫生事件管理中的作用［J］.中国初级卫生保健，2004（8）：23-24.

［54］王鲜平，杨慧宁，高敏，等.构建综合医院传染病预防控制体系的研究［J］.中华医院感染学杂志，2010，20（21）：3389-3391.

［55］李恩文.2013上海防控H7N9禽流感事件应急预警机制研究［J］.东南大学学报（哲学社会科学版），2013，15（S2）：38-40.

［56］邓峰，吕菊红，高建民.中国疾病预防控制体系发展与改革情况综述［J］.中国公共卫生管理，2019，35（4）：436-440.

［57］郝模，于竞进，于明珠，等.《重塑中国疾病预防控制体系政策研究》课题概述［J］.卫生研究，2005（1）：1-4+9.

［58］于保荣，袁蓓蓓，宫习飞，等.我国疾病预防控制机构和公共卫生服务的支付方式研究［J］.卫生经济研究，2009（5）：28-31.

［59］徐建国，马军，孙长颢，等.建立新型国家预防医学体系战略研究［J］.中国工程科学，2017，19（2）：55-61.

［60］钟南山.把人民的利益放在第一位［J］.中国卫生，2020（7）：19.

［61］罗力，王颖，张天天.新时代疾病预防控制体系建设的思考［J］.中国卫生资源，2020，23（1）：7-13.

［62］孙梅，吴丹，施建华，等.我国突发公共卫生事件应急处置政策变迁：2003—2013年［J］.中国卫生政策研究，2014，7（7）：24-29.

［63］刘鹏程，衷凤水，励晓红，等.我国疾病预防控制专业防治站所定位与定性分析［J］.中国卫生资源，2014，17（4）：252-254.

［64］沈兵，尤健，李晶慧，等.大型城市应急医疗物资保障体系建设的问题与对策［J］.中国医院管理，2020，40（4）：1-4.

［65］米玉倩，吴静，梁晓峰.我国疾病预防控制机构实验室检验能力分析［J］.中国卫生政策研究，2017，10（3）：75-80.

［66］田硕，李春好，丁丽霞.应急决策模式：基于SROP的分析框架［J］.中国行政管

理，2017（11）：135-140.

［67］曾子明，黄城莺.面向疫情管控的公共卫生突发事件情报体系研究［J］.情报杂志，2017，36（10）：79-84.

［68］韩雪.突发公共事件应急响应：程序的效率价值与政治责任［J］.行政论坛，2016，23（2）：95-98.

［69］叶光辉，李纲.面向应急决策的专家意见融合研究［J］.情报学报，2016，35（3）：254-264.

［70］程惠霞."科层式"应急管理体系及其优化：基于"治理能力现代化"的视角［J］.中国行政管理，2016（3）：86-91.

［71］杨巧云.整体性治理视域下的应急情报体系协调研究［J］.情报理论与实践，2020，43（1）：61-67+97.

［72］刘鹏.科学与价值：新冠肺炎疫情背景下的风险决策机制及其优化［J］.治理研究，2020，36（2）：51-58.

［73］陈涛，罗强强.韧性治理：城市社区应急管理的因应与调适——基于W市J社区新冠肺炎疫情防控的个案研究［J］.求实，2021（6）：83-95+110.

［74］楚安娜，许迎喜，吕全军.我国公共卫生危机管理应对机制研究［J］.中国卫生政策研究，2014，7（7）：50-55.

［75］陈兵.重大突发公共事件中数据治理的法治面向［J］.人民论坛，2020（Z1）：65-67.

［76］李燕凌，刘超.中国突发动物疫情公共卫生事件研究脉络与主题热点的可视化分析——基于CNKI文献检索［J］.中国动物传染病学报，2019，27（2）：83-95.

［77］薛澜.科学在公共决策中的作用——聚焦公共卫生事件中的风险研判机制［J］.科学学研究，2020，38（3）：385-387.

［78］代涛.卫生决策支持系统设计与实现［J］.中国卫生政策研究，2016，9（12）：1-5.

［79］刘志，郝晓宁，薄涛，等.突发公共卫生事件监测预警制度框架体系核心要素研究［J］.中国卫生政策研究，2013，6（12）：46-52.

［80］唐燕.新冠肺炎疫情防控中的社区治理挑战应对：基于城乡规划与公共卫生视角［J］.南京社会科学，2020（3）：8-14+27.

［81］张艳春，秦江梅.将健康融入所有政策视角下慢性病防控的挑战与对策——基于我国健康城市的典型调查［J］.中国卫生政策研究，2014，7（1）：65-69.

［82］渠慎宁，杨丹辉.突发公共卫生事件的智能化应对：理论追溯与趋向研判［J］.改革，2020（3）：14-21.

［83］刘远立，吴依诺，何鸿恺，等.加强我国公共卫生治理体系和治理能力现代化的思考——以科学认识和把握疫情防控的新常态为视角［J］.行政管理改革，2020（3）：10-16.

[84] 王超男, 米燕平, 杨健, 等.中国卫生部门IHR（2005）公共卫生应急核心能力现状分析［J］.中国卫生政策研究, 2014, 7（12）: 56-61.

[85] 龚维斌.当代中国社会风险的产生、演变及其特点——以抗击新冠肺炎疫情为例［J］.中国特色社会主义研究, 2020（1）: 17-25.

[86] 苏新宁, 蒋勋.情报体系在应急事件中的作用与价值——以新冠肺炎疫情防控为例［J］.图书与情报, 2020（1）: 6-14.

[87] 李光.加快我国科技治理能力现代化进程时不我待［J］.科学学研究, 2020, 38（3）: 387-388.

[88] 牛强, 夏源, 牛雪蕊, 等.智慧城市的大脑——智慧模型的概念、类型和作用［J］.上海城市规划, 2018（1）: 40-43+62.

[89] 徐向艺.建立和完善以政府为主导的突发疫情协同治理机制［J］.经济管理, 2020（3）: 18-20.

[90] 白净, 吴莉.健康传播中的可视化应用——以新冠肺炎报道为例［J］.新闻与写作, 2020（4）: 31-36.

[91] 中华人民共和国国家卫生健康委员会公告2020年第1号［EB/OL］.http://www.gov.cn/xinwen/2020-01/21/content_5471158.htm.

[92] 李鸿斌, 顾建明, 丁燕, 等.改革开放以来我国妇幼卫生政策回顾与分析［J］.中国卫生政策研究, 2011, 4（10）: 48-54.

[93] 王远, 阙川棋.双向沟通—循环修正: 社会政策过程的网络互动分析框架［J］.理论探讨, 2019（5）: 70-75.

[94] 中国医师协会妇产科医师分会母胎医师专业委员会, 中华医学会妇产科分会产科学组, 中华医学会围产医学分会, 等.妊娠期与产褥期新型冠状病毒感染专家建议［J］.中华围产医学杂志, 2020, 23（2）: 73-79.

[95] 毛萌.抗击新型冠状病毒肺炎: 如何保护好我们的孩子?［M］.成都: 四川大学出版社, 2020.

[96] 朱正威, 刘莹莹, 石佳, 等.政策过程中风险沟通有效性的影响因素研究［J］.西安交通大学学报（社会科学版）, 2019, 39（5）: 74-82.

[97] 国家卫生健康委就新型冠状病毒感染的肺炎疫情防控工作中孕产妇、婴幼儿和托育机构的健康防护情况举行发布会［EB/OL］.http://www.china.com.cn/zhibo/content_75662289.

[98] 国家卫生健康委.关于加强新型冠状病毒肺炎公共卫生防控期间孕产妇疾病救治与安全助产工作的通知［EB/OL］.http://www.nhc.gov.cn/fys/s3581/202002/4f80657b346e4d6ba76e2cfc3888c630.shtml?wYNOrhhjiR4y=1581174023808.

[99] 中国疾控中心提示: 孕产妇预防（孕产妇篇）［EB/OL］.https://baijiahao.baidu.com/s?id=1657055801113158566&wfr=spider&for=pc.

[100] 中国疾控中心提示：0—6岁儿童预防（0—6岁儿童预防篇）[EB/OL].http://www.chinacdc.cn/jkzt/crb/zl/szkb_11803/jszl_2275/202002/t20200203_212168.html.

[101] 吕军，郝模.促进妇幼卫生发展的策略研究[M].上海：复旦大学出版社，2008.

[102] 米切尔·黑尧.现代国家的政策过程[M].赵成根，译.北京：中国青年出版社，2004.

[103] 钱洁.民主化进程中政策沟通的途径及其障碍[J].唯实，2004（5）：50-53.

[104] 唐鹏蛟，彭耀民.妇幼保健筹资机制选择的东西部比较研究——基于省际数据的实证分析[J].中国卫生政策研究，2009，2（12）：35-41.

[105] 卫生部提出未来十年妇幼卫生事业发展目标[J].中国卫生政策研究，2012，5（3）：51.

[106] 李燕，母睿，朱春奎.政策沟通如何促进政策理解？——基于政策周期全过程视角的探索性研究[J].探索，2019（3）：122-134.

[107] 陈振明.政策科学：公共政策分析导论[M].北京：中国人民大学出版社，2003.

[108] 陈晓英，吴照帆，窦冠珅，等.中国在实现卫生领域千年发展目标中的经验与借鉴[J].中国卫生政策研究，2016，9（5）：72-77.

[109] 李松，许源源.政策议程、传播与注意力：基于心理视角的分析[J].湖南社会科学，2018（6）：83-91.

[110] 冷岚.实施"基本公共卫生服务项目"推动妇幼保健工作发展[J].中国妇幼保健，2011，26（34）：5285-5286.

[111] Zheng F, Liao C, Fan Q, et al. Clinical characteristics of children with coronavirus disease 2019 in Hubei,China[J]. *Current Medical Science*, 2020, 40(2): 1–6.

[112] 迈克尔·雷吉斯特，朱蒂·拉尔金.风险问题与危机管理[M].谢新洲，王宇，鲁秋莲，译.北京：北京大学出版社，2005.

[113] 李程伟.公共危机管理：理论与实践探索[M].北京：中国政法大学出版社，2006.

[114] 娄成武，张国勇.治理视阈下的营商环境：内在逻辑与构建思路[J].辽宁大学学报（哲学社会科学版），2018，46（2）：59-65+177.

[115] 袁康.营商环境优化中的地方政府角色——以地方《优化营商环境条例》为视角[J].经贸法律评论，2020（3）：32-43.

[116] 唐天伟.我国政府效率与营商环境的趋同性及作用机理[J].中国高校社会科学，2021（1）：114-122+160.

[117] 江亚洲，郁建兴.重大公共卫生危机治理中的政策工具组合运用——基于中央层面新冠疫情防控政策的文本分析[J].公共管理学报，2020，17（4）：1-9+163.

[118] Rothwell R, Zegveld W. *Reindustrialization and technology*[M]. London: Longman Group Limited, 1985.

[119] 黄光海.政策工具视角的互联网医疗政策文本量化分析[J].现代交际,2021（2）:220-222.

[120] 李晓娣,原媛,黄鲁成.政策工具视角下我国养老产业政策量化研究[J].情报杂志,2021,40（4）:147-154.

[121] 姚尚建.人的自我数据化及其防范——数字城市的前提性问题[J].学术界,2023（1）:47-55.

[122] 孙志建.平台化运作的整体性政府——基于城市运行"一网统管"的个案研究[J].政治学研究,2022（5）:39-48+152-153.

[123] 顾丽梅,李欢欢,张扬.城市数字化转型的挑战与优化路径研究——以上海市为例[J].西安交通大学学报（社会科学版）,2022,42（3）:41-50.

[124] 张春敏.数字化转型中韧性城市建设的制度基础、演化机制与现实路径[J].贵州社会科学,2021（7）:123-130.

[125] 张龙辉,肖克.人工智能应用下的特大城市风险治理：契合、技术变革与路径[J].理论月刊,2020（9）:60-72.

[126] 仇保兴.中国城镇化发展与数字城市建设[J].城市发展研究,2011,18（8）:1-5.

[127] 彭勃.从"抓亮点"到"补短板"：整体性城市治理的障碍与路径[J].社会科学,2017（1）:3-10.

[128] 诸大建.提升城市精细化管理水平需做好顶层设计[J].城乡建设,2017（13）:23-24.

[129] 吴建南.我国城市精细化管理刚起步[N].经济日报,2017-6-14.

[130] 李友梅.我国特大城市基层社会治理创新分析[J].中共中央党校学报,2016,20（2）:5-12.

[131] 傅小随.论深度城市化发展与治理转型——以深圳市为例[J].北京行政学院学报,2013（1）:24-28.

[132] 城市精细化管理：行政管理学者如何看[EB/OL].https://ciug.sjtu.edu.cn/Cn/Show?w=38&p=3&f=2202.

[133] 唐皇凤.我国城市治理精细化的困境与迷思[J].探索与争鸣,2017（9）:92-99.

[134] 吴晓林.城市社区如何变得更有韧性[J].人民论坛,2020（29）:19-21.

[135] 吴晓林,谢伊云.基于城市公共安全的韧性社区研究[J].天津社会科学,2018（3）:87-92.

[136] 仇保兴."韧性"——未来城市设计的要点[J].未来城市设计与运营,2022（1）:7-14.

[137] 龚维斌.应急管理的中国模式——基于结构、过程与功能的视角[J].社会学研

究，2020，35（4）：1-24+241.

［138］宋林飞.国家公共卫生应急管理原则与指标体系［J］.社会学研究，2020，35（4）：46-57+242.

［139］王俊秀，周迎楠，刘晓柳.信息、信任与信心：风险共同体的建构机制［J］.社会学研究，2020，35（4）：25-45+241-242.

［140］文军.新型冠状病毒肺炎疫情的爆发及共同体防控——基于风险社会学视角的考察［J］.武汉大学学报（哲学社会科学版），2020，73（3）：5-14.

［141］钟南山.疾控中心应有一定的行政权，紧急情况下可发出预警［N］.南方都市报，2020-3-16.

［142］樊博，聂爽.应急管理中的"脆弱性"与"抗逆力"：从隐喻到功能实现［J］.公共管理学报，2017，14（4）：129-140+159-160.

［143］杜创，朱恒鹏.中国城市医疗卫生体制的演变逻辑［J］.中国社会科学，2016（8）：66-89+205-206.

［144］张海波，童星.中国应急管理结构变化及其理论概化［J］.中国社会科学，2015（3）：58-84+206.

［145］Schwartz J, Evans R G, Greenberg S. Evolution of health provision in Pre-SARS China: The changing nature of disease prevention[J]. *China Review*, 2007, 7(1): 81-104.

［146］Manheim D, Chamberlin M, Osoba O A, et al. *Improving Decision Support for Infectious Disease Prevention and Control: Aligning Models and Other Tools with Policymakers' Needs*[R]. RAND Corporation (2016).

［147］Richards C L, Iademarco M F, Atkinson D, et al. Advances in public health surveillance and information dissemination at the centers for disease control and prevention[J]. *Public Health Reports*, 2017, 132(4) : 403-410.

［148］Brunham R C. Infectious disease prevention and control: Remembering 1908 and imagining 2108[J]. *Canadian Journal of Public Health / Revue Canadienne de Santé Publique*, 2009, 100(1): 5-6.

［149］Yang L, Zhang X, Tan T, et al. Prevention is missing: Is China's health reform for health?[J] *Journal of Public Health Policy*, 2015, 36(1): 73-80.

［150］田玉珏，路也.习书记注重发挥上海在长三角协同发展中的龙头作用［N］.学习时报，2021-09-17.

［151］韩正.坚持"融入全国、服务全国" 开创上海合作交流工作新局面［J］.上海国资，2004（3）：4-6.

［152］黄金平.上海对口支援的历程考察与经验启示［J］.上海党史与党建，2020（8）：14-20.

［153］张艺钟.上海对内合作交流发展研究［D］.华东师范大学，2009.

［154］谈燕.沪琼携手推动合作交流再深化再拓展［N］.解放日报，2021-10-20.

［155］陈辉，赵悠，李董.做好物资储备工作与推进韧性城市建设［J］.党政论坛，2021（4）：47-48.

［156］卢溪.基于"全球安全城市指数"的上海韧性城市建设思考［J］.科学发展，2021（2）：101-105.

［157］滕五晓，罗翔，万蓓蕾，等.韧性城市视角的城市安全与综合防灾系统——以上海市浦东新区为例［J］.城市发展研究，2018，25（3）：39-46.

［158］钱少华，徐国强，沈阳，等.关于上海建设韧性城市的路径探索［J］.城市规划学刊，2017（S1）：109-118.

［159］马海倩，杨波.面向未来30年上海城市发展的RISE愿景目标［J］.科学发展，2016（7）：98-105.

［160］石婷婷.从综合防灾到韧性城市：新常态下上海城市安全的战略构想［J］.上海城市规划，2016（1）：13-18.

［161］戴维·R.戈德沙尔克，许婵.城市减灾：创建韧性城市［J］.国际城市规划，2015，30（2）：22-29.

［162］杰克·埃亨，秦越，刘海龙.从安全防御到安全无忧：新城市世界可持续性和韧性［J］.国际城市规划，2015，30（2）：4-7.

［163］仇保兴.基于复杂适应系统理论的韧性城市设计方法及原则［J］.城市发展研究，2018，25（10）：1-3.

［164］孟海星，贾倩，沈清基，等.韧性城市研究新进展——韧性城市大会的视角［J］.现代城市研究，2021（4）：80-86.

［165］朱正威，刘莹莹.韧性治理：风险与应急管理的新路径［J］.行政论坛，2020，27（5）：81-87.

［166］林雪，张海波.城市系统的软实力：地方政府韧性能力概念框架的构建［J］.行政论坛，2020，27（5）：88-94.

［167］肖文涛，王鹭.韧性视角下现代城市整体性风险防控问题研究［J］.中国行政管理，2020（2）：123-128.

［168］张明斗，冯晓青.中国城市韧性度综合评价［J］.城市问题，2018（10）：27-36.

［169］徐江，邵亦文.韧性城市：应对城市危机的新思路［J］.国际城市规划，2015，30（2）：1-3.

［170］邵亦文，徐江.城市韧性：基于国际文献综述的概念解析［J］.国际城市规划，2015，30（2）：48-54.

后记

公共政策的研究与决策咨询的积累是一个如人饮水、冷暖自知的过程。个人的研究能否留下吉光片羽的灵感和聚沙成塔的愿望本就很难衡量。

时光汹涌，作为一名中共上海市委党校的教师，从入职开始至今，我已经走过了整整10年。这10年中的每一个难忘时刻，与工作相关，与这座城市相连。工作中、生活中我接触到很多值得学习的人，体会到上海"海纳百川、追求卓越、开明睿智、大气谦和"的城市精神，无意中已经在这里深深扎根，再回望这些年深深浅浅走过的路，付出过的辛勤与汗水，有收获也有失去，有困惑也有释然。

如果说上海打造"人人都有人生出彩机会、人人都能有序参与治理、人人都能享有品质生活、人人都能切实感受温度、人人都能拥有归属认同"的城市正是我从小山村一路走来，有意无意地想要选择的目的地，那么如今回看，更多可能是人生如转蓬的漂泊，命运随机的不可言说。

2013年从复旦大学公共管理专业博士毕业后，我选择留在上海，继续开展公共政策的研究，有幸在许多领导和老师的指引下脚踏实地地开展调研，认真工作。我一直想了解自己和这座城市之间的关系，也有过城之大、居不易的感慨。上海超大城市精细化治理，对我而言既是工作，也是追求的目标。感谢中共上海市委党校超大城市精细化治理创新团队给我宝贵的学习机会。本书对建设韧性典范城市的上海路径进行了初步研究，就政策实践与制度探索进行了追踪与实描。虽然初涉这一领域，存在这样那样的不完美，但我一直想践行将研究写在祖国大地上的理念，为完善上海超大城市精细化治理做一些基础性的工作。这既是一如既往地对制度变迁的真实记录，也是对政策完善的孜孜以求。

本书的撰写缘起于上海市人民政府发展研究中心、上海市人民政府合作交流办公室公开招标的"2021年度上海市人民政府决策咨询研究合作交流专项课题"。我主持的"上海全面强化'四大功能'形势下合作交流工作服务韧性城市建设的路径与机制研究"课题工作完成后，对于韧性城市建设的思考却一直伴随。由此，想以近年来上海加快推进超大韧性城市建设的理念政策与创新实践为底本，对上海建设韧性典范城市的情况进行详细追踪。对韧性城市建设中的合作交流、公共卫生、营商服务、城市"一网统管"

建设、城市基层精细化治理、城乡韧性社区建设、巨灾保险制度、化工园区管理等重点领域和内容进行梳理和研究，希望在3个方面有别于前人的研究成果：

一是首次以我国超大韧性城市创新建设实践为例。针对我国超大韧性城市实践的研究尚处于起步阶段，系统地研究韧性城市建设实践的专著缺少，本书能在一定程度上弥补行业内相关研究基础资料分析不足和实践性不强的问题。

二是从公共政策视角聚焦韧性城市重点领域进行专题分析和研究。有别于传统的韧性城市建设研究局限于规划、建设的传统视角，本书在公共卫生、"一网统管"、基层治理、巨灾保险等重点领域就韧性城市建设进行跟踪研究，对韧性城市建设面临的挑战、瓶颈问题、影响因素进行了分析，在一定程度上加强研究的实证性和可靠性，为找出目前韧性城市建设存在的瓶颈问题提供政策依据。

三是对韧性城市建设各个重点领域存在的问题进行较为系统地归纳和总结。在结合目前学界关于韧性城市建设发展的理论探索和专家咨询的意见，以及参考上海韧性城市建设的创新实践和典型案例的基础上，提出加快推进我国韧性城市建设的政策建议与实施路径，为国内韧性城市建设提供学习范本。

总而言之，这是一本并不深奥的实践之作，更多形成于调研之中，是许多接受我调研、给予我指导的实践部门领导们的智慧结晶。我在中共上海市委党校的领导和同事徐建刚常务副校（院）长、李渤副校（院）长、曾峻副校（院）长、梅丽红副校（院）长、罗峰教育长、周敬青教授、马西恒教授、董幼鸿教授、毛军权教授、柳恒超教授、唐珏岚教授、陈胜云教授、何海兵教授、马立副教授、唐颖处长、胡静波副处长、罗鹏部副处长、马昊老师、朱俊英老师等对学科事业发展的责任感一直鼓励和鞭策着我的研究。一路上，我还得到了许许多多师长的无私帮助和精心指导，家人的支持也常常让我倍感珍惜，为此还牺牲了许多本该陪伴我的两个孩子贺鸣珮和贺鸣珂的宝贵时间。最后，本书的出版得到了中共上海市委党校马克思主义创新工程出版资金的资助，在资助的评审过程中，匿名评审人对书稿提出了十分中肯的指导建议和非常有价值的修改意见，复旦大学出版社、中共上海市委党校科研处也为本书的出版付出了大量的辛勤劳动，在此一并深表感谢！

贺小林

2023年4月

图书在版编目(CIP)数据

建设韧性典范城市:上海实践与创新探索/贺小林著.—上海:复旦大学出版社,2023.9
ISBN 978-7-309-16952-2

Ⅰ.①建… Ⅱ.①贺… Ⅲ.①城市建设-研究-上海 Ⅳ.①F299.275.1

中国国家版本馆 CIP 数据核字(2023)第 153518 号

建设韧性典范城市:上海实践与创新探索
贺小林　著
责任编辑/陆俊杰

复旦大学出版社有限公司出版发行
上海市国权路 579 号　邮编:200433
网址:fupnet@ fudanpress.com　http://www.fudanpress.com
门市零售:86-21-65102580　团体订购:86-21-65104505
出版部电话:86-21-65642845
常熟市华顺印刷有限公司

开本 787×1092　1/16　印张 11　字数 234 千
2023 年 9 月第 1 版
2023 年 9 月第 1 版第 1 次印刷

ISBN 978-7-309-16952-2/F·2993
定价:42.00 元

如有印装质量问题,请向复旦大学出版社有限公司出版部调换。
版权所有　侵权必究